De terugkeer van de healers

Verslag van een magische reis

Colofon

ISBN: 978 90 8954 448 3
1e druk 2012
© 2012 Joy Ligteringen

Exemplaren zijn te bestellen via de boekhandel
of rechtstreeks bij de uitgeverij:
Uitgeverij Elikser
Ossekop 4
8911 LE Leeuwarden
www.elikser.nl

Vormgeving binnenwerk: Evelien Veenstra
Foto omslag: Sari Kraak
Omslagontwerp: Sari Kraak

De terugkeer van de healers

Verslag van een magische reis

Joy Ligteringen

Elikser
UITGEVERIJ

Weet je wat je moet doen als je een monster tegenkomt? Zingen!

Serge Diaghilev

Voor mijn kinderen.
Voor de man die ooit Jadred was.
Voor alle parels die de moed hebben om op weg te gaan.

1

Mijn naam is van geen enkel belang, mijn functie des te meer. Ik ben de Getuige van Eva Goudsmid, een eervolle functie, daar ben ik me zeer van bewust.

Mijn taak bestaat uit het waarnemen en vastleggen van alles wat er in de levens van Eva gebeurt, en om haar zo nu en dan, wanneer dat gepast is, een spiegel voor te houden. Ik kwijt me terdege van mijn taak.

Nu u op de hoogte bent van mijn aanwezigheid en de rol die ik heb in het leven van Eva, is het tijd om haar aan u voor te stellen.

Om te beginnen kan ik u vertellen dat in Eva een heel oude ziel huist; vele levens heeft zij reeds geleid en daarmee een evenredige hoeveelheid ervaringen opgedaan. Ze heeft alle menselijke dwalingen gemaakt die een mens maar kan maken, maar ook veel goed gedaan. Eva is een vrouw die vaak aan zichzelf twijfelt en zich kleiner maakt dan ze is. In dit leven zal zij zich gaan ontwikkelen zoals ze zichzelf op dit moment nog niet kan voorstellen. Dat is nodig om de taak die ze op zich heeft genomen uit te kunnen voeren. Want als een ziel een wereldtaak op zich neemt, zullen alle omstandigheden gecreëerd worden die nodig zijn om deze taak te kunnen vervullen.

Bij de aanvang van dit verhaal is Eva 54 jaar oud, al weer tien jaar gescheiden van haar tweede echtgenoot en heeft ze drie volwassen kinderen. Sinds een paar jaar heeft ze naast haar geleidegids meer hulp van gene zijde gekregen. Ze weet op dit moment nog van niets.

Als u me vraagt Eva's leven in het kort te omschrijven,

dan zou ik zeggen dat het een gewoon leven is dat nogal ongewoon verloopt.

Laten we ons bij Eva voegen.

Het is vandaag 8 september 2007. Eva zit slaperig in de eerste trein van de dag op weg naar een zeer belangrijk moment in haar leven: haar eerste zielenreis. Ze heeft nog geen idee hoe belangrijk het is wat ze nu onderneemt. Ze heeft geen idee van de inspanningen van haar vrienden aan gene zijde, die voorafgingen aan haar tocht van vandaag. Ik daarentegen sta buiten tijd en ruimte, en heb weet van wat komen gaat en wat is geweest.

Jaren geleden werd haar al voorspeld door een van onze trouwe instrumenten, Maria, dat haar leven een grote wending zou nemen, dat er een roep zou klinken en ze daar gehoor aan moest geven. Ze hoorde het aan, dacht er een paar momenten over na, pakte de draad van haar leven weer op en liet het bericht vervolgens in het rijk der vergetelheid verdwijnen.

Eva heeft nog geen weet van tekenen, van magie, van de oneindigheid van het leven, van de onzichtbare vrienden die haar zijn genaderd om haar te wekken uit haar halfslaap, en ze heeft al helemaal geen weet van de taken die haar nog te wachten staan. Dag in dag uit worstelt ze zich door haar bestaan en voelt zich verre van gelukkig.

Na vandaag zal het voor Eva niet meer mogelijk zijn om terug te glijden in haar tot de draad versleten gewoontepatronen, al zal ze het nog wel een aantal keren proberen; na vandaag zal ze op haar grondvesten schudden. Ondertussen verheugen haar onzichtbare vrienden, haar gids, haar meester Lao-Tse en ik ons over deze belangrijke gebeurtenis.

Ik laat Eva vanaf hier zelf aan het woord.

2

8 september 2007

Het orakel vloeit uit een hoge bron[1]

'Mag ik je glas ook nog een keer volschenken?' vraagt een
van de begeleiders. Ik schud mijn hoofd.
'Even wachten, alsjeblieft,' breng ik nog net uit. Ik voel
mijn hoofd licht worden terwijl een golf van misselijkheid
opkomt. Ik doe mijn ogen dicht, tegelijkertijd verschijnen
er witte en blauwe bollen. Van alle kanten komen ze vanuit
het duister op me af. Ik raak de grip kwijt en wordt angstig.
Ik kijk naar de bollen, bellen en kleuren en laat me mee-
voeren; dit is niet meer te stoppen. Even kijk ik naar de geruststellende aanwezigheid van de begeleiders, en sluit mijn
ogen weer. De witte en blauwe kleuren veranderen al snel
in een ware regenboog. Omringd door een caleidoscoop van
al deze kleuren zweef ik naar een circusachtige omgeving,
waar niet alleen bollen en bellen, maar ook achtbanen en
ladders rondcirkelen. Tussen alles door zie ik clownachtige
types vliegen, die zich de Dwazen noemen, weet ik zomaar.
Moeiteloos bewegen ze samen met al die buitelende bollen,
bellen, cirkels en ladders. De Dwazen lijken me ineens in de
gaten te krijgen en komen al snel dichterbij. Voor ik het weet
buitel ik samen met ze verder, steeds dieper het universum
in.
 Een van de Dwazen kijkt me aan en laat me woordloos
weten dat dit het leven is dat voor me is bestemd; dat het van

---

1 Alle teksten boven aan de hoofdstukken zijn afkomstig uit *I Tjing voor de
   21e eeuw,* door Han Boering.

groot belang is hiervoor te kiezen. Een gevoel van blijdschap welt in me op en ik laat me verder meeslepen door deze aanstekelijk vrolijke figuren.

Eenmaal hoog in het circus — dat zonder einde lijkt te zijn en ergens in het universum zweeft — realiseer ik me plotseling dat ik mijn benen en voeten niet meer voel. Ik stop met buitelen en kijk naar beneden. Daar, ver onder me, bungelen mijn benen. Ze zien eruit alsof ze van een lappenpop zijn. Ik weet dat die benen en voeten van mij zijn, maar ik voel het niet. Ik kijk er opnieuw naar en weet niet hoe ik bij mijn voeten moet komen. Al starend naar beneden probeer ik te bedenken hoe het zit, waarom ik mijn voeten niet voel en wat ik moet doen om ze weer bij me te laten horen. Er lijkt een groot gat, of eigenlijk helemaal niets tussen mijn hoofd en mijn voeten te zitten. Ik probeer vanaf mijn hoofd de weg te vinden die naar mijn voeten loopt. Het lijkt wel een doolhof waar ik volledig de weg in kwijt ben geraakt. Dit is absurd. Belachelijk! Daar hang ik dan, ergens in het universum, en kan de weg naar mijn voeten niet meer vinden! Ik krijg een enorme lachbui, en al gierend van het lachen hoor ik ineens een mannenstem.

'Tja,' zegt de stem, 'hoe kom je nu bij je voeten?'

'Zeg het maar,' reageer ik direct.

'Je bent in conflict met onze energie, de mannelijke energie, zowel in jezelf als in de buitenwereld. Soms zet je er in de buitenwereld te veel van in, en soms te weinig. In contact met ons, mannen, doe je hetzelfde. Zo is het moeilijk voor ons om je echt te leren kennen. Ga je werkelijk een verbinding aan, zowel innerlijk als in de buitenwereld, dan vind je heelheid. Je gebruikt je seksuele energie, je aantrekkingskracht, om de controle over ons te houden. Je leidt daarmee de aandacht af van waar het werkelijk om gaat. Dat is niet de weg.'

'Hoe moet het dan?'

Het lijkt me beter om niet met hem in discussie te gaan, daarvoor is de tijd te kostbaar. Bovendien is de discussie ook niet zo de moeite waard als de informatie die ik graag van hem wil krijgen. Ik voel dat ik niet veel tijd heb om vragen te stellen; deze man is maar even beschikbaar. Hij gaat verder.

'Je hebt er een man voor nodig. Een man waarmee je een goddelijke verbinding aangaat. Een man die jou werkelijk kan bereiken, die jouw energie in zich op wil en durft te nemen en die weet wat het is om man te zijn. Dat zal maken dat je heelheid vindt, dan vind je als vanzelf de weg naar je voeten terug.'

Na die woorden is hij verdwenen. Ik vang nog net een glimp op van zijn uiterlijk. Het is een prachtige, bruin getinte man met lange donkere haren en een indrukwekkende uitstraling. Hij lijkt wel een indiaan, en hij straalt zo veel autoriteit uit dat hij alle mannen lijkt te vertegenwoordigen. Ik ben diep onder de indruk en blijf verbijsterd achter. Wat hij me laat weten is toch precies wat ik al heel lang wil; een echte, diepe liefdesrelatie? Zo een waar één plus één drie is in plaats van twee. Zoals deze man het laat zien ben ik niet op de goede weg.

Voordat ik daar verder over kan nadenken word ik weer meegesleurd en uitgenodigd te spelen. Al buitelend door het universum maak ik me niet meer druk over mijn voeten en de man.

Een van de Dwazen komt op me af gevlogen en reikt me een jas aan. Het is een schitterende jas, gemaakt van buffelhuid, maar desondanks ongelooflijk soepel. De binnenkant is fluweelachtig maar nog zachter en dieprood. De Dwaas houdt de jas aan me voor. Ik glip erin en vlieg met jas en al weer verder.

Ineens is de indiaan er weer. Hij zegt niets, maar schuift mijn ex-geliefde Bas voor mijn neus. Ik kan mijn ogen niet geloven. Niet Bas, alsjeblieft. De scherpe kantjes van de pijn van twee maanden geleden zijn er net af.

'Je vergist je, meneer de indiaan,' roep ik. 'Haal die man maar weer weg.'

De indiaan is nergens meer te bekennen.

Ondanks de opnieuw opflitsende pijn schiet er ook een gevoel van schaamte door me heen, want ik liet me ontzettend gaan. De manier waarop ik afscheid nam van Bas verdiende in de verste verte niet de schoonheidsprijs. Misschien bedoelde de indiaan zoiets? Eerst in orde maken wat ik heb bedorven, anders ben ik een echte liefdesrelatie niet waardig?

Ik merk dat ik akelig nuchter word, en roep zachtjes een van de begeleiders om me nu wel een nieuw glas ayahuasca[2] in te schenken. Ik drink het glas snel leeg, want als ik ga proeven lukt het me niet meer de intens bittere thee op te drinken.

Al snel komen er nieuwe beelden, maar daarmee verschijnt Bas opnieuw.

'Wel verdorie,' roep ik, 'kan deze onzin alsjeblieft ophouden?'

---

2 Ayahuasca is een drank die gemaakt wordt van planten die in de Amazone groeien en wordt gezien als een van de belangrijkste plantenleraren. Sjamanen gebruiken ayahuasca als middel om in contact te komen met spirits en met de goddelijke leiding. Gebruik is volkomen veilig mits je het doet onder leiding van een ervaren, integere persoon. Het is niet bedoeld als tripmiddel of partydrug, maar net zoals de sjamanen het gebruiken, als middel om contact te maken met je spirit, je wezenlijke zelf en je werkelijke bestemming op aarde. Het maakt dat je weer op één lijn komt met je oorspronkelijke zelf, met diegene die je werkelijk bent. Om dit te bereiken kun je niet volstaan met eenmalig gebruik, maar begin je aan een transformatieproces dat zo lang duurt als het nodig heeft.

In plaats van één Bas zijn er plotseling wel tien Bassen om me heen. Ik kijk van de ene naar de andere, en ineens is daar het weten dat mijn gevoel van liefde voor hem heel oprecht was, dat ik die liefde had moeten eren. Ik was zelf verantwoordelijk voor de leugen tegen deze liefde. Is die liefde wel voorbij? Ik weet het niet meer. Houd ik mezelf voor de gek? Nee, vast niet. Ik was zo opgelucht nadat ik hem had toegeschreeuwd dat ik hem nooit meer wilde zien. Nee, ik houd mezelf niet voor de gek.

Ondertussen blijven alle Bassen om me heen cirkelen, alsof ze nog iets te zeggen hebben. Maar ik vind het genoeg geweest en probeer ze opzij te schuiven.

'Ga weg, jullie, ik ben hier voor heel andere dingen. Ik ben hier om mijn bezieling terug te vinden.'

Met een schok realiseer ik me dat het precies die bezieling is die me wordt getoond. Ik ben de weg naar mijn voeten kwijt. Mijn bezieling ligt in heelheid en de verbinding is verbroken. Ayahuasca blijkt me regelrecht naar mijn eigen waarheid te voeren.

Wat ik ook doe, één Bas houdt me de rest van de tijd gezelschap, hij volgt me als mijn eigen schaduw. Na een aantal pogingen om hem van mijn netvlies te krijgen geef ik het op.

Opeens zie ik mezelf druk bezig met mijn werk; ik regel van alles en nog wat en maak me zorgen om mijn kinderen, al zijn ze alle drie volwassen. Ik lijk constant controle te willen houden over alles wat er gebeurt en wat ik doe. Vanaf de plek waar ik me bevind – wie is die ik eigenlijk? – kijk ik naar de andere ik, en weet ik dat het totaal onbelangrijk is wat die persoon, die ik daar ben, doet. De echte ik is degene die naar de andere ik kijkt.

'Hou op,' roept de echte ik. Ik zie dat ze het nooit goed genoeg vindt wat ze doet, zoals ze zichzelf nooit goed genoeg vindt. Bovenal zie ik hoe uitgeput en hoe ziek die vrouw daar is.

Een enorm gevoel van liefde en mededogen stroomt naar binnen. Ik begin hard te huilen, het doet me zo veel pijn om te zien wat er met me gebeurt. Die vrouw daar is oprecht, haar twijfels zijn onnodig, en bovendien is ze niet bedoeld om te doen wat ze doet. Ze is een van de Dwazen, ze moet spelen, weet ze dat dan niet?

'Hou op,' schreeuw ik vanbinnen opnieuw. 'Vertrouw maar dat het kan. Stop, rust eens uit, ga herstellen, ga spelen en leven. Dit wat je nu doet heeft niets met leven te maken. Stop nu en niet later! Dat later komt nooit, het zal steeds opnieuw later zijn en nooit nu. Kom maar bij mij, kom maar.' Zachtjes wieg ik haar heen en weer. Ze merkt het niet en gaat door met waar ze mee bezig is. Wat loopt daar toch over haar rug? Ik probeer de brede, bruine, grofkorrelige streep aan te raken die van haar schouderblad naar de linkerhersenhelft loopt. Het lukt niet. Hoe is het mogelijk dat zoiets duidelijk zichtbaars niet op een foto te zien is? Dit moesten artsen kunnen zien, dan zou het afgelopen zijn met die onzin van 'wat niet aangetoond kan worden, bestaat niet'. En verzekeraars die hun klanten daarom niets uitkeren zouden ook eens een glaasje ayahuasca moeten drinken. Whiplash bestaat niet? Heren, komt u maar eens kijken! Het beeld ebt weg en in grote vaart marcheren er rupsachtige wezens door de cellen van mijn lichaam. Ze zijn goudgroen en bestaan uit allemaal vierkantjes. Elk vierkantje heeft een zwarte stip. Het is net een goed gedrild leger dat in strakke, aaneengesloten lange rijen en met een ongelooflijke snelheid door mijn cellen rond marcheert. Het dringt plotseling tot me door dat het de parasieten zijn die de ziekte van Lyme veroorzaken. Wel verdorie, zie je wel, ik had gelijk. Daarom ben ik zo moe, het is helemaal nog niet genezen. Gefascineerd blijf ik kijken naar de rijen en rijen goudgroene wezentjes die voorbij komen.

Ineens dobber ik in een prachtig bassin. Ik kijk om me heen en zie allemaal bloemen drijven, de ene nog mooier dan de andere. Ik lig op mijn rug en voel dat ik word gedragen door een liefdevolle energie. Dan ebben de beelden langzaam weg en val ik in slaap.

De volgende dag in de trein houdt Bas me de anderhalf uur durende reis naar huis nog steeds gezelschap. Ik moet er niet aan denken dat alles zich nog eens zal herhalen. Inmiddels is het me wel duidelijk dat ik geen vrede heb met de manier waarop ik Bas uit mijn leven heb gezet. Ik kijk uit het raam en probeer mijn gedachten ergens anders op te richten, en zo het stemmetje dat me aanzet om er iets aan te doen het zwijgen op te leggen. Het lukt me niet.

Thuisgekomen pak ik mijn laptop en schrijf een bericht met excuses aan Bas.

'Laat dit naar vrede leiden,' bid ik, en druk op verzenden.

3

September 2007

*Geen ontmoeting maar misgelopen. De vliegende vogel raakt in het
net. Ongeluk. Dat betekent rampspoed en blunders.*

De nacht kruipt langzaam voorbij, zoals al vele nachten hiervoor. Door een kier van de gordijnen zie ik de sikkel van de
maan. Blijven kijken, blijven kijken, denk ik, dan val je wel
in slaap. Een mug zoemt om mijn hoofd. Als hij in mijn oor
en vervolgens in mijn neus vliegt, ontplof ik bijna. Ik zie het
op mijn wekker één uur, twee uur en drie uur worden. Om
moedeloos van te worden.

Ik parkeer mijn auto, bel aan en sta even later in de gang
van een piepklein huisje. Ik ga op een stoel in de gang zitten wachten. Binnen hoor ik de stem van Bas en die van een
vrouw. Vast een van zijn dochters. De deur gaat open. Bas
stapt in een versleten ochtendjas de gang in. Ik zie dat hij net
uit bed komt. Plotseling weet ik dat de stem niet van een van
zijn dochters is, maar van een andere vrouw. Bas ziet er afge-
tobd en grauw uit. Hij lijkt ook stukken ouder en magerder
en helemaal niet blij om mij te zien. Ik begrijp er niets van,
hij heeft me toch uitgenodigd?

Met een ruk schiet ik overeind. Ik laat de beelden nog een
keer aan me voorbij trekken en vraag me af of ik wel goed
bezig ben. Was het niet beter geweest om niets meer van
me te laten horen? Heb ik wel goed begrepen wat de indiaan
bedoelde? Ik weet het niet meer.

Bas heeft een klein huisje, dat betekent vast dat hij innerlijk niet veel ruimte heeft, en zeker geen ruimte voor mij. En waarom ziet Bas er in mijn droom ouder en magerder uit?

'Mijn hemel, Eva, sukkel die je bent.'

Ik voel een blos opkomen.

'Luister nu eens naar wat je zelf zei tijdens de zielenreis: "Hij volgt me als mijn eigen schaduw!" Hij vertegenwoordigt je schaduw, en je schaduw is je angst.'

Met het schaamrood nog op mijn kaken denk ik aan mijn grote angst om verlaten te worden; om volkomen alleen door het leven te moeten, om door niemand ooit meer begeerd te worden, eenzaam te sterven en pas weken of zelfs maanden later gevonden te worden in een staat van verregaande ontbinding. Ik zie de mensen van de GGD met monddoeken voor mijn lijk weghalen, terwijl de walging op hun gezichten staat.

'En die versleten ochtendjas, dat ouder en magerder zijn, is toch ook duidelijk? De situatie is versleten.'

Ik knik. Dat is wat de indiaan me duidelijk probeerde te maken. Bas spiegelt mijn angst, en die angst staat een gelukkige relatie in de weg. Meer niet! Wat nu? Mijn bericht is weg. Ik kan dus niet anders doen dan meegaan in wat ik zelf heb gecreëerd.

's Ochtends check ik met bonzend hart mijn mailbox. Geen antwoord van Bas. Verdorie. Eva, hou hiermee op, denk ik. Je lekt energie die je beter kunt gebruiken. Bas is je man niet, punt uit. Maar als ik toch weet dat Bas mijn man niet is, waarom maak ik me dan druk over zijn antwoord? Dat weet ik best: ik heb een ongelooflijk mooie ervaring met hem gedeeld, daarom kan ik hem niet loslaten.

Ik denk terug aan een zondagochtend, inmiddels al weer een half jaar geleden, en zie weer voor me hoe hij en ik in een totale versmelting lagen, terwijl de zon op een betoverende manier over onze lichamen streek. Af en toe vielen we in slaap, om vervolgens weer wakker te worden. Ik keek naar Bas en voelde me overstromen van liefde. Ik voelde me vervuld, alsof ik alles had gekregen wat ik in mijn leven wenste. Nog nooit eerder had ik dit beleefd, ook niet met mijn twee echtgenoten. Eindelijk begreep ik wat er werd bedoeld met je vervuld voelen in de liefde. Maar op het toppunt van mijn geluksgevoel ontwaarde ik iets in de ogen van Bas, en keek hem vragend aan.

'Verlies je je niet in mij?' vroeg hij.

Wat er volgde trekt als een film aan me voorbij. Met een ruk trok ik me terug en schoof naar de rand van het bed. Mijn hart ging als een razende tekeer en tranen sprongen in mijn ogen. Snel gleed ik uit bed, niet bij machte nog een woord uit te brengen. Zittend op het toilet schoot de ene gedachte na de andere door mijn hoofd. Ik wilde weg, maar kon nog niet geloven dat er een zo groot verschil in beleving kon bestaan.

'Eva, wil je een ei bij het ontbijt?'

Even zei ik niets.

'Je doet maar,' zei ik.

'Is er wat?' vroeg Bas.

'Welnee, wat zou er zijn?'

Ik hoorde Bas weglopen en zette de douche aan. Ik bleef er net zo lang onder staan tot ik me in staat voelde Bas weer aan te kijken.

'Ha, daar ben je eindelijk,' zei Bas toen ik aan tafel schoof.

Hij vouwde de krant op en pakte een broodje.

'Zullen we zo een eind gaan lopen? Het is zulk prachtig weer.'

'Nee,' antwoordde ik, 'ik ga naar huis.'

'Wat heb je?'

'Wat ik heb? Pijn, dat heb ik.'

'Waarvan?'

'Van jouw botheid.'

'Wat is dat voor belachelijks?' vroeg Bas.

'Belachelijks? Noem jij het belachelijk als een vrouw zich rot schrikt van de opmerking "verlies je je niet in mij"? Als ze zich net totaal aan je heeft overgegeven en vervolgens van jou een bak koud water over zich heen krijgt, door een stupide opmerking? Allemachtig, Bas.'

'Eva, je weet hoe ik in deze relatie sta. Ik heb net een huwelijk van vijfentwintig jaar achter de rug. Ik wil niet meteen weer aan iemand vastzitten. Dat weet je heel goed.'

'Dat is wat anders. Ik weet dat je dat niet wilt. Daar vraag ik toch ook niet om?'

'Ik zag hoe je naar mij keek,' zei Bas. 'Dan weet ik hoe laat het is.'

'Bas, je bent een idioot. Je speelt met vuur en begrijpt er geen klap van. Ik ga weg.'

'Dat is jammer. Maar zoals je wilt, hoor. Je gaat maar.'

Het werd zwart voor mijn ogen. Ik pakte het eerste het beste van de tafel en smeet het met een klap op de grond. Het bordje spatte in honderd stukken uit elkaar.

'Klootzak,' riep ik. 'Ik wil je nooit meer zien' en gooide de deur met een klap achter me dicht.

Mijn hart gaat opnieuw als een razende tekeer. Ik probeer de herinnering van me af te schudden.

Dagen verstrijken, maar Bas reageert niet op mijn bericht. Na vier dagen ebt de spanning daarover weg.

Ik ben bezig de rommel in de woonkamer op te ruimen. Af en toe zie ik flarden terug van mijn zielenreis. Ik herinner me gelezen te hebben dat ayahuasca soms weken doorwerkt.

Als de rommel is opgeruimd en ik net wil gaan stofzuigen, staat plotseling de indiaan voor mijn neus. Ik blijf stokstijf staan en staar naar zijn indrukwekkende gestalte. Hij zegt niets en kijkt me alleen maar aan. Hij hoeft ook niets te zeggen, z'n hele wezen spreekt. Het is alsof alles wat hij me wil vertellen in me wordt gegoten. De werkelijkheid verandert op slag. Ik zie de indiaan een levensgroot boek pakken. Voordat ik het weet lig ik er plat op de grond in gerold, als de vulling van een loempia. Ik zie niets meer. Na veel geworstel lukt het me om op te staan. Ik durf geen stap te verzetten, uit angst ergens tegenaan te botsen. Ik blijf stilstaan, tot het boek langzaam doorzichtig wordt. De indiaan is nergens meer te bekennen.

Voorzichtig zet ik een paar passen. Bij elke stap deint het boek mee. Ik probeer de tekst te lezen, maar ik zie slechts een paar vage strepen. Met het boek om me heen deinend loop ik voorzichtig door de kamer. Ik begrijp dat het een boodschap moet bevatten, maar welke? Op het moment dat het me begint te dagen verschijnt opnieuw de indrukwekkende gestalte. De indiaan kijkt me indringend aan, zijn blik pint de mijne vast.

'Schrijf je verhaal. Je zult jezelf beter begrijpen, en wie weet hebben anderen er ook iets aan.'

Weer is hij verdwenen. Dan dringt tot me door wat hij me nog meer wilde laten weten tijdens de zielenreis. Niet alleen mijn contact met mannen is niet wat het zijn moet, maar ook het evenwicht in mijzelf tussen het mannelijke en vrouwelijke laat zeer te wensen over. Ik ben te veel gericht op de buitenwereld; mijn mannelijke kant is daarom niet verbonden met mijn eigen innerlijke wereld, mijn vrouwelijke kant. Ik hecht te veel belang aan het oordeel en de verwachtingen van anderen. De indiaan bedoelde dat ik te veel vanuit mijn hoofd leef, en daardoor mijn vrouwelijke kwaliteiten verwaarloos, waardoor ik niet naar mijn hart kan luisteren en mijn intuïtie smoor.

Weer fietst Bas door alles heen, en ik weet niet meer wat ik ervan moet denken. Is hij dan toch de man?

Opeens schieten me de woorden te binnen van Maria – een paragnost en medium waar ik af en toe naartoe ga om mijn hoop weer op te laden.

'Je ontmoet binnenkort een man die op je levenspad hoort, maar er niet lang zal blijven. Hij is goed omdat hij je voor jezelf leert kiezen. Jij brengt hem ook een boodschap, alleen zal hij die niet begrijpen in de tijd dat jullie samen zijn. Pas jaren later, als jij op je plaats van bestemming bent aangekomen, begrijpt hij wat je hem wilde zeggen. Hij zal dan opnieuw contact met je zoeken. Hij zal spijt voelen, maar zal een eindje alleen moeten lopen. Ga hem niet redden, hij komt er wel.'

Bas hoort dus op mijn pad, maar niet voor lang. Bas is niet mijn man, ook dat heeft Maria me toen verteld. 'Jouw man ken je al. Je hebt al eens met hem te maken gehad. Je zult hem opnieuw ontmoeten door jouw werk of door het zijne.' Ik was het vergeten, ik hoef me om Bas dus niet druk te maken. Ik heb mijn excuses aangeboden. Klaar is Kees. Maar mijn drammerige stemmetje klinkt niet tevreden. Het wil een reactie.

Als er na vijf dagen antwoord komt, ben ik diep teleurgesteld.

Eva, ik heb geen enkele behoefte aan contact. Ik wil niets met jouw emoties te maken hebben. Mijn gevoel zegt me bovendien grote afstand van je te houden, ik wil geen nieuwe drama's in mijn leven. Ik

ben net gescheiden. Wanneer er toch opnieuw contact komt, zul je
mijn leefstijl dienen te respecteren.

    Bas

Niets over het feit dat ik mijn excuses aanbood! En wat een vreemde laatste zin. Ik blijf lezen en herlezen, en begrijp er niets van. Bijna vergeet ik wat de aanleiding was om opnieuw contact te zoeken. Ineens ben ik er klaar mee en klap mijn laptop dicht.

4

Oktober 2007

*Fladderend, fladderend. Als hij geen rijkdom heeft, krijgt hij die van
zijn naasten. Grenzeloos vertrouwen.*

Op het laatste nippertje stap ik de zaal binnen waar een
workshop met een channeling wordt gehouden over 'werk
en spiritualiteit'.
Met het zweet op mijn rug plof ik op de enige lege stoel.
De twee begeleiders, een vrouw en een man, zitten voor op
het podium en knikken me vriendelijk toe. Als ik zit gaat de
deur van de zaal dicht.
'Ook in werk speelt dualiteit een rol,' hoor ik een van
de begeleiders even later zeggen. 'Werk is een vorm die de
ziel, de spirit, nodig heeft om iets van zichzelf te ervaren op
aarde. Net zoals elke energie een vorm nodig heeft, zoals
een man niet zonder een vrouw en de dag niet zonder nacht
kan om gekend te worden.'
Dat begint veelbelovend, zo heb ik er nog niet naar gekeken. Wie weet krijg ik hier antwoord op mijn vraag hoe ik
uit mijn benarde positie kan komen.
'Daarom,' zo gaat de begeleidster verder, 'worden zo veel
mensen overspannen door hun werk. Hun hart en hun ziel
herkennen zich niet in de vorm die het werk biedt, en reageren met innerlijke onrust als signaal. Als werk in over-
eenstemming is met de ziel kun je spreken van zichtbaar
gemaakte liefde, zoals Kahlil Gibran het zo mooi verwoordt
in zijn boek. Daarvoor is het nodig in balans te zijn, het mannelijke en vrouwelijke in evenwicht te laten zijn.' En ja, daar

is het weer: 'Ratio en intuïtie in evenwicht te brengen, evenals deskundigheid en betrokkenheid.'

De tweede begeleider neemt het over.

'Ik wil jullie vragen je ogen te sluiten en je mee te laten nemen tijdens een geleide meditatie. Stel je voor dat je in een sprookjesachtige omgeving loopt, bijvoorbeeld een bos met de prachtigste bloemen, bomen en struiken. Je wandelt door dit bos, je hoort de vogels fluiten, de vliegen zoemen en de zon schijnt op je huid. Kijk om je heen, wat zie je allemaal? Voel je de warmte van de zon en hoor je de geluiden van de vogels en het zoemen van de vliegen? Word je bewust van de gedachten en wensen die nu in je leven. Benoem ze voor jezelf.'

De verlangens en de informatie stromen bij me naar binnen. Ik weet nu heel zeker dat ik moet stoppen met werken. Geen nieuwe contracten meer, geen nieuwe opdrachtgevers meer. Mijn lichaam schreeuwt om rust. Het idee alleen al maakt me blij. In een flits zie ik opnieuw de bruine baan die naar mijn hoofd loopt en die ik tijdens mijn zielenreis heb gezien, maar ook het boek waar de indiaan me in rolde en waar ik geen aandacht meer aan heb besteed. De begeleider beëindigt de meditatie.

'Ik wil voorstellen om even te pauzeren. Over een kwartier gaat mijn collega verder met channelen en zal ze contact maken met Jeshua, die de meesten van jullie beter kennen als Jezus. Jullie kunnen hem via haar vragen stellen.'

Enthousiast bij dit idee sta ik op om koffie te halen. Te midden van al die mensen voel ik me net een eiland. Ik kan mezelf er niet toe zetten om een gesprek met iemand aan te knopen. Ik ben te moe.

'Volgens mij is iedereen weer terug en kunnen we verder gaan. Ik vraag jullie mij de gelegenheid te geven om contact te maken met Jeshua.'

Er valt een diepe stilte. Ik kijk gespannen naar de begeleidster, die met gesloten ogen stil op haar stoel zit.

'Wie wil beginnen?'

Het blijft stil, niemand reageert. Ik wacht nog even terwijl ik om me heen kijk, geen enkele hand gaat omhoog. Ik
steek mijn hand op.

'Zeg het maar,' zegt de begeleidster.

'Hoe maak ik de overstap van oud werk naar nieuw werk?
Ik heb geld nodig, dus blijf ik werk doen waarvan de bezieling weg is. Ik voel me ook ontzettend moe, en ik heb last
van de gevolgen van een auto-ongeval van een paar jaar geleden en van de restanten van de ziekte van Lyme. Het oude
werk kost me te veel energie, zo veel dat ik niets meer over-
houd om mijn nieuwe werk te ontwikkelen. Ik wil schrijven,
maar schrijven brengt meestal niet meteen of helemaal geen
geld in het laatje.'

Het is even stil terwijl de begeleidster contact maakt. Al
vrij snel begint ze te channelen.

'Het oude en het nieuwe zijn net communicerende vaten.
Gaat je energie naar het oude, dan trekt de energie bij het
nieuwe weg, waardoor het nieuwe zich niet kan ontplooien.
Doorvoel eerst diep vanbinnen wat het betekent om zo veel
energie in het oude werk kwijt te raken. Daarmee creëer je
de innerlijke bereidheid om het los te laten.

Je hebt angst dat je niet voldoende geld zult hebben. Weet
dat er genoeg geld voor je is. Het neerzetten van het nieuwe
werk is het neerzetten van jezelf. Durf los te laten. Alleen als
je de sprong in het diepe waagt kun je tot nieuwe ervaringen
komen, dan kan het creatieve echt een plaats in je leven krijgen. De tijd hiervoor is gekomen. Heb vertrouwen dat het
universum je steunt zodra je definitief loslaat. Je geeft dan
de kosmos de kans je te hulp te schieten. Vasthouden aan

het oude is de stroom stoppen. Je hebt iets te geven aan de wereld. Het komt van heel diep. Dat is ook het stuk dat wankelt, omdat je je afvraagt of je wel zo groot bent om dat te gaan doen. Het proces is gaande, ga mee in de stroom. Zeg er volmondig 'ja' tegen, dan komen de dingen naar je toe.

Dat wat je doet wankelen is heel oud. Je hebt veel verdriet van anderen op je genomen. Dat is met je mee gaan resoneren. Van nature ben je een sjamaan, een lichtwerker. Je voelt veel aan, maar je maakt geen onderscheid in wat van jou is en wat van anderen. Het is nodig om onderscheid te maken, en dat wat niet van jou is door je heen te laten stromen, maar ook weer uit je weg te laten gaan. Door dat niet te doen neem je leed op je dat niet bij je hoort, dan verlies jij je slagvaardigheid en je durf. Het lijkt dan ook alsof je niet blij mag zijn als anderen het zwaar hebben. Het op je nemen van energieën van anderen geeft ook verwarring bij je. Je weet dan niet meer wat jouw wensen en verlangens zijn en wat van een ander is. Je lijkt op twee benen te hinken, alsof je niet zeker weet of je de weg van de vreugde mag volgen. Een deel van je voelt heel erg mee met de hartenergie en met de creativiteit die je in je hebt.

Daarnaast zijn er oude stukjes die je ineen doen krimpen en doen aarzelen. Dat maakt dat de situatie van de communicerende vaten ontstaat. Maar er is nu een steeds sterker wordend verlangen om je zaken anders te gaan doen. Dat wat echt van jou is eist je meer en meer op. Stop daar je energie in. Dat wat echt bij je hoort heeft het onafhankelijke dat je nodig hebt om te zijn wie je in wezen bent.'

De rest van de dag gaat snel voorbij. De hele weg naar huis blijven de woorden van Jeshua nagalmen en maken me afwisselend blij en bang. Het is tijd voor het nieuwe, laat los. Waar heb ik toch eerder gehoord dat ik een lichtwerker ben?

Oh, wacht eens, dat kwam van Maria. Als een echo uit het verleden klinkt haar stem.

'Je krijgt de waarschuwing onderscheid te maken tussen wat goed voor je is en wat niet. Kies eens echt, vooral met betrekking tot je werk en je relaties met mannen. Je bent op aarde gekomen om de goddelijke liefde te ervaren in een relatie. Ga niet voor minder, denk daaraan. Daarvoor zul je wel eerst met jezelf in harmonie moeten komen, met je mannelijke en vrouwelijke kant. Je bent een lichtwerker, weet je dat wel?'

5

Oktober 2007

Je krijgt hemelse bescherming. Niets is zonder voordeel.

Dagen zingt het in mijn hoofd: laat maar los, laat maar los. Hoe? Opdrachtgevers bellen en zeggen: 'Ik stop'? En dan? Een lege bankrekening? Nee, ik moet er niet aan denken, voorlopig werk ik door.

Als ik 's ochtends in de spiegel kijk wil ik het liefst weer naar mijn bed. Angst jaagt me naar mijn werk. Als ik 's avonds weer bij mijn voordeur sta herinner ik me zelden hoe ik daar ben gekomen. Nacht na nacht droom ik alles aan elkaar.

'Angsthaas,' scheld ik mezelf uit als ik mijn restanten in de spiegel bekijk. 'Je kunt hooguit failliet gaan, en dat doen er wel meer.'

Het idee alleen al.

'Maar tijdens die zielenreis heb je toch gezien hoe ziek je bent?' zegt Sofia, mijn beste vriendin, als ik op een avond mijn hart bij haar uitstort. 'Mens, waag het erop. Er is altijd nog zoiets als een Sociale Dienst.'

'In de bijstand? Van mijn leven niet.'

'Dan moet je het zelf maar weten, maar de Sociale Dienst lijkt me beter dan je gezondheid verder naar de knoppen helpen.'

'Ik ga nog een keer naar Maria.'

'Kind, doe toch eens iets wat elk gezond denkend mens zou doen: ga terug naar je huisarts,' zegt Sofia.

'Wat heb ik daar nog te zoeken? Ik heb het hele medische

circus al gehad. Moet dat nog een keer? Moet ik zo iemand worden die telkens weer aan het bureau van de huisarts zit te mekkeren: "Dokter, ik voel me niet goed. Dokter, wat moet ik doen?" Gadver, Sofia. Nee, dank je wel. Ik zoek het zelf wel uit.'

'Oh, meisje, wat een toeval, er heeft net iemand afgezegd. Schikt het je vanmiddag?' zegt Maria als ik bel voor een afspraak.

'Vanmiddag al, wat fijn. Dit is door de goden geregeld. Ik kom eraan.'

'Ik mag je een wens laten doen,' is het eerste wat Maria stralend als altijd zegt, 'en die komt uit. Dit komt van boven.'

Verbaasd kijk ik haar aan. Van de weeromstuit begin ik ook te stralen. Zonder aarzeling doe ik in stilte mijn wens: een prachtige vervullende liefdesrelatie.

Even later schudt Maria de kaarten en geeft ze dan aan mij om te schudden. Daarna legt ze de kaarten in het voor mij zo langzamerhand vertrouwde patroon.

'Het grote geluk komt eraan,' begint ze. 'Als het zover is, moet je er niet mee te koop lopen. Je mag er wel over praten, maar het niet van de daken schreeuwen. Ik weet dat het een hele klus voor je zal zijn om je mond te houden. Toch is dat het beste wat je kunt doen. Een donkerharige vrouw zal ziekelijk jaloers zijn en proberen je geluk te verstoren, maar het hoort op je pad. Je krijgt er meer inzicht door, en je leert voorbij te gaan aan praatjes.

Zo te zien heb je een diepgewortelde angst voor macht, die ook verbonden is aan angst voor dat wat mensen achter je rug over je zeggen en waar jij je niet tegen kunt verdedigen. Je hebt er ervaring mee opgedaan in vorige levens. Dit is iets wat je hebt te overwinnen. Uit angst voor dit fenomeen heb je mensen nogal eens naar de mond gepraat. Doe dat nooit meer; het tast je wezen aan.'

'Verdorie, Maria, krijg ik daar weer mee te maken? Ik krijg het altijd Spaans benauwd van jaloerse en kletsende mensen, ik weet niet hoe ik daarmee om kan gaan. Ik vind het zo ingewikkeld, bovendien herken ik jaloezie pas als ik midden in de intriges zit.'

'Je bent naïef, je laat je voor de gek houden. Luister niet naar wat mensen zeggen, maar neem waar wat je intuïtie en je hart je vertellen. Je moet meer vertrouwen krijgen in jezelf, dan kun je deze situaties ook beter aan. Je hebt nog steeds last van een grote vernedering uit de tijd dat je een kind van een jaar of twaalf was. Er is toen iets in je geknakt. Sindsdien heb je bergen verzet, en nu liggen al veel hindernissen achter je. Je raakt nog meer verlicht. Toen je hier voor het eerst kwam was het alsof er een dichte mist om je heen hing. Je bent in de tijd dat je bij me komt al flink veranderd, het is alsof het licht al meer door je heen schijnt. Je bent een echte laatbloeier. Je moet nog wel wat oud verdriet verwerken, dat heb je niet voldoende gedaan.'

'Ik heb de laatste tijd toch heel wat af gehuild, moet ik nog meer verwerken?' reageer ik.

Maria gaat verder zonder op mijn woorden in te gaan.

'Wat ben je van plan? Ga je een boek schrijven?'

'Dat is nu net waarom ik een afspraak met je heb gemaakt. Ik wil zo graag schrijven, maar mijn energie gaat op aan mijn werk. Ik durf het niet los te laten. Al ben ik nog zo kapot, ik weet niet waar ik zonder de inkomsten van mijn werk van zou moeten leven.'

'Meisje, meisje, vertrouw toch eens op jezelf.'

Ik voel me weer kind bij de woorden 'meisje, meisje', alsof Maria even op mij past.

'Het boek dat je wilt schrijven wordt uitgegeven. Ik zie drie mensen binnen de uitgeverij ermee aan het werk. Wat geld betreft komt er nu weinig binnen, maar dat verandert. Je zult veel meer binnenkrijgen, zowel zakelijk als privé. Heb vertrouwen. Je moet wel oppassen. Een man wil je iets laten ondertekenen, iets wat niet goed voor je is. Kijk dus heel goed uit als je gevraagd wordt iets te ondertekenen.'

Het is niet voor het eerst dat Maria me dit vertelt. Ik word er telkens schichtig van. De gedachte verdwijnt snel naar de achtergrond door het geweldige nieuws dat mijn boek zal worden uitgegeven. Ik twijfel niet aan deze voorspelling, want tot nu toe is alles wat ze heeft verteld uitgekomen. Ik denk aan haar eerdere accurate voorspellingen, vooral op het gebied van relaties. Als ik weer eens enthousiast over mijn nieuwe geliefde vertelde, begon Maria te zuchten en met haar hoofd te schudden. Ook Bas was er niet best van afgekomen, de vorige keer dat ik bij Maria was.

'Hij weet niet wat liefde is, dat heeft hij nog niet ervaren in zijn leven. Wanneer houd je eens op met die scharrelmannen? Dat hoeft echt niet meer. Luister eens goed naar me: je bent in contact gekomen met mannen die het wisselen van partners verwarren met het hebben van vrijheid. Deze mannen voelen zich benauwd in de relatie die ze hebben. Ze hebben het gevoel dat hun partner ze bij de keel heeft. Meestal hebben ze zichzelf bij de keel; de relatie vraagt iets wat angst oproept. Daar moet op zo'n moment naar gekeken worden, in plaats van ervandoor te gaan. De ware vrijheid zit hem in het aangaan van een werkelijke verbinding en je realiseren dat de partner die je hebt uitgekozen je spiegel is. En dat als je de neiging hebt erbij weg te willen, je in feite weg wilt van jezelf, van je eigen angst. Natuurlijk zijn er situaties waarin je moet besluiten je partner los te laten. Als een relatie zo veel pijn doet dat er geen ruimte meer is, bijvoorbeeld.' De woorden die Maria toen sprak echoën nog na in mijn hoofd.

Snel keer ik terug naar wat Maria nu vertelt.

'Jouw man is vlakbij, hij ligt op één lijn met je. Hij staat zo ongeveer voor je neus. Wanneer hij er is, en dat kan echt niet lang meer duren, hebben jullie allebei nog wel wat te overwinnen. Hij heeft nog een innerlijke strijd. Er ligt nog een berg voor hem, jij hebt de bergen grotendeels achter je gelaten. Jullie zijn overigens allebei stijfkoppen. Hij heeft het een periode moeilijker dan jij. Deze man is goed, zorg dat je hem houdt.'

'Ja, dat is allemaal prachtig, maar er valt nog niets te houden. Eerst maar eens tegenkomen, lijkt me.'

Maria reageert niet op deze opmerking, ze bergt de kaarten op.

Als ik weer buiten sta voel ik me al stukken beter. Zingend rijd ik terug naar huis.

6

Oktober 2007

Een tempel op een berg; verhevenheid. Een monnik, een man en een geest: toewijding aan geestelijke zaken. Een godheid in wapenrusting: hemelse bescherming.

Voordat ik naar huis rijd, besluit ik eerst langs de postbus te rijden. Nog steeds zachtjes neuriënd pak ik de post eruit en kijk de stapel door. Met een ruk blijf ik staan. Een brief met een bekend logo staart me aan: Max Tan, advocaten en procureurs. Max Tan, de advocaat die mijn tweede echtgenoot Mahmood ooit uit de nesten probeerde te halen. Wat heeft dit te betekenen?

In de auto maak ik de envelop snel open. Iets in me wordt wakker. Ik ben alles om me heen op slag vergeten. In een oogwenk vallen de puzzelstukjes op hun plaats. Max is de man waar Maria het al een hele tijd over heeft. Ik was hem volkomen vergeten.

Ik staar nog even naar de brief en begin te lezen. Even later laat ik de brief zakken en staar voor me uit. Een ding weet ik zeker: dit muisje krijgt een heel lang staartje als ik besluit in te gaan op het verzoek van Max om contact met hem op te nemen, vanwege een oude geschiedenis die kennelijk opnieuw actueel is geworden.

Thuisgekomen lees ik de brief nog een keer. Zonder verder aarzelen pak ik de telefoon.

'Max Tan.'

De warme stem stelt me direct gerust.

'Met Eva Goudsmid.'

Even is het stil en ik vervolg: 'Ik werd verrast door je brief. Het is een tijd geleden dat ik je sprak.'

'Dat is inderdaad even geleden, maar ik herken je stem direct.'

Mijn hart maakt een vreugdesprongetje.

'Wanneer hebben we elkaar voor het laatst gesproken?'

'Eens even denken... Sam was al geboren en Mahmood en ik waren net terug in Nederland. Een jaar of dertien geleden,' antwoord ik.

'Dat kan wel kloppen.'

'Je wilde praten over de kwestie die Mahmood weer bezighoudt?'

'Inderdaad. Mahmood wil alsnog de Nederlandse Staat aanklagen vanwege de in zijn ogen onterechte uitzetting in 1993. Ik schreef je al dat het archief net is opgeschoond. Ik zou een afspraak met je willen maken om de gang van zaken van destijds door te nemen, zodat ik kan bepalen of het zin heeft een procedure aan te spannen. Maar, het is allerminst een verplichting.'

'Sinds Sam het huis uit is, heb ik nauwelijks contact met Mahmood en ik zit er ook niet om te springen. Maar ik wil er wel een keer met je over komen praten, ook omdat ik er destijds van overtuigd was dat de uitzetting onrechtmatig was.'

'Als je dat zou willen doen, graag.'

Ik leg de telefoon neer en blijf nog tijden stil voor me uit staren. Vrijdag zie ik Max terug.

De rest van de dag voel ik me lichtelijk wezenloos.

Na het eten bel ik Sofia.

'Zo te horen heb je weer eens iets meegemaakt,' zegt ze

zodra ze mijn stem hoort.

'Ik heb de man van mijn leven ontmoet.'

'Wat!'

'Ik heb...'

'Ik verstond je wel. Hoe is dat zo gekomen?'

'Het is Max Tan, de advocaat die Mahmood en ik hadden toen hij problemen kreeg met zijn verblijfsvergunning. Hij heeft me een brief gestuurd, omdat Mahmood de Nederlandse Staat wil aanklagen vanwege alles wat er destijds is misgegaan. Hij is informatie aan het verzamelen,' zeg ik.

'Eva, alsjeblieft, je gaat je toch niet weer met Mahmood inlaten?'

'Nee, natuurlijk niet,' reageer ik.

'Hmm,' bromt Sofia, 'het geeft me geen goed gevoel, dat kan ik je wel vertellen.'

'Doe niet zo raar, ik ga alleen maar mijn verhaal doen, waarschijnlijk een batterij vragen beantwoorden en that's it, meer valt er niet te doen. Maar daarom bel ik je niet. Vanmiddag was ik bij Maria, en die voorspelde me dat dé man bijna voor mijn neus stond. Twee uur later vind ik de brief van Max in mijn postbus. Alle puzzelstukjes vallen op hun plaats. Alles klopt bij de beschrijving die Maria van de man gaf. En weet je wat het meest frappante is? Dat ik het eigenlijk wel wist. Ik was hem alleen helemaal vergeten.'

'Dat is belachelijk! Hoe kun je zoiets vergeten? En waarom weet ik daar weer niets van?'

'Geen idee, heb ik je destijds nooit iets over hem verteld?'

'Niet dat ik me kan herinneren. Hoelang heb je hem trouwens niet gezien?' vraagt Sofia.

'Een jaar of dertien. Weet je? Ineens heb ik rust. Het is alsof ik ontspannen naar een film kijk en benieuwd ben hoe het verhaal zal aflopen, terwijl ik zeker weet dat het goed afloopt. Ik kan de hele wereld aan.'

'Nou, ik ben benieuwd. Maar wel oppassen, zo veel reserves heb je niet. Dit gaat je vast en zeker veel energie kosten. Ik voel het aan mijn water.'

'Lieverd, maak je geen zorgen, ik heb ineens bergen energie.'

'Wanneer heb je met die man afgesproken?'

'Vrijdag, eind van de middag.'

'Jammer, dan ben ik er niet, anders hadden wij ook meteen wat af kunnen spreken. Laten we sowieso gauw wat doen, en houd me op de hoogte, hè?'

Amsterdam. Oude herinneringen komen en gaan terwijl ik op weg ben naar Max. Ik zie mezelf weer als twintigjarige op de fiets, dansend tot de vroege ochtend, zittend in de mooiste zaal van de universiteitsbibliotheek, en met mijn vrienden in de kroeg. Ik zie Freek plotseling naast me staan en vragen: 'Heb je misschien een vuurtje voor me?' Ik voel opnieuw de vonk die oversloeg. Verlang ik terug naar die tijd? Het was de meest zorgeloze tijd van mijn leven, alleen bleek in de jaren die volgden dat Freek allesbehalve de gedroomde prins was. Nee, laat dit verleden maar waar het hoort.

Omdat het kantoor van Max nog steeds op dezelfde plek aan een van de grachten is loop ik er zonder te hoeven zoeken naartoe. Wat een heerlijke zonnige dag, en wat heerlijk om hier langs de grachten te lopen. Vreemd trouwens dat ik helemaal niet nerveus ben. Integendeel zelfs; ik ben zo kalm als wat, ik heb het volste vertrouwen in de goede afloop. Ik weet een ding zeker: deze ontmoeting hoort op mijn pad.

Ruim op tijd stap ik even later de statige marmeren gang van het kantoorgebouw binnen. Het ziet er allemaal nog hetzelfde uit. Hoe is het mogelijk dat iets stilgestaan lijkt te hebben, terwijl mijn leven zo veel veranderingen heeft gekend? Een vrouw komt me tegemoet en neemt mijn jas aan. Als ik in de wachtruimte ga zitten, loopt een teckel kwispelstaartend op me af. Ik aai hem over zijn kop. Met een diepe zucht laat hij zich naast mijn stoel op de grond zakken. Ik pak een krant en ga rustig zitten lezen.

Tien minuten later komt Max de trap aflopen die recht tegenover de wachtruimte is. Mijn ogen nemen hem snel op: hij is prachtig gekleed, en langer dan ik me herinner. Zijn haar is ondertussen wit geworden, net als het mijne. Ik voel een lach op mijn gezicht verschijnen, en zie ook een lach op dat van hem.

'Dag, Eva. Je hebt gezelschap gekregen van onze waakhond, zie ik. Ga je mee naar boven?'

We lopen de prachtig gebeeldhouwde houten trap op. Dan sta ik in het kantoor van Max en kijk even rond. De inrichting is veranderd, minder rommelig. Het geheel oogt zakelijker, moderner, met hier en daar een persoonlijke noot. Op de vensterbank staat een foto van een vrouw met lang blond haar en een klein kind. Wie is dat? Ik druk de opkomende gedachte snel weg.

'Ja, Mahmood belde me op een avond thuis. Ga zitten trouwens. Ik hoorde ineens een stem uit een ver verleden. Hij vroeg me deze zaak op me te nemen.'

Max valt meteen met de deur in huis. Geen hoe-gaat-het-met-jou-met-mij-gaat-het-goed, maar direct ter zake. Het valt me tegen.

'Mahmood heeft je thuis gebeld?' vraag ik.

'Ik ben onlangs gescheiden en verhuisd. Sindsdien sta ik in het telefoonboek. Ik vermoed dat hij me daarin heeft gevonden.'

Max is gescheiden, mooi zo. Mag ik natuurlijk niet denken, helemaal niet aardig. Niet afdwalen, anders ben ik zo de draad kwijt dankzij de whiplash, en dat is slecht voor de geweldige indruk die ik van plan ben achter te laten.

'Ik heb nog een dichtgeplakte doos met allerlei paperassen van Mahmood op zolder staan. Er kunnen wat bruikbare papieren tussen zitten,' hoor ik mezelf ineens zeggen.

'Doe me een plezier en haal die doos van zolder, en kijk of er papieren in zitten die behulpzaam kunnen zijn,' zegt Max.

'Oké,' zeg ik, terwijl ik bedenk dat me dat niet in de koude kleren zal gaan zitten.

Twee uur later pakt Max de papieren bij elkaar ten teken dat het gesprek is afgelopen.

'Dank je,' zeg ik als Max mij zijn visitekaartje aanreikt.

'Ik zou je niet herkend hebben op straat. Maar jij mij waarschijnlijk ook niet,' zeg ik onderweg naar de deur.

'Ik jou wel,' antwoordt Max. 'Ik herken je aan je uitstraling.'

'Als datgene wat je gevonden hebt zuiver is, zal het nooit vergaan en je zult het terugvinden als je terugkeert', hoor ik plotseling in mijn hoofd.[3]

---

3   Paulo Coelho, *De Alchemist.*

7

Oktober 2007

De regels zijn aan het veranderen. Standvastigheid geeft geluk. De deur uit gaan en communiceren geeft taken.

De volgende ochtend word ik onrustig wakker. Het ging net zo goed de laatste dagen. Al is het zaterdag, ik sta om zeven uur naast mijn bed. Ik wil eerst een eind langs de rivier wandelen.

Buiten is het knisperig koud, het heeft kennelijk gevroren. Er hangt een diepe stilte, alsof ik het enige levende wezen ben dat zich buiten waagt. Het begint al licht te worden en op een enkele jogger na ben ik de enige die er loopt. De rivier stroomt rustig, hier en daar vliegt een meeuw krijsend over, eenden kwaken, en ondanks mijn onrust geniet ik van dat alles. Allerlei gedachten spelen door mijn hoofd, en Max wandelt door alles heen.

Thuisgekomen besluit ik eerst boodschappen te gaan doen. Ik gedraag me zo chaotisch dat ik minstens drie keer weer naar binnen moet omdat ik iets ben vergeten.

Terwijl ik boodschappen doe kan ik maar aan een ding denken: die doos moet open, die doos moet open. Belachelijk trouwens, dat ik al die paperassen van Mahmood nog steeds in huis heb.

Eenmaal weer thuis ga ik op zolder op zoek naar de doos. Ik sleep het loodzware ding met moeite de trappen af en pak een vuilniszak en een kleine doos om spullen die echt van Mahmood zijn in te doen. Die stuur ik wel op.

Ik pak het ene na het andere papier uit de doos. Jaren van

ellende en wanhoop komen voorbij. Ik voel een diep medelijden met die twee mensen die zo hebben geknokt om als gezin in Nederland te mogen leven. Soms begrijp ik het leven niet: waarom krijgt de een alles voor elkaar en zelfs zonder al te veel moeite, en lukt de ander zo weinig terwijl diegene minstens zo veel inspanning pleegt? Ik zucht eens en ga verder.

Om twaalf uur liggen de meeste paperassen in stapeltjes om me heen. Ik heb ze voorlopig vluchtig geordend door er even een blik op te werpen. Dat alleen bleek meestal al genoeg om de bijpassende herinnering levendig te maken. Wat overblijft zijn twee video's, een paar dictafoontapes, een zilveren aansteker en een zijden sjaal die Mahmood voor mij had gemaakt tijdens een van zijn vele opnames in een psychiatrisch ziekenhuis. *For Eva with love,* staat erop geschilderd, samen met een paar bloemen. Ik staar er even naar en besluit alles weg te gooien. Geen sentimenteel gedoe, maar grote schoonmaak. Een videoband houd ik voor Sam. De andere band trek ik uit de doos en ik knip hem aan stukken. De brieven van Mahmood versnipper ik. Nadat ik alle paperassen, rapporten en brieven heb uitgezocht en op datum gelegd, maak ik een selectie voor Max. Hoe meer ik lees, hoe beroerder ik word. Wat ik destijds schreef maakt nu een kinderlijke indruk op me. Ik vind het op zijn zachtst gezegd niet prettig dat Max alles zal lezen. Wat een feest.

Omdat ik al die paperassen niet op de post wil doen en ik Max graag nog een keer wil zien, stuur ik hem een e-mail met de vraag om een afspraak.

8

*De ram stoot in de heg. Hij kan niet terug, hij kan niet vooruit.
Nergens voordeel. Moeilijkheden leiden tot geluk.*

Nadat ik weer een nacht meer wakend dan slapend door
heb gebracht is er van mijn even opgeflakkerde energie
weinig meer over. Toch ga ik naar een klant om aan een
drie dagen durende opdracht te beginnen. Op weg ernaartoe voel ik me ronduit ziek.

Met moeite krijg ik de eerste dag mijn werk af. Het
tempo is zoals gewoonlijk weer moordend hoog. Mijn hart
bonst van vermoeidheid zo hard dat iedereen het volgens
mij kan horen. De informatie die ik verzamel op mijn
rondgang door het bedrijf kan ik nauwelijks verwerken.
De afsluiting van de dag met de directie kost me het laatste
beetje energie.

Thuisgekomen pak ik iets uit de vriezer en zet het in de
oven. Na het eten ga ik in bad om mijn hoofd tot rust te
brengen, want morgen moet ik voor dag en dauw weer op
om op tijd bij mijn klant te zijn. Ik lig in bad en wil maar
een ding: niets, helemaal niets meer hoeven doen, eeuwig
dobberen in het water. De realiteit dringt zich direct op:
waar moet ik van leven als ik werkelijk alles loslaat? Hoe
moet ik de lening afbetalen die ik heb afgesloten om mijn
bedrijfje te kunnen uitbreiden? De sociale dienst betaalt
die heus niet. Failliet gaan? Ik ril. Het ene rampscenario na
het andere trekt aan mijn verbeelding voorbij. Ik zie hordes
deurwaarders op me afkomen, verwijtende blikken van

een in lompen gehulde Sam omdat ik zijn studie niet meer kan betalen en hem niet meer kan onderhouden, boze klanten en tot slot een daklozenbestaan. Ik blijf wel werken.

Aan het eind van de volgende dag zit ik met de voltallige directie aan de grote glimmende mahoniehouten tafel als ik plotseling het gevoel krijg alsof al het bloed uit mijn hoofd trekt. De wereld draait om me heen, de stemmen van de directieleden verdwijnen naar de verte en een ijzige kou kruipt langzaam omhoog.

'Gaat het weer?'

Een van de directieleden staat over me heen gebogen en ik lig op de grond. Met een ruk schiet ik overeind.

'Voorzichtig,' zegt de man.

'Neemt u me niet kwalijk, ik voel me niet helemaal in orde,' zeg ik.

'Gaat u maar rustig zitten, mijn collega schenkt even een glaasje water voor u in.'

De man kijkt me nerveus aan. Het is doodstil. Alle blikken zijn op mij gericht. Het glaasje water komt. Braaf drink ik het op. Hoe moet het nu verder? Ik raap het allerlaatste restje energie bij elkaar.

'Heren, kunnen we even pauzeren? Ik schat dat ik nog een uur nodig heb om u mijn laatste vragen te stellen. Morgen zal ik nog een dag interviews afnemen in de werkplaatsen, de kantine en in het magazijn, dan heb ik alles om de rapportage te kunnen schrijven.'

Dit moet lukken, denk ik, hier moet ik me nog doorheen slepen. Dan krijg ik deze opdracht betaald en kan ik weer een maand verder.

Die nacht neem ik twee slaaptabletten. De volgende dag sleep ik me opnieuw door de organisatie en geef om klokslag drie uur mijn voorlopige conclusies. De dag erop schrijf ik met mijn laatste beetje energie de rapportage.

Vrijdag hang ik voor de zoveelste keer als een dweil op de bank en weet een ding: ik houd het niet meer vol, ik zal een oplossing moeten bedenken, maar weiger de enige die me te binnen schiet. Voor de week erop staat er weer een opdracht in mijn agenda, en morgen heb ik met een vriend afgesproken om te gaan wandelen. Kan ik die niet beter afbellen? Nee, denk ik, ik knap vast op van een boswandeling.

'Zullen we de korte of de lange route nemen?'

'De korte graag,' zeg ik.

'Moe?'

'Heel erg. Mijn oren suizen alsof er een zwerm bijen in zit, maar laten we het er verder niet over hebben.'

'Je ziet er ook niet bepaald florissant uit.'

'Ik weet het.'

Als we na de wandeling in de keuken van vriendlief thee-drinken, voel ik me meer dan beroerd.

'Ik voel me niet lekker,' breng ik even later nog net uit terwijl ik me weg voel glijden.

Twee handen pakken me vast en voor ik het weet lig ik op de bank. Ik krijg kussens in mijn rug en een warme deken over me heen.

'Zo, nu blijf je daar liggen tot ik weer kleur op je wangen zie. Desnoods blijf je het hele weekend, want zo laat ik je niet naar huis rijden,' klinkt het gedecideerd.

Ik heb niet eens de energie om antwoord te geven. De open haard wordt aangemaakt en vriendlief neemt op de andere bank plaats om me in de gaten te houden.

Twee uur verstrijken in stilte. Dan komt zomaar uit het niets een zeker weten: zo kan ik niet langer doorgaan. Ik stop met werken, en wel nu. Kome wat er komt. Vastberadenheid maakt zich van mij meester. Het is nu echt afgelopen.

'Ik ga nu stoppen met werken. Ik kan niet meer.'

De woorden glippen zomaar uit mijn mond, alsof ik het niet zelf ben die tot dit besluit is gekomen.

'Nou, dat lijkt me een heel verstandige beslissing. Daar drinken we een glaasje op.'

Dat glaasje lijkt me niet helemaal het verstandigste, maar ik voel me blij genoeg met mijn beslissing om het te vieren. De fles komt op tafel en ik nip een paar slokjes naar binnen.

Tegen de tijd dat het bijna donker is en ik kennelijk voldoende kleur heb om te mogen vertrekken, rijd ik langzaam naar huis. Onderweg begint de betekenis van mijn besluit tot me door te dringen.

'Ik heb me bij de Sociale Dienst gemeld,' zeg ik als Sofia me een week later belt. 'Ik ben de hele week bezig geweest om ik weet niet hoeveel formulieren in te vullen, bankafschriften en weet ik wat allemaal te kopiëren, mijn opdrachtgevers te woord te staan en vervanging te vinden en een letselschadeadvocaat in te schakelen, want ik heb geen vertrouwen meer in de jurist van de rechtsbijstandsverzekeraar. Maar het is achter de rug en ik voel me honderd kilo lichter, ik kan eindelijk uitrusten.'

'Dat klinkt goed,' zegt Sofia. 'Nu zul je vast opknappen.'

'Ik hoop het. Mijn moeder heeft me bovendien toegezegd dat zij mijn inkomen aanvult zolang het nodig is.'

'Zie je wel, het komt allemaal goed.'

9

Standvastigheid geeft geluk; geen spijt. Het licht van de leerling is waarachtig.

Ik kijk naar buiten, waar niets lijkt te bewegen. Het is alsof een grote kale vlakte zich voor me uitstrekt. Nergens een lichtpuntje. Alles ziet er grijs en akelig uit. Ik ben eindelijk begonnen met schrijven en wil zo weer naar boven om verder te gaan. Elke dag probeer ik een uurtje of twee aan mijn verhaal te werken. Als ik teruglees wat ik heb geschreven, begrijp ik niet waar de indiaan het over had. Ik zou mezelf beter gaan begrijpen? Ik begrijp er geen bal van. Ik kijk eens naar de stapel zelfhulpboeken met veelbelovende titels die ik nog wil lezen.

Vanmiddag komt de hulp van de thuiszorg mijn huis schoonmaken. Ik zou blij moeten zijn, maar voel me er alleen maar slechter door. Zelfs het vooruitzicht van een tweede bezoek aan Max kan me niet echt opbeuren. Ik heb geen idee waarin ik terecht ben gekomen.

Ik staar weer voor me uit en vraag me af of ik wel de juiste keuzes heb gemaakt. Ik vind mezelf zo zielig en het leven zo oneerlijk dat er vanzelf tranen komen, eindeloos veel tranen die urenlang over mijn wangen lopen.

Als de dag van de nieuwe afspraak nadert knap ik iets op. Ik heb me voorgenomen om Max een klein beetje te vertellen over de gevoelens die ik voor hem koester. Mijn hart verdraagt geen nieuwe ballast.

In de e-mailberichten die ondertussen heen en weer zijn gegaan om te overleggen en een afspraak te maken heb ik opmerkingen gemaakt die op zijn minst vreemd genoemd kunnen worden. Daardoor is er iets ontstaan wat ik niet prettig vind; het is net alsof de trein naast het spoor is gaan lopen. Ik ben gespannen geraakt, omdat ik bezig ben met de indruk die ik op Max maak. Het lijkt wel of ik holderdebolder dertien jaar terug in de tijd ben gevallen en opnieuw die totaal ontredderde vrouw van toen ben geworden. Hoewel ik ondanks alle vreselijke epistels probeerde om geen verkeerde indruk te geven, lijkt het erop dat ik dat juist heb bewerkstelligd.

In de trein op weg naar Max vraag ik me af hoe ik hem het best iets over mijn gevoelens kan vertellen. In gedachten begin ik op wel tien verschillende manieren het gesprek, en geen enkele klinkt me goed in de oren.

Klokslag elf uur sta ik weer voor zijn kantoor. De teckel begroet me alsof ik een oude kennis ben, en ook Max herhaalt hetzelfde ritueel als de vorige keer. Zwijgend lopen we de trap op. Ik zoek een plek aan de tafel en leg mijn dossier neer.

Max pakt het op, slaat het open en begint te lezen, terwijl hij zich ondertussen in een stoel laat zakken. Ik zie al die pijnlijke paperassen door zijn vingers gaan en voel me steeds akeliger worden.

'Ik zie het al, dat wordt lezen,' hoor ik hem zeggen.

Ja, denk ik, dat wordt lezen, en dan?

Ik observeer hem terwijl hij verder gaat. Zijn ogen glijden over de pagina's, af en toe mompelt hij iets, bladert dan weer verder en stelt zo nu en dan een vraag. Max leest alsof hij eigenlijk een bril nodig heeft. Hij ziet er moe uit en in zijn ogen staat een verdrietige blik. Wat een verschil met de vorige ontmoeting. Toen leek hij te bruisen van levenslust. Het liefst vraag ik hem direct wat er aan de hand is, maar iets weerhoudt me. Er staat vandaag een stevige muur om hem heen. Meestal ben ik wel goed in het slechten van barricades, maar ik durf bij Max geen poging te ondernemen om die omver te halen. Ik hoor mezelf een halfslachtige poging doen om te vertellen wat ik op mijn hart heb, maar het arriveert niet, zie ik. Ik leg me erbij neer. Op dat moment voel ik dat ik nog een lange weg te gaan heb. Eerst zal ik schoon schip moeten maken met mijzelf. Een groot gevoel van droefheid overvalt me, ik wil zo snel mogelijk weg. Max lijkt niets te merken. Telkens probeer ik het gesprek naar een einde te praten, maar het lukt me niet. Na twee uur begeleidt hij me weer naar de buitendeur.

Hoe ik er ben gekomen weet ik niet meer, maar een kwartier later sta ik midden in de Jordaan voor het grappige huisje van Sofia. Het is zo smal en klein dat er per verdieping maar één langgerekte kamer is, waar je met twee stappen van de ene muur naar de andere loopt. Ik voel me er thuis.

Met thee op de bank doe ik mijn verslag.

'Eva, ik vind echt dat je Max moet laten weten wat er gaande is. Je moet open kaart spelen. Denk even aan mijn eindeloze gedoe met Jan. Uiteindelijk, toen ik niet anders meer kon en hem alles had opgebiecht, bleek hij niets door te hebben gehad, echt helemaal niets. Ik had mezelf jaren ellende kunnen besparen als ik direct had gezegd wat er zich bij me afspeelde. Echt, je moet het jezelf niet aandoen om niets te zeggen.'

'Het lukte me niet, misschien omdat ik het nu niet moet doen. Het is alsof iets zegt ermee te wachten.'

Sofia kijkt me eens aan en haalt haar schouders op.

'Je moet het natuurlijk zelf weten, maar ik zou het wel doen.'

De rest van de dag probeer ik Max van me af te zetten, wat natuurlijk niet lukt. Ik blijf me afvragen wat de communicatie doet haperen.

Op de terugweg naar huis bedenk ik dat Maria heeft gesuggereerd dat Max en ik zielsverwanten, zelfs tweelingzielen zouden kunnen zijn. Ik herinner me dat ik onlangs iets heb gelezen over het fenomeen tweelingzielen. Tweelingzielen zijn er om elkaar te steunen bij het realiseren van de zielsopdracht. Ze komen zelden bij elkaar in een aards leven, maar als dat gebeurt is dat alleen maar om elkaar te helpen, stond er. Als Max mij helpt stel ik de hulp op deze manier niet erg op prijs, moet ik zeggen.

Dagenlang blijft mijn stemming ver beneden nul, dus besluit ik om opnieuw Maria te raadplegen. Het strenge stemmetje vanbinnen dat me maant het zelf te doen leg ik het zwijgen op. Ik wil hulp en gerustgesteld worden en bel om een afspraak te maken. Daarna droom ik nachtenlang alles aan elkaar.

10

November 2007

Een persoon in de hemel, er is een connectie met de voorouders of de geesten.

Op een nacht lig ik weer eens te draaien en te rommelen zonder de slaap te kunnen vatten. Klaarwakker ben ik. Na een uur of twee geef ik het op en ga naar beneden om iets warms te drinken. Met de beker in mijn hand zak ik op de bank, en kijk zoals gewoonlijk naar de donkere nacht. Af en toe schuiven flarden wolken voor de sikkelvormige maan, wat een spookachtig effect geeft.

Zo blijf ik een poosje zitten. Dan voel ik een zacht briesje om mijn hoofd. Eerst besteed ik er geen aandacht aan, maar na enige tijd wordt het me toch te bar. Het bovenlicht is dicht, de deuren ook en de gordijnen hangen doodstil. Waar komt dat briesje vandaan? Ik kijk nog eens goed om me heen. Nog steeds voel ik een luchtstroom om me heen, die nergens speciaal vandaan lijkt te komen. Dan blijft het aan mijn rechterkant hangen. Ik sta op en ga ergens anders zitten. Ook daar blijft het briesje voelbaar, en weer alleen aan mijn rechterkant, terwijl ik nu met mijn gezicht de andere kant op zit. Vreemd. Ik verwissel nog een keer van plaats. Even lijkt het briesje verdwenen, maar al snel voel ik het weer.

Wat is dit? Ik kijk de kamer opnieuw rond, voor zover dat mogelijk is in het donker, maar zie niets. Gek, het is net alsof ik niet alleen ben. Weer strijkt er een zachte wind langs mijn hoofd. Ik begrijp er helemaal niets van. De gordijnen bewegen werkelijk niet, en buiten hoor ik ook niet het geluid van een stevige wind. Wel verdorie, wat heeft dit te betekenen? Ik kijk nog eens goed om me heen. Niets te zien, maar het gevoel dat ik niet alleen ben blijft. Ik wacht af. Weer strijkt een wind langs mijn gezicht, alsof iemand me zachtjes aait.

Ineens hoor ik een stem. De stem spreekt niet hardop, maar lijkt de woorden in mijn hoofd te planten. Aha, misschien de indiaan die weer contact zoekt.

'Goedenacht Eva, blijf rustig zitten. Schrik niet, je bent veilig. Ik ben hier om je te helpen herinneren aan het voornemen dat je had voordat je aan dit leven begon.'

Nu ben ik pas echt wakker. Dit klinkt anders dan de indiaan. Wie is dit? En welk voornemen?

'Iedereen komt met een vooropgezet plan op aarde, met geen andere bedoeling dan ervaringen op te doen die bijdragen aan de groei van de ziel.'

Wie of wat het ook is dat mij een boodschap komt brengen, hij – het klinkt als een hij – kan ook mijn gedachten lezen.

'Wij, hier aan de andere kant, kunnen inderdaad gedachten lezen en ook overbrengen. We communiceren telepathisch.'

'Eigenlijk is het wel prettig om zo geluidloos te communiceren,' reageer ik dan maar zonder woorden.

'Inderdaad. Ik ben vannacht gekomen om je te helpen herinneren aan je voornemen om in dit leven de opgedane ervaringen van meerdere levens te verwerken, en in harmonie met jezelf te leven onder leiding van je geest. Twee jaar geleden kreeg je een ongeluk. Het was de bedoeling je daarmee wakker te schudden. Je negeerde de oproep en werkte door, terwijl je lichaam aangaf rust nodig te hebben en je hart je vertelde dat je werk deed dat niet bij je paste. Ik ben gekomen omdat het nu echt tijd voor je is om wakker te worden en je voornemen waar te maken. Gelukkig ben je geïnteresseerd geraakt in de geestelijke wereld, heb je het boekje dat we je via een vriendin van je hebben gestuurd gelezen en ben je zover dat je me kunt verstaan.'

Weer is er even niets, alsof er een ruis op de lijn zit. Maar ik weet zeker dat, wat het ook is, het zijn best zal doen verder te gaan met zijn verhaal. Weer voel ik het koele briesje om mijn hoofd, en de stem gaat verder.

'Je zou in dit leven vanuit vertrouwen handelen. Ik kan wel zeggen dat je een beetje verdwaald bent. Je denkt en handelt vaak vanuit een groot wantrouwen. En juist daar waar je weleens kritisch mag kijken en een beetje wantrouwen geen kwaad kan, ga je argeloos mee in iets wat niet bij je hoort of laat je anderen voor je beslissen. Ook laat je jezelf nogal eens de kaas van het brood eten. Dat is niet erg, hoor, maar gezien je voornemens niet passend. Je bent niet in evenwicht. Het ene moment ben je een en al actie, om het volgende moment de actie te stoppen en te verdrinken in je gevoelens. Wanneer je jezelf meer in evenwicht brengt zul je meer bereiken, meer tevreden zijn en je gelukkiger voelen. Laat je leiden.

Om je een van de oorzaken te laten zien van je gevoel van afgescheiden zijn en eenzaamheid, neem ik je mee naar het leven dat je voor dit leven hebt geleid. In de loop van de komende tijd zal ik je vaker meenemen naar andere tijden en plaatsen. Hoe snel dat zal gaan hangt af van je ontwikkelingen en van de mate waarin je jezelf openstelt voor onze hulp.'

Plotseling zit ik in een zonnige ruimte aan een grote houten tafel te werken. De wanden en vloer zijn evenals de tafel van onbeschilderd hout. Aan drie zijden zijn enigszins gebogen ramen die er Engels uitzien; door middel van houten spijlen zijn de ruiten in kleine ruitjes verdeeld. De zon schijnt uitbundig naar binnen. Op de tafel liggen veel tekeningen met allerlei berekeningen erop gekrabbeld. Voor me ligt een groot en stevig vel van een ouderwets soort papier, waarop allerlei lijnen, punten en kleuren staan. Het lijkt een kaart te moeten worden. Ik kijk naar mijn kleding. Ik draag een lange jurk tot op de grond met wat laagjes eronder. De rok van de jurk staat wijd uit. Het lijfje is dicht gestrikt met linten. Naast me ligt een grote strooien hoed met bloemen. Mijn hemel, waar ben ik nu?

'Kijk maar goed om je heen. Je bevindt je op een schip voor de kust van de Northern Territory in Australië. Je werkt als cartograaf, een vrij ongewone bezigheid voor een vrouw in die tijd. Het is op dit moment 1878. Je echtgenoot, eveneens een cartograaf, is een jaar eerder op nog jonge leeftijd gestorven. Jullie werkten voor de Engelse regering en maakten kaarten van Australië. Kaarten maken was in die tijd niet ongevaarlijk. Kaarten in je bezit hebben betekende de weg kennen naar handel en dus naar geld. Het schip waarop je je bevindt maakt deel uit van een expeditie om de kust van Australië te verkennen en in kaart te brengen, zodat er op een later tijdstip een handelsroute en een telegraaflijn aangelegd kunnen worden. Het is een ruig leven. Australië is voor een groot deel nog een weinig ontgonnen en onbekend land. De omstandigheden aan boord van het schip leiden regelmatig tot ziektes. Jouw man bleek minder goed dan jij opgewassen tegen de barre omstandigheden, hij was een zeer gevoelig en ziekelijk man – iets waar jij moeilijk mee om kon gaan, laat staan accepteren. Uiteindelijk is hij aan een infectie en aan machteloosheid gestorven. Na zijn dood voel jij je steeds minder veilig tussen het ruige volk. Binnenkort legt het schip in een haven aan. Je zult van boord gaan en aanmonsteren op een schip dat terugvaart naar Engeland. Je overlijdt in 1879 op de terugweg naar Engeland aan een infectie, net als je man, maar ook aan eenzaamheid en ontmoediging. Dat leven verliet je vol angst en wantrouwen, en dat deed je niet voor het eerst.

In dit leven wilde je onder meer ervaren wat het is om vol vertrouwen te zijn, vol vertrouwen in jezelf en de leiding vanuit de geestelijke wereld. Vertrouwen vraagt geduld; geduld met jezelf en geduld met het leven.'

Dan is het stil. De wind om mijn hoofd is weg en ik ben klaarwakker. Een enorm vredig gevoel heeft zich van me meester gemaakt. Was dat mijn beschermengel? vraag ik me af. Het was dus geen toeval dat een vriendin van de yogagroep me het boekje 'Engelen en gidsen' had gegeven met de mededeling: 'Dit boekje moet je eens lezen, echt iets voor jou.'

Ik was een beetje verbaasd geweest, maar iets had me doen besluiten om het aan te pakken en te lezen.

Ik word slaperig en ga terug naar mijn bed.

Een paar dagen later, of liever gezegd een paar nachten later, kan ik weer niet in slaap komen. Ik ga beneden op de bank naar de zwarte nacht zitten staren. Vrij snel voel ik opnieuw het briesje, dat net als de vorige keer maar aan één kant blijft hangen. Ik blijf stilzitten.

'Moeilijk, vind je niet, om het leven te accepteren zoals het nu is?'

Het is de engel. Gelukkig.

'Ja, dat kun je wel zeggen. Ik dacht dat ik snel zou opknappen wanneer ik zou stoppen met werken, maar nee,' antwoord ik.

'Je hebt tijd nodig, je lichaam heeft tijd nodig. Luister

goed naar de signalen die het geeft. Neem de tijd. Je hebt zo lang niet geluisterd dat je tot op een diep niveau uitgeput bent geraakt. Herstel zal veel van je vragen, ook wat betreft je leefwijze. Ga je op de oude voet verder zodra je je beter voelt dan zul je teruggeworpen worden en opnieuw moeten beginnen. Net zo lang tot je weet wat wel en niet goed voor je is.'

'Klinkt opwekkend, moet ik zeggen.'

'Dat is het ook, al bedoel jij het niet zo. Het is opwekkend omdat je zult leren van jezelf te houden en goed voor jezelf te zorgen. Uiteindelijk zal het je veel opleveren.'

'Hoelang denk je dat het gaat duren?' vraag ik de engel.

'Dat hangt van jezelf af, het kan een jaar zijn maar ook meerdere jaren. Jou kennende zou ik zeggen dat het een paar jaar gaat duren.'

De engel heeft beslist gevoel voor humor. Ik vind het niet grappig, al voel ik het ook als liefde. Tranen springen ineens in mijn ogen. Het is alsof ik omringd word door een grote liefde die niets van me vraagt, maar er alleen maar is.

'Dat lijkt me niet grappig, maar je schijnt het geen ernstige zaak te vinden als het jaren gaat duren,' zeg ik even later.

'Welnee, het gaat om het proces, niet om tijd. Het gaat erom dat je eindelijk met respect voor jezelf en je eigen wensen gaat leven.'

'Oh,' reageer ik, en denk aan de consequenties van een jarenlange herstelperiode. Ik vind het toch geen prettig vooruitzicht.

'Zul je hulp van ons kunnen aanvaarden, denk je?'

'Hulp, wat voor hulp?'

'Ik ben hier niet alleen. Er is nog iemand bij me. Zijn naam is Mehemet. Hij heeft helende krachten. Je zou hem met een arts kunnen vergelijken, maar wij noemen het een healer. Hij staat vanaf deze kant mensen bij die ziek zijn en zijn hulp nodig hebben. Hij hoort bij de zielengroep waar jij en ik toe behoren.'

'Wat is een zielengroep?'

'Helemaal aan het begin der tijden – zo zal ik het maar even noemen, want in feite was er geen begin – was er alleen maar energie, die je kunt zien als een grote bal liefde. Meer niet. Let wel: ik geef een zeer vereenvoudigde verklaring, die eigenlijk geen recht doet aan de grootsheid van wat ik vertel. Deze bal liefde dijde uit, alsmaar verder en verder. Op een gegeven moment verlangde de liefde ernaar zichzelf te ervaren. Door alleen liefde te zijn wist de liefde niet wat liefde in feite was. Dat was het moment dat de eenheid zich ging splitsen. Er ontstonden vele groepen van liefde, innig met elkaar verbonden. Uiteindelijk kwam het moment om een deling te maken die zou leiden naar de dualiteit; naar licht en duisternis, naar liefde en haat, naar kou en warmte, noem maar op. Maar ook een splitsing in vrouwelijk en mannelijk. Vlak voor de laatste splitsing die naar een mannelijk en een vrouwelijk deel leidde, ontstond er een groep zielen die ongeveer op hetzelfde moment waren ontstaan en bijna hetzelfde waren – alsof ze van hetzelfde spul waren gemaakt. Dat is een groep zielen, die door de incarnaties heen dicht bij elkaar blijven staan. Mensen uit dezelfde zielengroep herkennen elkaar altijd, alleen zijn ze zich er meestal niet van bewust wat het is dat ze herkennen. Je kent het vast wel. Je ontmoet weleens iemand die je het gevoel geeft dat je hem of haar al jaren kent, terwijl dat niet het geval kan zijn.

Overigens komt deze herkenning ook voor als je iemand uit een vorig leven ontmoet waar je een intense ervaring mee hebt beleefd, zonder dat deze persoon tot je zielen-groep behoort.

Mehemet hoort bij onze zielengroep. Hij is al een poosje bij je om je te ondersteunen. Je kunt ook zelf contact met hem maken en om advies of hulp vragen.'

De engel zwijgt even. Ik heb tijd nodig om alles te ver-werken. De term zielengroep is niet nieuw voor me, maar nu het heel dichtbij komt en niet langer een abstract begrip is komt het toch anders over. Ineens denk ik weer aan het fenomeen van de tweelingzielen.

'Ontstaan tweelingzielen na de laatste splitsing in een mannelijk en vrouwelijk deel?' vraag ik.

'Inderdaad. Het is de laatste splitsing die plaatsvindt. Zij zijn het nauwst met elkaar verbonden. Als ze elkaar ontmoeten is er op een diep niveau herkenning. Je kijkt in de spiegel als je die ander ziet. Het is als het Chinese verhaal over de koning die twee gezanten onafhankelijk van elkaar op stap stuurt met eenzelfde missie, maar zon-der dat ze elkaar kennen. De koning breekt een zegel in twee stukken en geeft elk van de gezanten een helft mee. Mochten ze denken elkaar tegengekomen te zijn, dan hoe-ven ze alleen maar die twee zegelhelften tegen elkaar te leggen, ze zullen naadloos aan elkaar sluiten.

Natuurlijk weet ik welke vraag op je lippen brandt. Je wilt weten of Max en jij tweelingzielen zijn.'

Het voelt alsof ik betrapt word, want dat is inderdaad wat ik wil vragen.

'Wat zegt je gevoel?'

Natuurlijk, ik had toch niet gedacht dat ik nu alles ge-serveerd zou krijgen?

'Mijn gevoel zegt dat hij mijn tweelingziel is. Ik durf het alleen nog niet helemaal te geloven. Ik wil me niets verbeelden. Max voelt vanaf het begin bekend en vertrouwd. Ik word heel rustig als ik bij hem ben, vooral in de tijd met Mahmood. Ik zou niets liever willen dan dat hij mijn tweelingziel is.'

'Daar zou ik niet zo zeker van zijn. Een ontmoeting op aarde met een tweelingziel hoeft niet per se tot een romantische relatie te leiden. Natuurlijk is het een vreugdevolle ontmoeting, maar ook veeleisend zolang beiden op aarde zijn. Een dergelijke relatie brengt alles wat verborgen ligt aan het licht, het vergt het uiterste van minstens een van de twee, meestal van degene die zich het eerst bewust wordt dat de ander de tweelingziel is.'

'En dat ben ik dan,' reageer ik.

'Ja en nee. Max werd zich de eerste keer dat jullie elkaar ontmoetten bewust van iets bekends in je. Hij had alleen geen idee wat het was. Nu zou je kunnen zeggen dat jij het bent die zich het eerst echt bewust is geworden van de band tussen jullie. Maar klamp je niet aan het idee vast, er zijn nog meer mogelijkheden die een dergelijk gevoel van verbonden zijn teweeg kunnen brengen.'

De engel gaat verder.

'Ik stel voor het nu niet over de tweelingziel te hebben. Er is ontegenzeggelijk een band tussen Max en jou, dat voel je heel goed aan, maar welke dat is, is op dit moment van ondergeschikt belang. Je moet er nu voor zorgen dat je herstelt.'

Ineens voel ik me heel moe. Ik hoor alleen nog maar: 'Het vergt het uiterste van minstens een van de twee.' Het koele briesje verdwijnt snel met die gedachte, en ik zit alleen in het donker op de bank. Ik doe geen poging meer om opnieuw contact te maken, ik ben veel te moe. Toch is er ondanks het onheilspellende bericht een vonkje blijdschap wat de tweelingziel betreft. Max is vast mijn twee-lingziel, de reactie van de engel voelt als bevestiging. Ach, denk ik, ik heb al zo veel moeilijkheden overwonnen, deze kan er ook nog wel bij.

11

December 2007

Een schaal waarin wormen krioelen. Er is een connectie naar de voorouders of de geesten.

Vier weken later arriveer ik bij Maria. Ik ben nog bezig mijn jas uit te trekken als ze begint te zingen.

Vluchten kan niet meer, 'k zou niet weten hoe.
Vluchten kan niet meer, 'k zou niet weten waarnaartoe.
Hoe ver moet je gaan?
De verre landen zijn oorlogslanden,
veiligheidsraadvergaderingslanden, ontbladeringslanden, toeristen-stranden.
Hoe ver moet je gaan?
Vluchten kan niet meer.[4]

'Ja, ik hoor dat liedje en ik moet het voor je zingen. In dit leven heb je vele malen geprobeerd te vluchten, maar meisje, vluchten kan niet meer. Ga zitten, kind. Hoe zit het met die man waar je het over had toen je me belde, hoe heet hij ook al weer?'

'Hij heet Max en het is stil rond hem. Er gebeurt niet veel.'

'Nee, dat kan wel zijn, maar jij bent toch tegen iets aange-lopen. Daarvoor probeer je te vluchten.'

'Ik weet echt niet wat je bedoelt.'

'Het heeft met je boek te maken, dat is mij duidelijk. Hoe ver ben je?'

---

4   *Vluchten kan niet meer,* lied van Jenny Arean en Frans Halsema.

'Het schiet op. Ik bedoel dat het me lukt om goed door te schrijven. Af en toe heb ik even geen inspiratie en dan stop ik. Ik vraag me trouwens wel af of ik de mensen die in mijn verhaal voorkomen moet inlichten of zelfs toestemming moet vragen?'

'Dat is het!' roept Maria verheugd uit.

Ik heb geen idee waar ze het over heeft.

'Natuurlijk moet je contact opnemen. Vooral met Max, om zijn rol in jouw boek met hem te bespreken, maar je zoekt uitvluchten.'

Ik slik. Natuurlijk heb ik wel door dat ik smoesjes verzin om het niet te hoeven doen. Dat is toch ook geen wonder? Ik sta verdorie wel erg te kijk. En dan maar even vragen of hij het bezwaarlijk vindt in mijn boek voor te komen.

'Ja, ja,' gaat Maria verder. 'Je bent bang voor zijn macht. Jij geeft hem macht, dat veroorzaakt angst. Je bent bang om teleurgesteld te worden. Dat is een oude, vertrouwde metgezel van jou, is het niet? Is het zo langzamerhand geen tijd dit gedrag op te geven en te gaan voor dat waar je voor staat?'

Pats, boem, midden in de roos. Hier word ik geconfronteerd met een groot en heet hangijzer: macht en mijn angst ervoor.

'Je zult hem moeten benaderen. Ik weet bijna zeker dat hij het manuscript eerst zal willen lezen. Sta het toe. Het enige wat hij van je kan vragen is om hem onherkenbaarder te maken als hij zichzelf te herkenbaar vindt. Meisje, hier draait het om. Als je dit laat zitten ben je terug bij af. Door juist jouw angst voor macht en autoriteit aan te pakken kun je jezelf echt bevrijden, en niet alleen jezelf. Jij hebt de sleutel in je hand. Het zou weleens kunnen zijn dat je ook Max kunt helpen om zich ergens van te bevrijden. In feite heb je, in ieder geval voor jezelf, onbedoeld en onbewust de juiste situatie gecreëerd.'

'Fijn zeg, zo'n zelf gecreëerde situatie. Het voelt alsof er een demon uit een doosje is gesprongen.'

Maria zegt niets, ze glimlacht zachtjes en pakt de kaarten.

'Je ziet er trouwens moe uit, hoe komt dat?'

'Ik weet het niet meer. Ik blijf slecht slapen. Om de een of andere reden kan mijn lichaam maar niet tot rust komen. Ik lig maar te draaien en te draaien, en in mijn benen lijkt een elektriciteitscentrale gevestigd te zijn die 's nachts overuren draait. Niets loopt echt lekker en niets lijkt te verbeteren.'

Maria zegt niets, maar pakt haar kaarten en legt ze in het bekende patroon.

'Wat ik zie zal je vermoeidheid flink verbeteren. Zeker vanaf half januari, als de zware energie van december verdwenen is. Je wordt dan minder moe en je krijgt goed nieuws.

Je bent ook teleurgesteld in een deel van je vrienden. Je zult van veel afscheid nemen. Zo langzamerhand heb je geleerd onderscheid te maken in wie wel en wie niet bij je passen.'

'Ik zie ze amper. Ik hoor allereerst weinig meer van de meesten, en heb ook geen energie om wat dan ook te ondernemen; ik zit thuis voor me uit te staren.'

'Dans je ook niet meer?'

'Nee, het gaat niet meer.'

'Leg je erbij neer; dit is wat er is en je zult het ermee moeten doen. Weet wel dat je innerlijke strijd steeds minder wordt. Dan komt er vanzelf ook weer ruimte voor de buitenwereld. Op een gegeven moment vind je innerlijke vrede. Nu is het nodig stil te staan, rust te nemen en veel in het bos te lopen. Je moet nog steeds veel verwerken, denk daaraan. Schrijven is daar goed voor, maar echt, knoop het in je oren: tussendoor veel rusten. Je krijgt ook meer zelfvertrouwen, en goed bericht over werk.'

'Wat?'

Van schrik schiet ik overeind.

'Moet ik weer aan het werk?'

'Schrijven is ook werk, hoor,' zegt Maria, op haar beurt geschrokken.

'Oh, gelukkig.'

'Zoals ik het nu zie komt er zeker nog een boek en misschien nog wel meer. Je wordt veel creatiever met schrijven. Ik hoor veel goeds over werk. Ik zie je ook voor een zaal staan. Waarom is me niet duidelijk. Je draagt een prachtige lange, rode jurk.'

'Nou, dat is mooi, ik zal het wel merken als het zover is.'

'Je gaat ook veel op reis. Je bent er als het ware mee verankerd, dat betekent dat je in de rest van je leven veel zult blijven reizen.'

'Leuk.'

'Hoe komt het trouwens dat Max denkt dat jij geen belangstelling voor hem hebt?'

Stomverbaasd kijk ik Maria aan.

'Hij denkt dat ik geen belangstelling voor hem heb? Daar begrijp ik niets van. Ik heb toch belangstelling genoeg getoond de laatste tijd, dacht ik.'

Maria gaat door.

'Ik weet ook niet of dat zijn gevoel op dit moment is of in een later stadium. In ieder geval krijgen jullie steeds weer met elkaar te maken. Je blijft met hem verankerd. Jullie lijken in zekere mate op elkaar. Wat een stijfkoppen zijn jullie allebei, zeg. Hij heeft het ook niet makkelijk op dit moment.

Meer kan ik je niet zeggen. Je weet dat ik kan vertellen wat in het universele veld beschikbaar is, de rest is iemands privé-sfeer en daar blijf ik van af. Mijn gids geeft me zeer precieze aanwijzingen over wat ik wel en niet mag zeggen. Je weet ook dat hij me af en toe iets laat zeggen wat nergens op lijkt te slaan en later pas betekenis krijgt.'

'Ik weet het, maar soms lijkt het me zo prettig om te weten waar ik op moet rekenen.'

'Kind, wat hebben ervaringen voor zin als je al weet waar ze voor dienen? Je zult erdoorheen moeten, of je het nu leuk vindt of niet. Wat je ex betreft, laat je niet verleiden opnieuw contact met hem te hebben; hij zal je veel energie kosten als je dat toestaat. Heb je ergens een trap of ladder die niet goed vast staat?'

Maria kan zo lekker van de hak op de tak springen.

'Ik heb twee losse trappen in huis. Een gaat van de tweede verdieping naar de zolder, die is met een haakje vastgezet, en een klein losstaand trapje van mijn werkkamer naar een ander zoldertje.'

'Het gaat om de trap van je werkkamer naar dat kleine zoldertje. Die moet je vastzetten.'

'Ik zal het doen,' zeg ik, denkend aan de vorige waarschuwing van Maria. Ze had me gezegd dat er iets lekte in huis. Ik had alles gecontroleerd maar niets gevonden, totdat de centrale verwarming was uitgevallen. Het bleek dat er een leiding onder de vloer was gaan roesten. De hele kruipruimte stond blank.

'Je krijgt met nog meer jaloezie te maken. Er zal een donkerharige vrouw in je leven verschijnen, die ziekelijk jaloers is. Sta erboven, voed het niet. Heb ik dit niet al eens eerder gezegd? Ik moet het nog een keer tegen je zeggen. Je hebt nog steeds last van je nek, zie ik. Dat heeft ook met het verwerken van het verleden te maken. Je zenuwstelsel is erg overbelast.

Meisje, al met al kun je er zeker van zijn dat je in de loop van de komende tijd alle problemen achter je laat. Met geld komt het in orde, maak je daar al helemaal niet druk over. Ik zie flink wat geld bij je binnenkomen. Echt, vertrouw nu maar, en neem veel rust, wandel in het bos en vertrouw, vertrouw, vertrouw.'

Even later sta ik weer buiten en voel me een stuk beter. Wat ze over Max vertelde houdt me bezig. Onderweg naar huis besluit ik dat de kortste weg naar resultaat meestal rechtdoor is, en ik hem een e-mail zal sturen om hem in ieder geval te laten weten dat ik wel degelijk belangstelling voor hem heb. Of is dat stom om te doen? Over mijn boek begin ik nog niet, de tijd vind ik daar nog niet rijp voor.

Thuis blijf ik dralen. Eerst maar eten koken. Na het eten ga ik achter mijn computer zitten om de e-mail aan Max te sturen. Ik schrijf dat ik hem graag beter wil leren kennen en vraag of hij met mij uit eten wil gaan. Ik verstuur het bericht meteen, zodat ik me niet meer kan bedenken.

De volgende dag is er al antwoord. Max neemt, zo schrijf hij, mijn lieve uitnodiging niet aan omdat hij niet vrij is, en wenst mij een lichte en fijne kersttijd toe. Even ben ik flink van slag. Maar ik heb mijn statement gemaakt, en verder is het aan de goden. Ik ben te moe en vind het even goed zoals het is. Mijn binnenste roert zich: maak jezelf niets wijs, Eva.

Ik stuur Max nog een kort bericht om hem ook een mooie en lichte kersttijd te wensen, en realiseer me dat ik niet langer de ontspannen toeschouwer ben die naar de film kijkt, maar dat ik ben gepromoveerd tot actrice met een tragische rol.

'Daar zat ik toch werkelijk niet op te wachten,' zeg ik tegen mezelf.

12

December 2007

In orde brengen wat door de vader bedorven is. Dat geeft waardering.

Omringd door schemerduister sta ik in een grote oude loods. De wind giert door de kieren, de golfplaten klapperen op het dak en buiten hoor ik het water tegen de kade klotsen. Als een houten pop sta ik midden in de loods, niet in staat om ook maar een vin te verroeren, zelfs mijn hoofd kan ik niet draaien. Ik ben niet alleen, Mahmood is er ook en beweegt onrustig door de ruimte. Hij sleutelt aan de roestige deuren, verandert van alles, maar wat hij verandert heeft geen enkel effect. Telkens komt hij even bij me staan. Wanneer hij naast me staat verstijf ik nog meer. Hij lijkt nog steeds deel uit te maken van mijn leven, in tegenstelling tot wat ik steeds dacht. Een dodelijk vermoeid gevoel bekruipt me. Ik zou zo graag weg willen van deze plek, maar ik moet blijven staan. Een akelige kriebel trekt door mijn benen. Ze lijken met me te willen gaan lopen, maar ik sta als in beton gegoten en kan geen kant op.

Vanuit mijn ooghoeken zie ik rechts van me, in de verste hoek, iets gebeuren. Langzaam schuiven er doodskisten de ruimte in. Het is een heel lange rij. De doodskisten zijn niet van hout, maar net als de deuren van roestig metaal. Ze bewegen in strakke rijen door de ruimte. Dan weer schuift de rij naar de ene kant en dan weer naar de andere kant, zonder dat ze ook maar het minste geluid maken; ogenschijnlijk doelloos. Gefascineerd volg ik ze met mijn ogen. Ze lijken iets te vertegenwoordigen. Als ik er eens goed naar kijk is het alsof er mensen in zitten, mensen die bij me horen.

Mahmood lijkt zich niets aan te trekken van de lugubere sfeer rond de doodskisten en drentelt er onrustig omheen, morrelt aan de deksels, voelt aan de scharnieren, bekijkt de schroeven, maar verder komt hij niet; de kisten blijven dicht. Het obscure, bijna sinistere licht werpt vreemde schaduwen over het geheel en zorgt ervoor dat niets goed zichtbaar is. Het wordt steeds donkerder in de loods, tot ik niets meer kan zien en met een wezenloos gevoel wakker word.

Wat ik ook bedenk die dag en de volgende dagen, ik begrijp die doodskisten niet en de aanwezigheid van Mahmood erbij al helemaal niet.

Een paar nachten later word ik wakker omdat er iets om mijn hoofd waait. Verheugd kom ik overeind en wacht af. Ik heb het gevoel alsof iets of iemand zich er installeert. Ik lig in het donker te gniffelen om wat er komen gaat.

'Dag Eva. Hier ben ik weer.'

Daarna volgt een stilte. Gespannen wacht ik af.

'De droom met de doodskisten heeft je nogal beziggehouden, is het niet?'

Ik knik.

'Mooie droom, vind je niet?'

'Heel fascinerend.'

'Ik zal je eens een paar vragen stellen. Waar dient een loods voor?'

'Voor opslag.'

'En doodskisten?'

'Om overledenen in te leggen.'

'Wie liggen er in die doodskisten?'

Daar moet ik even over nadenken. In gedachten kijk ik nog

eens goed naar die kisten. Oh, hemel, ineens gaat me een licht op.

'Ik lig er zelf in.'

'Wat betekent het dat er zo veel doodskisten met jou erin aanwezig zijn?'

'Dat ik meerdere malen ben overleden, neem ik aan.'

'Inderdaad. Wat betekent het dat je vorige levens er ook in dit leven zijn?'

'Misschien dat het onopgeloste zaken zijn die ik nu nog bij me draag?'

'Het zijn meegenomen herinneringen; leed, schuld en angst die niet tot een oplossing zijn gekomen. Het zijn de bekende lijken in de kast; dat wat verstopt zit en verstorend werkt. Wat gebeurt er met dat wat je mee hebt genomen naar dit leven?' vervolgt de engel.

'Niet veel, ze schuiven heen en weer. Ik zie ze wel maar kan niets doen.'

'Wat doet het met jou?'

'Ik kijk ernaar en vraag me af wat het te betekenen heeft, en het geeft me een gevoel van machteloosheid,' antwoord ik.

'Wat doet Mahmood daar in jouw droom?'

'Hij rommelt en probeert van alles te veranderen, zo lijkt het tenminste. Telkens komt hij naast me staan. Het lijkt alsof hij een ingang zoekt, alsof hij zich afvraagt hoe hij bij dat wat in die kisten ligt kan komen. Het lijkt ook alsof hij nooit uit mijn leven is verdwenen, en dat hij deel uit heeft gemaakt van meerdere levens.'

Terwijl ik dit zeg, weet ik direct dat het klopt.

De engel gaat verder.

'Lukt het hem om door te dringen tot wat hij wil?'

'Nee,' zeg ik.

'Hoe komt het dat jij je niet kunt bewegen?'

Weer kan ik niet een-twee-drie antwoord geven.

'Iets verlamt me. Of het nu Mahmood is of die doodskisten, geen idee.'

Ik probeer me weer in te leven in wat er in de droom gebeurt.

'Ik heb het gevoel dat ik moet afwachten. Alsof ik toestemming nodig heb, alsof ik tot iets veroordeeld ben.'

De engel gaat door met het stellen van vragen.

'Waartoe ben je veroordeeld?'

Ik denk opnieuw na en probeer in het gevoel te kruipen. Ik heb het idee dat me een grote kans wordt geboden om me van iets bewust te worden, iets wat me kan bevrijden van het verlammende gevoel waar ik nogal eens door word overvallen.

'Ik heb geen idee. Als ik goed kijk en me weer inleef in die situatie, dan is het net alsof ik als buffer dien, alsof ik daar sta om anderen te beschermen. Ik houd de situatie in stand, omdat ik me verantwoordelijk voel. Door niets te doen houd ik zowel Mahmood als alle pijn en angst in die ruimte. Ik sta hem onder geen beding toe zich ergens in te dringen. Op die manier blijven anderen buiten schot. Nu ik me zo inleef voel ik namelijk dat er buiten die ruimte mensen zijn waar ik veel van houd, en die ik buiten beeld of bij iets onaangenaams vandaan wil houden.'

Ik zucht eens diep.

'Waar ben je bang voor?'

'Dat als ik Mahmood ook maar een beetje ruimte zou geven, ik totaal machteloos moet toezien hoe hij anderen zal belasten. Daarom houd ik de deur dicht en slaagt Mahmood er ook niet in om iets te veranderen.'

'Wie houd je op die manier gevangen?'

Weer weet ik niet direct een antwoord. Ik kijk nog eens goed naar de situatie en dan voel ik wat er aan de hand is.

'Ik hou mijzelf en Mahmood gevangen.'

'Wat wil het zeggen dat jouw benen zo kriebelen en je toch blijft staan?'

'Ze willen me meenemen, weg van die plek. Ze kriebelen zo erg dat ik wel weg zou willen rennen, heel ver weg, om dat gekriebel maar kwijt te zijn.'

'Wat zou je aan deze situatie kunnen veranderen zodat je in ieder geval jezelf bevrijdt?'

'Oh, wacht eens even, als ik die kisten opendoe wordt alles zichtbaar. Dat zou mij beter kunnen helpen dan wegrennen. Misschien dat ik me daarom niet kan verroeren? Ik maak die kisten niet open omdat ik bang ben de controle kwijt te raken. Maar die heb ik zo ook niet, dus kan ik het toch maar beter wel doen.'

'Bravo,' zegt de engel.

Allemachtig, het is werkelijk een ongelooflijke droom. Ik voel dat wat ik zeg als een bus klopt.

'Je kunt ervan opaan dat het klopt. Omdat het moeilijk is voor jullie op aarde − en meestal ook niet noodzakelijk − om al je levens te overzien, neem ik je op een dag weer mee naar een vorig leven. Alleen niet nu. Ik kom er op een geschikt moment voor terug. Voor nu wil ik alleen nog maar zeggen: laat je niet gevangennemen door de omstandigheden, ook niet door die waar je nu in zit. Je hebt de gewenste ervaringen aan de duistere kant opgedaan. Het is tijd ze achter je te laten en naar het tweede deel van je voorgenomen ervaringen over te stappen. Breng alles aan het licht en het zal je bevrijden. Voor nu is het genoeg geweest, slaap lekker.'

Weg is de engel. Ik ben klaarwakker en peins nog een hele tijd na over dit nachtelijke bezoek. Toch slaap ik die nacht dieper dan andere nachten, net als na de eerdere nachtelijke bezoeken.

13

Kersttijd 2007, januari 2008

Tranen stromen in overvloed. Een gevoel als van kreunen en klagen. Geluk.

'Kom erin, wat ben ik blij dat je er bent. Het is alsof er grote donderwolken op me afkomen in plaats van kerstdagen. Sorry, wat een welkom.'

'Mens, ik ben blij dat ik even weg kan. Amsterdam is net één grote winkel, alles draait om hebben, hebben, hebben en jezelf ergens zien onder te brengen met de feestdagen. Dank dus voor je uitnodiging.'

Ik trek een fles wijn open, maak wat lekkere hapjes klaar en ga bij Sofia zitten.

'Dat is lang geleden dat we zo hebben gezeten,' zeg ik.

'Dat is het zeker. Komen je kinderen nog met de feestdagen?'

'Sam komt met Kerst, de meiden heb ik gezegd om vooral te doen waar ze zin in hebben en alsjeblieft niet hier te komen omdat ze mam zielig vinden. Bewaar me, zeg. Ze hebben allebei voor hun vrienden gekozen en komen op nieuwjaarsdag.'

'Zal ik jouw jaarhoroscoop eens voorlezen?' vraag ik twee glazen wijn later.

'Alleen als me een geweldig jaar wordt voorspeld.'

'Eens kijken. Luister: voor vissen draait het komende jaar om verantwoordelijkheid nemen ten aanzien van je werk, en om je oprechte en diepe gevoelens te erkennen en die te delen met je medemensen.'

'Laat maar, klinkt veel te serieus, lees die van jou maar voor.'

'Voor stieren belooft het een mooi jaar te worden met veel leuke mensen, champagne, succes en feesten. Maar, lieve stieren, vergeet een nieuwe liefdesrelatie alsjeblieft. Ongelooflijke stijfkoppen als deze types zijn willen ze daar hoogstwaarschijnlijk niet aan en creëren dus de nodige frustratie voor zichzelf. Het wordt een jaar van loslaten en ernstiger worden, vooral op het gebied van relaties, en niet alleen liefdesrelaties maar alle relaties. Je bent aan verandering toe en je zult daar enige strijd voor moeten leveren. Op het gebied van je gezondheid zul je waakzaam moeten zijn; je bent dit jaar erg kwetsbaar, en wel het meest op psychisch gebied. Zoek desnoods hulp, er is niets waarvoor je je hoeft te schamen.'

'Nou, lieve schat, het klopt tot zover aardig.'

'Ja, ja. Nou, gelukkig geven de sterren alleen maar aan waar ze toe neigen en kun je er zelf flink invloed op uitoefenen,' zeg ik.

'Dan heb je een hoop invloed uit te oefenen, als je het mij vraagt,' antwoordt Sofia met een brede grijns. 'Zullen we onze traditie voortzetten en vast een tarotkaart trekken voor het nieuwe jaar?'

'Goed,' zeg ik. 'Jammer dat je zo ver weg bent met oudjaar.'

Ik pak de kaarten en spreid ze op tafel uit.

'Begin jij maar,' zegt Sofia.

Een voor een bekijk ik de kaarten.

'Alsof ik bang ben mijn doodvonnis te trekken,' zeg ik als ik geen keus durf te maken.

'Gewoon voelen welke kaart je aandacht trekt. Niet zo bang, Eva, dat ben je anders ook niet.'

'Oh, ik ben soms veel banger dan ik lijk, hoor.'

'Pak er nu maar één, er kan niets verkeerd gaan.'

'Goed, deze springt eruit,' zeg ik en pak een kaart. 'De Dwaas! Dat is zeker om me aan het reisje in de ruimte te herinneren.'

'Lees eens wat het boek erover zegt.'

De Dwaas heeft geen voorbeeld. Om zijn weg te gaan kan hij slechts uit zijn eigen moed en inzicht putten. Hij heeft geen idee waar zijn pad naartoe zal leiden, hij volgt zijn eigen weten. Het pad van een Dwaas is ongewoon, en wat hij doet interesseert geen mens. Dat kan hem angstig maken. Het is dan ook de levensopdracht van de Dwaas om met zijn angsten af te rekenen en volledig gelukkig te zijn met dat wat op zijn pad komt. De Dwaas betekent altijd chaos. Want zonder chaos kan er niet iets nieuws geboren worden.

Even zeg ik niets, het voelt toch als een vonnis.

'Het riekt volgens mij naar veel eenzaamheid en geworstel, naar onoverzichtelijkheid en onverwachte tegenvallers, en dat staat me helemaal niet aan,' zeg ik.

'Je kunt weinig anders doen dan dat op je te nemen wat als taak op je bord gelegd wordt. Verzet levert alleen maar frustratie op,' zegt een peinzende Sofia.

Januari en niets om naar uit te kijken. Wat voel ik me verloren, en wat breng ik weinig tot stand. Ik loop maar rondjes in huis en lijk sprekend op de bekende kip zonder kop. Het kriebelt vanbinnen en ik weet niet waarom. Iets nadert, iets wat mij ineen doet krimpen. Ik kijk naar de telefoon, die nauwelijks meer rinkelt, en denk aan mijn vrienden, waarvan ik steeds minder hoor. Van de vrienden springen als vanzelf mijn gedachten naar de collega's. Als de post op de deurmat valt hoor ik het amper. Ik ben een verdwijnend stipje aan de horizon, in het niets opgelost. Ik lijk vergeten, een weggewaaide herinnering aan iemand, meer niet. Ik wacht op redding en hoop op het geluid van de deurbel of een rinkelende telefoon. En ik ben zo ontzettend moe. De stapel zelfhulpboeken slinkt, maar wijzer ben ik er niet van geworden. Wat erin staat lijkt mij niet te kunnen bereiken, alsof iemand een stok uitsteekt die net te kort is om vast te pakken. Ik wil trouwens niemand zien, want ik zie er niet uit! Mondje dicht, Eva, want zeuren helpt niet. Niemand heeft een boodschap aan jouw droefheid. Je zult het zelf moeten doen, anders blijf je een gevangene in omstandigheden die je ooit zelf hebt gecreëerd.

Ach, wat een treurige gedachten, wat een situatie; tot niets meer in staat en afhankelijk van de Sociale Dienst en een letselschadeadvocaat. Gefeliciteerd Eva, goed gedaan!

Soms, als ik weer eens midden in de nacht op de bank zit te staren, komt Mehemet. Hij laat zich naast me op de bank zakken en tikt me zachtjes aan. Mehemet praat niet en legt ook geen gedachten in mijn hoofd. Hij maakt gebaren, trekt gezichten en neemt steeds van alles mee in zijn juten zak. Hij geeft me regelmatig een healing met zijn handen of door een massage.

Op een nacht, als ik weer eens niet kan slapen en beneden op de bank zit, laat hij zich weer naast me zakken met zijn juten zak. Ik kijk naar zijn gezicht als hij de zak openmaakt. Er komen allerlei soorten groente en granen tevoorschijn. Mehemet kijkt er gelukzalig bij. Het volgende wat uit zijn zak tevoorschijn komt is kruidenthee. Zijn gezicht vertrekt en hij wrijft over zijn buik, alsof hij hevige pijnen lijdt. Dan komt een zakje groene thee tevoorschijn, gevolgd door vele liters dampend water. Ik weet genoeg.

Nadat hij alles weer in de juten zak heeft gestopt gaat hij tegenover me zitten en pakt een voor een mijn voeten om ze te masseren. Als hij weer is vertrokken val ik als een blok in slaap, om een paar uur later volkomen verkleumd wakker te worden. Ik ga een nieuwe zielenreis maken, besluit ik.

14

Maart 2008

Standvastigheid geeft geluk. Spijt verdwijnt. Weifelen, steeds weifelen; heen en weer. Vrienden volgen je gedachten.

Het is zaterdag, het vriest en er hangt een dikke mist. Ik zit in de trein en ben op weg om een nieuwe pelgrimstocht naar mijn ziel te ondernemen.

Ruim op tijd stap ik de Gewijde Tempel binnen. Net als de vorige keer moet ik even wennen aan het schaarse licht van de kaarsjes. Ik kijk rond of ik mensen zie die ook bij mijn vorige reis aanwezig waren, maar herken niemand.

Als het tijd is om de ayahuasca te drinken zet ik me schrap om de vreselijke smaak te kunnen trotseren. In een keer drink ik het glas leeg.

Wat heb ik een last van mijn nek. Misschien omdat ik toch meer gespannen ben dan ik wil bekennen. Ik lig niet lekker en rommel een hele tijd met kussens en dekens. Wat wil ik ook al weer weten? Oh ja, hoe staat het ervoor met mijn zoektocht naar mijn voeten? Wat is de stand van zaken wat mijn genezingsproces betreft? Wat is belangrijk om in mijn boek op te nemen? Hoe staat het met de liefde in mijn leven? Concrete vragen waarop ik graag concrete antwoorden wil.

Steeds opnieuw denk ik aan mijn vragen. Ik voel nog helemaal geen effect. Het zal me toch niet gebeuren dat ik deze keer helemaal niets meemaak? De vorige keer was het iemand overkomen. Vreselijk, daar zit je dan tussen al die mensen die van alles beleven, en jij staart maar wat voor je uit. De vragen buitelen over elkaar in mijn hoofd, steeds maar weer en steeds sneller. Ho even, wat gebeurt er nu? Ik krijg met bakken tegelijk informatie, steeds meer en in een steeds hoger tempo en van razendsnel sprekende stemmen. Met welke kracht heb ik nu te maken? Ontdek ik nu het werkelijke potentieel van mijn hersenen, of stort iemand alle beschikbare informatie over me uit? Het geraas gaat maar door en klinkt als het leeglopen van een vrachtwagen met zand. Als het niet ophoudt, maakt paniek zich van me meester. Opnieuw en opnieuw hoor ik mijn vragen, en steeds krijg ik met donderend geraas een bak informatie over me uitgestort. Mijn ruimte krimpt, langzaam word ik ingesloten door duizenden stemmen en rollende papieren met informatie, die als een krant op de persen van de drukkerij voor mijn ogen langs vliegen. Ik kan geen kant meer op. De ene lading na de andere blijft komen, terwijl miljoenen letters voor mijn ogen dansen. Het past niet, het past niet, hou op! Het gaat maar door, terwijl ik verder krimp. Al mijn zekerheden worden onder me vandaan geslagen, want ik weet niets, helemaal niets. Stop alsjeblieft, stop! Elk gevoel van tijd ben ik kwijt. Iemand reikt me een tweede glas aan, dat ik zonder nadenken opdrink. Opnieuw komt een grote stroom informatie op gang, en in een nog hoger tempo. Ik kan niet meer. Wankelend sta ik op en loop als een blinde, zoekend naar iets om me aan vast te grijpen. Ik laat me naast een van de begeleiders zakken. Vragend kijkt hij me aan.

'Help me alsjeblieft, ik loop helemaal vast. Ik krijg alleen maar bakken informatie over me uitgestort. Het lijkt wel of ik in een steeds nauwere ruimte kom te zitten, alsof een naar mij toe wandelende muur om me heen wordt gebouwd waar ik nooit meer langs kan komen.'

'Accepteer wat er is. Hoe meer energie je er insteekt om

de stroom informatie te stoppen en voorbij de muur te komen, hoe hardnekkiger de muur zal blijken te zijn en hoe meer informatie je krijgt. Bedenk dat het niet voor niets is. Vraag naar het waarom.'

Dit klinkt plausibel. Opgelucht ga ik terug naar mijn plek. Ik lig nog niet of de informatiestroom stopt, en het weten stroomt binnen dat ik precies kreeg waar ik om vroeg: informatie. Ik kreeg een lesje in bewustwording. Ik werd boos en bang, terwijl ik op mijn wenken werd bediend.

Langzaam opent zich een ruimte, alsof heel plechtig het doek voor het podium wordt opgehaald. Deze keer vlieg ik niet weg het universum in, maar blijf ik heel aards beneden. Ik zie prachtige dingen, maar wat eigenlijk? Het lijken wel stoffen; papier is het in ieder geval niet, en lucht ook niet. De kleuren en ontwerpen zijn van een ongekende schoonheid. Al ben ik deze keer aards, deze kleuren en stoffen lijken van een andere orde te zijn.

Terwijl ik word omringd door al die pracht komt er op een andere manier informatie naar me toe. Dat wat me omringt voelt heel zacht. Liefdevol wordt me getoond dat ik op zoek ben naar de verbinding met mijn voeten, als iemand die met een bril op zijn neus zijn bril loopt te zoeken. Ik ben maar bezig om meer en meer informatie te verzamelen en het allemaal veel verder bij me vandaan te zoeken dan nodig is. In feite heeft mijn ego me ontzettend gefopt en probeert het elke verandering, elke impuls om het juiste te doen af te remmen. Ik het ego voorbij, zoals ik even heb gedacht? Vergeet het maar. Mijn ego heeft zich verschanst en gedaan alsof het mijn hart vertegenwoordigt. Het heeft me staan uitlachen van een afstand, en is rustig doorgegaan me over de kling te jagen en uit te putten. Ik ben opnieuw heel hard aan het werk gegaan, deze keer aan mijn herstel. Maar hard werken en herstellen gaan niet samen. Mijn ego is er nog steeds niet van overtuigd dat rust nemen goed is. Beladen met een bijna onverwoestbaar arbeidsethos heeft het me toch aan het werk gekregen, en me zo ver weggehouden bij dat wat helend is: rust.

Op dat moment krijg ik een ontzettende pijn in mijn hart. Ik krimp in elkaar. Plotseling verschijnt Ginny, mijn hond in de tijd dat ik getrouwd was met Freek, mijn eerste echtgenoot. Ginny hadden we al voordat mijn dochters Rea en Katharina werden geboren. Ze was mijn metgezel, tot ik weer aan het werk wilde en zij me ging belemmeren. Op dat moment kreeg Ginny een hartstilstand, terwijl ze pas acht jaar oud was.

Nu voel ik de pijn die zij voelde toen ze me in de weg ging zitten. Hier in de Gewijde Tempel, vijfentwintig jaar later, ontdek ik wat onvoorwaardelijke liefde inhoudt. In het geval van Ginny was het doodgaan om mij de ruimte te geven. Ik krijg nog meer informatie over de rol die ze in mijn leven speelde, en die ik totaal niet had opgemerkt. Ginny week in al die jaren niet van mijn zijde, ze hielp me zelfs heel praktisch door Rea en Katharina de luiers van hun billen te trekken en ze daarna schoon te likken. Ze nodigde me keer op keer uit om lange wandelingen met haar te maken om weer op te laden als ik dreigde leeg te lopen. Ze kroop tussen mij en Freek in als ze de kans kreeg, om te verhinderen dat mijn energie weglekte. Want Freek had me heel hard nodig en gebruikte mij als motor voor zijn bestaan. Ik had het niet begrepen en vond het wel een grappige gewoonte van haar.

Freek ontbrak het aan een stevige basis van zelfvertrouwen, waardoor hij last had van faalangst. Alleen tussen vrienden en familie kon hij zich ontspannen, al was dat vaak ten koste van een ander. Dan trok hij de aandacht van het hele gezelschap en maakte iedereen aan het lachen. Maar zodra iemand in het gezelschap zijn aandacht op mij vestigde, werd Freek venijnig en zorgde er met zijn vlijmscherpe tong voor dat de aantrekkingskracht die ik even leek te hebben weer verdween. Ik had geen weerwoord. Verbaal was ik lang niet zo sterk als Freek, maar vanbinnen ontstond een grote rotte plek van ingehouden woede. Die plek zit nog steeds in me, en moet eruit om te kunnen helen en in balans te komen.

Als Freek van mijn netvlies verdwijnt voel ik hoe groot liefde kan zijn, ook de liefde van een hond. Op dat moment weet ik dat ik een dergelijke liefde nog nooit binnen een liefdesrelatie heb ervaren. Ik begin ontzettend te huilen. Niet alleen van verdriet, maar ook van dankbaarheid, en dan glijdt een diepe rust over me heen. Omringd door prachtige muziek doezel ik even weg.

Getinkel van glas doet me weer terugkeren naar de Gewijde Tempel. Een nieuw rondje ayahuasca. De liefde van Ginny blijft om me heen hangen en begint me helemaal te verwarmen, daarmee de kou verdrijvend die ik steeds bij me heb.

Achter elkaar worden me allerlei alledaagse zaken getoond. Ik krijg een oplossinkje zus en een oplossinkje zo, een boodschap voor die en een boodschap voor die.

Tot mijn duim zich aandient. Mijn duim? Wat is dat nu voor onzin? Levensgroot staat mijn duim voor mijn neus. Hij buigt de laatste tijd moeizaam vanwege een peesprobleem. Niet alleen mijn duim blijkt moeizaam te buigen, ik zie dat ik zelf ook moeizaam buig, en wel voor de Liefde, met hoofdletter. Ik ben zo bang dat ik mijn duim — die kennelijk als metafoor voor mezelf dient – ontwricht, dat ik hem maar liever stilhoud. De weg naar mijn voeten ligt voor mijn neus, maar ik zie niets. Ik blijf maar in rondjes draaien, uit angst dat er anders weer iets in mijn leven gebeurt wat ik niet fijn vind. Ik lijk wel een goudvis in een kom; eindeloos hetzelfde rondje zwemmend, zonder het in de gaten te hebben. Mijn hart roept, maar ik houd me bezig met informatie verzamelen, zonder te zien dat ik alles heb wat nodig is om te herstellen. Herstellen en heel worden vraagt om liefde, rust en vertrouwen. Mijn hart weet de weg, het heeft een eigen logica en het volgt de liefdesstroom. Omdat ik niet volg doet mijn hart op dit moment zo veel pijn en buigt mijn duim niet meer.

Wat nu? Ik voel me op onbekend terrein komen. Een oude stelling die ik ooit zelf heb bedacht schiet me te binnen: wat je niet weet moet je vragen, desnoods aan jezelf. Heel simpel eigenlijk. De meest voor de hand liggende vraag is: wat is de eerste impuls die nu in me opkomt?

'Liefde voelen en uiten, waar die zich ook aandient, en voorbij al het sociaal gewenste gedrag en de codes.'

Ik krijg hulp van een stem.

'Ja, dag, zeg. Ik leef in een maatschappij met codes, en wanneer je daaraan voorbijgaat kun je er niet meer in functioneren. Mensen die afwijken van de norm worden uitgesloten, omdat ze anderen angst aanjagen. Ik heb de codes trouwens vaak genoeg aan mijn laars gelapt, deels doe ik dat nog steeds, en kijk waar het me heeft gebracht.'

Het lijkt of ik de strijd aanga met de stem, maar ik doe het om moed te verzamelen. Ik durf niet te doen wat de stem me adviseert. Opnieuw trekt de kou door mijn lijf. Ineens verschijnt Max op mijn netvlies. Ach ja, dat zat er dik in.

'Wat ga je aan deze situatie doen?'

'Hoezo? Waarom moet ik iets doen, als ik al iets kan doen?'

'Ruimte geven aan je gevoelens door ze te uiten.'

'Waarom moet ik weer in beweging komen? Ik vertik het. Laat me nu eens een keer in een echte vrouwenrol zitten, zeg.'

'Wie zegt dat je niet in een vrouwenrol kunt zitten en je je toch kunt uiten?'

'Nou, laten we het even bij het klassieke plaatje houden: ridder en jonkvrouw. Zie je al voor je dat de smachtende jonkvrouw op haar paard springt en naar de ridder toe rijdt?'

'Jonkvrouwen hadden zo hun manier om hun gevoelens te tonen.'

'Oh ja, welke dan?'

'Ze zongen bijvoorbeeld liederen en wisten dat op een manier te doen die de gevoelens van de ridder wekte.'

'Oh, enig, zeg. Moet ik een lied gaan zingen? Onder het raam van Max zeker?'

'Nu trek je het in het belachelijke. Je weet prima wat je te doen staat.'

'Weet ik dat?'

Als ik mijn impuls volg, maak ik toch een beweging in de richting van Max. Nu ik die inwendige beweging volg, merk ik dat ik weer warm word.

'Wanneer je de waarheid van je hart spreekt, vind je rust.'

Daar heb ik alweer een antwoord op een van mijn vragen: hoe vind ik rust?

'Zo simpel is het.'

'Hier in de Gewijde Tempel met de hulp van ayahuasca lijkt het simpel. Maar als ik straks buiten sta en mijn leven weer gewoon verder gaat, wordt het een andere zaak.'

'Alleen als jij dat denkt. Wanneer je straks buiten staat kun je terug stappen in je oude jas. Alles zal dan als vanouds verder gaan. Een andere optie is dat je vasthoudt wat je nu ervaart en erop vertrouwt dat het op het juiste moment brengt wat bij je hoort. Dat is de weg van de Dwazen.'

'Ik ben bang. Bang om niet te krijgen waarnaar ik zo verlang.'

'Je krijgt altijd wat je nodig hebt, en altijd op het juiste moment. Houd dat vast en volg de stroom van de liefde. Er kan je niets gebeuren als je dat doet, wat de uitkomst ook is.'

Dat laatste klinkt niet helemaal geruststellend, maar dat kan natuurlijk ook niet. Ik krijg tenslotte geen verzekering bij mijn verlangens geleverd. Ineens schiet me te binnen wat Maria ooit zei: 'Jullie zijn allebei wel stijfkoppen, zeg.' Op dat moment besluit ik het risico te nemen en weer een stap richting Max te zetten. Het wordt zo langzamerhand toch tijd om hem te laten weten dat hij in mijn boek voorkomt en hem de vraag te stellen of hij niet te herkenbaar is, want dat wil ik hem niet aandoen.

Opnieuw hoor ik geklingel van glas. Een nieuw rondje en tevens het laatste. Ik neem mijn vierde glas. Zo langzamerhand lijkt de rilling na het drinken bij het ritueel te horen.

Weer laat ik me meenemen door de muziek, die me lijkt uit te nodigen een laag dieper te gaan. Het duurt niet lang of ik voel een hevige misselijkheid opkomen. Kennelijk zijn nog niet alle emoties uitgekotst. Vooruit dan maar. Ik gooi alles er uit en glijd weer terug in mijn wereld, geholpen door ayahuasca.

Dan gebeurt er iets wat me doodsbang zou moeten maken, maar dat doet het niet. Ik verdrink. Plotseling ruik ik niets meer en begint mijn neus te prikken alsof ik water heb ingeademd. Als ik constateer wat er gebeurt, verdwijnt ook mijn gehoor. Ik kijk omhoog en zie de rand van een put. Zonder enige emotie onderga ik dit alles. Ik voel me langzaam wegzakken en krijg ineens een jaartal te zien: 1652. Zo, dus ik ben verdronken in 1652 en nog wel in een put. Hoe kwam ik daar nu in terecht?

'Je bent er ingeduwd,' klinkt direct het antwoord.

'Door wie?'

'Dit is een leven waar Mahmood ook in aanwezig was.'

Even laat ik dit bezinken. Heeft Mahmood me er ingeduwd?

'Nee, hij werd zelf ook gedood in dit leven.'

Dit moet ik even verwerken. Ik wil graag meer weten. De stem gaat verder.

'Je woonde in Spanje en was zwanger van een rijke wijnboer. Je werkte bij hem in huis. Kijk maar.'

Alsof een film achterstevoren wordt afgedraaid, ben ik weer uit de put en zit ik op de bok van een kar. Het paard voor de kar sjokt rustig voort. Ik heb een behoorlijk dikke buik, ik moet een flink aantal maanden zwanger zijn. Naast me op de bok staat een grote mand, en daarnaast zit een oude man. Hij stopt de kar op de binnenplaats van een groot landhuis en geeft de leidsels van het paard over aan een knecht die aan komt lopen. De oude man verdwijnt door een deur naar binnen en ik stap op een andere deur af, ga naar binnen en sta in een grote keuken.

Binnen is het schemerig. Ik zie een vuurplaats met een grote haak erboven, met daaromheen op de grond een stel manden en potten. In het midden van de keuken staat een grote tafel. Ik zet mijn mand op de tafel en haal alles er uit.

Op dat moment zwaait de deur weer open en met veel lawaai stapt een man naar binnen. Ik draai me vol verwachting om en kijk in een paar woedende, bijna zwarte ogen. Zonder iets te zeggen pakt de man me bij mijn arm en geeft me een enorme klap in mijn gezicht.

'Vuile hoer,' schreeuwt hij.

Ik ben zo verbijsterd dat ik geen woord kan uitbrengen.

Hij geeft nog een ruk aan mijn arm, pakt nu ook mijn andere arm en trekt me dicht tegen zich aan. Ik ruik de geur van wijn en zie zijn opeen geknepen lippen. Mijn hart gaat als een razende tekeer.

'Hoer,' sist hij in mijn gezicht, 'leugenaarster, bedriegster. Dit kind is niet van mij.'

Bij de laatste woorden geeft hij me een stomp in mijn buik, en daarna nog een.

'Stop,' roep ik, 'waar heb je het over? Dit kind is wel van jou, van wie anders?'

'Dat weet je heel goed. Wat dacht je, dat ik er niet achter zou komen?'

Ik snak naar adem.

'Ik weet echt niet waar je het over hebt.'

'Leugenaarster.'

Weer krijg ik een paar stompen in mijn buik en ik word meegesleurd naar de andere kamer. De kamer waar ik van zijn vrouw alleen naar binnen mag als zij er ook is. De man geeft me een enorme zet, zodat ik op de grond val. Voor ik op kan krabbelen krijg ik een schop tegen mijn buik, en nog een. Ik probeer mijn armen ervoor te houden en me om te draaien, maar de man pakt me beet en sleurt me overeind.

'Kijk me aan,' schreeuwt hij. 'Je krijgt één kans om me te vertellen met wie je me hebt bedrogen.'

'Ik heb geen andere man ontmoet.'

Ik heb zo veel pijn dat ik nauwelijks meer kan praten of nadenken. Mijn buik staat gespannen en voelt keihard. Nog nooit in mijn leven heb ik zo veel haat in iemands ogen gezien. Doodsbang word ik van die blik. Door een nieuwe klap in mijn gezicht val ik weer op de grond. Daarna verliest de man alle controle. Hij schopt me zonder ophouden. Ik probeer nog één keer om overeind te komen, maar dan voel ik een warme stroom langs mijn benen lopen en zak ik weer terug. Vaag zie ik nog dat ik bloed verlies.

Ineens vlieg ik weg en wervel door een tunnel naar een prachtig licht in de verte. Ik word er als vanzelf naartoe gezogen, terwijl een aangenaam gevoel zich van me meester maakt. Halverwege trekt iets me terug. Ik hoor de stem van een vrouw. Uit alle macht probeer ik verder te gaan naar het aanlokkelijke licht, maar de stem lijkt te willen dat ik luister. Weg zijn de gewichtloosheid, het aangename gevoel en het licht.

'De put wordt niet gebruikt... Niemand zal erachter komen. Straks als het donker genoeg is... Pak...'

Met vlagen hoor ik wat de vrouw zegt. De man zegt niets en weer zak ik weg, tot ik word opgepakt en meegedragen. Met een smak beland ik op een kar. Ik krimp ineen. Alles wat ik ben is pijn geworden. Er wordt iets over me heen gegooid. Daarna is het een poosje stil, af en toe ben ik bij bewustzijn om vervolgens weer weg te glijden.

De kar zet zich in beweging. Ik hoor de wielen ratelen. Ik verlang zo hevig terug naar het licht dat ik heb gezien. In een paar uur tijd is mijn grote vreugde weggeslagen en wil ik niet eens meer leven. Ik voel dat het kind dat ik met zo veel liefde geboren wilde laten worden dood is. Ik kan niet bevatten wat heeft gemaakt dat de man van wie ik zo veel houd is veranderd in een monster dat mij en mijn kind wil doden.

De kar houdt stil. Weer hoor ik de stem van de vrouw.

'Ik pak haar benen en jij pakt haar armen.'

Ik voel hoe ik meegesleept en dan opgetild word en op een stenen rand kom te liggen. Even gebeurt er niets, alsof er een aarzeling is bij de man, tot ik een zet krijg en val. Ik stoot me aan een rand en beland in het water. Het water sluit zich boven me. Al snel ruik ik niets meer, prikt mijn neus en verdwijnt mijn gehoor. Omhoog kijkend zie ik de rand van een put. De vage contour van de man verdwijnt. Ik sluit mijn ogen en laat me gaan.

Volkomen verbijsterd lig ik voor me uit te kijken. Het is nauwelijks te bevatten. Even blijft het stil, voordat de stem verder gaat.

'Dit is de sleutel om te kunnen begrijpen waarom je vader, je moeder en Mahmood zo op elkaar reageerden als ze deden. Alle spelers in dat leven spelen ook een rol in het huidige leven. De vrouw in kwestie kon geen kinderen krijgen. Haar man besloot dat jij een kind van hem zou baren. Zijn vrouw kon haar jaloezie echter niet bedwingen. Ze zag dat haar man erg graag bij je was. Uiteindelijk hield ze het niet meer uit en heeft ze hem beetje bij beetje verteld dat je zwanger was van een andere man. Ze wist precies hoe ze het hem zo moest zeggen dat hij haar zou geloven. Ze leidde hem als het ware naar de conclusie. Hij heeft geen moment overwogen dat wat zijn vrouw hem vertelde weleens niet waar kon zijn.

Het kind dat je verloor is dezelfde ziel als Mahmood in dit leven. Het karma dat destijds ontstond wordt nu uitgewerkt. Zowel Mahmood als je vader gaven om elkaar, en tegelijkertijd speelden hem ook andere gevoelens parten. Deze gevoelens verborg hij, omdat hij ze niet begreep en ook niet wilde toestaan. Nu is je meteen duidelijk waarom Mahmood en je moeder als water en vuur waren, zonder dat ze het waarom konden benoemen. Je moeder was in die tijd de vrouw die geen kinderen kon krijgen. Op zielsniveau wist iedereen wat er gaande was, maar op het aardse niveau bleef het volkomen onbegrijpelijk. Mahmood voelde een onbedwingbare behoefte om bij je te zijn, en misschien is dat nog steeds het geval. Al deze gevoelens lagen ten grondslag aan zijn destructieve handelen ten opzichte van jou en je familie. Hij begreep vaak niet wat hem bewoog, het voelde voor hem alsof zijn wil werd overgenomen door iets wat sterker was dan hijzelf. Het leven dat je net werd getoond is een van de redenen waarom jij je zo machteloos kunt voelen ten opzichte van andere mensen, en vooral ten opzichte van mensen of instanties met macht.'

Ik krijg niet de tijd om dit alles te laten bezinken. Voor mijn ogen begint het te krioelen. Eindelijk, de beestjes. Wat ik zie stelt me enorm gerust. Geen rijen en rijen marcherende legers van rupsachtigen. De beestjes die ik nu zie hebben verschillende vormen en kleuren, ze zijn duidelijk hun generaal kwijt. Toch weet ik dat het om dezelfde beestjes gaat als tijdens mijn eerste zielenreis. Ze rennen in paniek rond, botsen steeds tegen elkaar aan en elke orde lijkt ver te zoeken. Mooi, een leger in paniek en zonder generaal kan niet functioneren en zal de strijd verliezen. Wat in mijn geval betekent dat ze ervandoor zullen gaan. Beter kan niet.

Een gevoel van opluchting stroomt door me heen en het is alsof ik langzaam volloop met liefde. Ik houd eigenlijk zo ontzettend veel van het leven, realiseer ik me.

15

Maart, april, mei 2008

Bij gaan: hindernissen. Bij komen: gezamenlijkheid.

Twee dagen later is het tweede paasdag. Ik word om zeven uur wakker en besluit eropuit te trekken in plaats van te blijven liggen. Joggingbroek aan en wegwezen.

Als ik mijn gordijnen opendoe kijk ik naar een fikse sneeuwbui. Witte Pasen! Ook goed. Ik trek een dikke trui en een bodywarmer aan, ga naar buiten de stilte in en laat me helemaal ondersneeuwen.

Midden op het pad dat naar de rivier leidt ligt half onder de sneeuw geschoven een speelkaart. Ik raap de kaart op en draai hem om. Het is een kaart met een joker, die sprekend op een van de Dwazen lijkt. Ongelooflijk! Als dat geen teken is dat ik op de goede weg ben, dan weet ik het niet meer. Blij loop ik verder.

Een uurtje later kom ik met gloeiende wangen weer thuis. Ik maak ontbijt en begin mijn dag te plannen. Het is de hoogste tijd om de schuur eens op te ruimen, dan ga ik de e-mail aan Max sturen, en misschien blijft er nog tijd over om...

'Ho, ho, geëerde jonkvrouw, waar gaat dat naartoe? Hard werken en herstellen gaan niet samen, weet je nog?'

Al is het elf uur in de ochtend, ik kruip terug in mijn bed en val even later zowaar in slaap.

Later op de dag denk ik opnieuw na over mijn tweede zielenreis, aan de bakken met informatie die over me werden uitgestort en aan wat me nu te doen staat. Volgens mij moet ik een geheel maken van alle informatie die ik heb verzameld en daarmee een nieuw leven creëren. Ook moet ik me niet langer door mijn angst voor macht laten belemmeren, en zonder verder dralen Max benaderen.

Heel even piept er een stemmetje: 'Het was toch een kaart van een joker? Denk nog even na.'

'Niet nodig, ik ben niet meer bang,' antwoord ik, terwijl ik verder peins en besluit dat de tijd van hard werken voorbij is. Ik stop met eindeloos nieuwe informatie verzamelen om mezelf beter te begrijpen, met het lezen van boeken over Secrets en Deeper Secrets. Ik heb er voor een poosje meer dan genoeg van. Rust is waar ik naar verlang, rust, rust, rust en slapen, eindeloos veel slapen. Zo, mijn leven kan niet meer stuk.

'Ja, ja,' spot Bajeera, de panter in mijn binnenste die wel vaker zijn mond opendoet als ik als Mowgli uit *Junglebook* onbezonnen rondren op gevaarlijk terrein. 'Dat zullen we nog weleens zien.'

Ik wens Bajeera niet te horen en ga helemaal op in mijn nieuwe geluksgevoel. Ik besluit om dan maar echt een Dwaas te zijn en als een jonkvrouw mijn lied ten gehore te brengen, in de vorm van mijn manuscript. Onder begeleiding van Katie Melua die *This is the closest thing to crazy I have ever been* zingt, verstuur ik mijn in prachtige volzinnen geschreven bericht zonder aarzelen aan Max.

De dag erop ontvang ik al antwoord. Het bericht begint vriendelijk, zoals gewoonlijk, maar na de eerste zin krijgt het een zakelijke toon. Onder geen beding wil hij dat zijn privacy wordt geschaad. Daarom zal hij het manuscript moeten lezen, om te zien of er bezwaar gemaakt moet worden tegen publicatie.

Ik schrik van deze toon. Het is misschien logisch wat hij

schrijft, maar toch heb ik het gevoel alsof ik ineens een vijand heb.

Terneergeslagen probeer ik Max gerust te stellen, en verstuur per omgaande het manuscript naar hem en naar Bas, die tenslotte ook in het verhaal voorkomt. De spanning stijgt.

Tijdens de weken daarna komen ongevraagd steeds beelden binnen, vooral als ik me 's avonds in mezelf terugtrek om de dag af te ronden en te mediteren. Ineens zie ik Max hardlopen in een parkachtige omgeving en een dag later peinzend uit de straat komen waar vroeger mijn tandarts praktijk hield. Weer een paar dagen later zie ik hem in gezelschap van familie terwijl er iets gevierd lijkt te worden, al is er ook iets anders aan de hand.

Ik duw al deze beelden weg, want ik wil ze niet zien. De afgelopen maanden overkomt het me steeds vaker, ook onverwacht, dat er beelden komen waar ik niet om vraag. Ik weet me geen raad met deze plotselinge helderziendheid. Wat moet ik ermee?

'Je hebt een schok teweeggebracht, Eva.'

De engel! Verheugd wacht ik op verdere toelichting, maar het blijft stil na die ene opmerking. Ik heb een schok teweeggebracht? Bij wie, en wat dan? Bij Max, bij Bas of allebei? Ik krijg geen antwoord en peins nog een poosje door. Er is me zo veel overkomen de laatste tijd, dat niets me heerlijker lijkt dan de geruststellende aanwezigheid van de engel te voelen. Hij blijft weg.

De reacties van Max en Bas laten op zich wachten. Met bonzend hart maak ik dagelijks mijn mailbox open, en telkens als de post langs is geweest loop ik gejaagd naar de deur.

Dagen gaan voorbij zonder bericht in welke vorm dan ook van Max of Bas. Mijn onrust neemt toe.

Drie weken later zie ik de eerste brief op de mat liggen. Alleen al door het zien van het logo van Max' kantoor weet ik dat ik geen warm onthaal krijg.

Zijn brief begint met 'beste Eva' en eindigt met 'vriendelijke groeten'. Weg de gemeende hartelijkheid die over en weer werd gestuurd. Nou ja, denk ik, het is een officiële brief waarin hij toestemming geeft zijn personage op te voeren in mijn verhaal, iets anders kon ik toch niet verwachten? Het is mooi dat hij zo reageert, maar toch voelt het niet mooi.

Ineens zie ik mezelf vanuit de optiek van Max. Ik voel mijn tekortkomingen zo haarscherp dat het pijn doet. Op dat moment weet ik dat ik hem in een veel te vroeg stadium heb benaderd met het hele verhaal. Het schaamrood stijgt naar mijn kaken. Maar... hij weet nu in ieder geval wat mijn gevoelens voor hem zijn. Waarom besteedt hij daar geen enkele aandacht aan? Of doet hij dat nog en is de brief alleen voor de officiële toestemming?

Van Bas blijft elke reactie uit. Er zit niets anders op dan ook daarop te wachten.

Vier weken zijn verstreken als ik bij thuiskomst een dikke envelop van het bedrijf waar Bas voor werkt op de deurmat zie liggen. De toon in zijn brief is zo nodig nog killer dan die van Max. 'Eva,' staat er boven de brief. Daaronder lees ik een emotioneel betoog dat van mij weinig heel laat. Ergens begrijp ik hem wel, het is ook niet mis wat ik heb geschreven. Het was toch allemaal uitgepraat, moest ik er dan zo over schrijven? Hem treft geen enkele blaam voor de pijn die ik heb ondervonden, daar is Bas heilig van overtuigd. Hij schrijft: 'Het doet me verdriet dat je mij zo ziet. Je hebt zeker het een en ander meegemaakt, ja, dat wel, maar je hebt de geboden kansen om het ten goede te doen keren niet gebruikt.' Hij eindigt zijn brief met 'jammer' en schrijft mij daarmee af als hopeloos geval, een piepend slachtoffer, een Calimero.

Van alles en iedereen verlaten trek ik me verder terug in mijn cocon. Hoe heb ik zo stom kunnen zijn om me zo kwetsbaar op te stellen? Was er geen andere manier om toestemming en feedback te krijgen?

16

Boven het hout is het vuur: de Spijspot. Overeenkomstig: de leerling corrigeert zijn positie en verankert zo zijn lot.

'Stomme trut, waarom heb je jezelf zo blootgegeven? Waarom zo rigoureus? Je bezorgt jezelf ook altijd weer problemen en tegenslagen,' sist een stemmetje binnen in me onafgebroken.

Deemoedig laat ik mijn hoofd hangen. Het heeft gelijk. Schaamte doet ook een duit in het zakje, door op een hysterische manier tegen me te schreeuwen.

'Waarom kun je toch niet normaal doen? Waarom kun je niet zoals de meeste mensen een gewone relatie aangaan, gewoon werken en een kopje koffie drinken met de buurvrouw?'

Mijn hoofd zakt nog wat dieper. Tot ik een ander stemmetje hoor: 'Kun je je voorstellen dat waar je je nu voor schaamt, later iets zal zijn waar je trots op bent? Dat gehoor geven aan de stem van je hart niet iets is om je over te schamen?'

Schaamte, kennelijk niet gewend om te worden tegengesproken, kijkt even bedenkelijk, maar moet dan toch erkennen dat er een lichte vorm — meer kan er niet vanaf — van waarheid kan schuilen in wat ik te berde breng.

'Juist,' zeg ik, 'dat dacht ik ook.'
Ik pak de laptop en ga weer aan het werk. Het wil alleen niet vlotten. Iets ontglipt me en ik weet niet wat het is.

In de weken die volgen klaar ik op. Het is bijna constant mooi weer. Inzicht op inzicht volgt, en dat brengt me steeds dichter bij de kern van waar het volgens mij allemaal om draait: stabiliteit en de tijd nemen, en beide heb ik in overvloed. Een beetje saai vind ik het wel, maar dat is juist goed voor me.

Om niet helemaal om te vallen van saaiheid ontsnap ik af en toe naar Amsterdam. Daar heb ik met enige regelmaat de beschikking over het appartement van mijn reislustige broer en schoonzus. Ik geniet van deze luxe.

Op een dag, als mijn broer en schoonzus weer op reis zijn, besluit ik er een paar dagen heen te gaan. Onderweg bedenk ik wat ik wil gaan doen. Sofia heeft me al uitgenodigd om uit eten te gaan. Er is ook een mooie tentoonstelling die ik wil zien, en natuurlijk wil ik naar de Noordermarkt om de lekkerste appeltaart van Amsterdam te eten.

Wanneer ik op de derde dag door de stad loop, zie ik van ver Max aankomen. Hij loopt recht op me af en kijkt niet op of om, zijn blik is op verre einders gericht. Er is geen steegje om in weg te glippen. Als Max vlak bij me is doe ik net alsof ik reuze haast heb en hem niet zie. Met een rotvaart schiet ik langs hem heen. Ik zie in de gauwigheid dat hij zijn pas inhoudt, maar ik ben al voorbij, alsof de duivel me op de hielen zit. Ik ren verder, tot ik met bonzend hart de deur van het appartement weer achter me sluit.

'Je bent een idioot, Eva. Gedraag je toch als een volwassen vrouw, verdorie!'

Die rotstemmetjes! Alsof ik mijn ouders, mijn oude leraren en weet ik welke critici nog meer heb ingeslikt.

Een week later rijden Sofia en ik naar vrienden in Frankrijk. Tien dagen van stilte, wijds uitzicht over de bergen, concerten in afgelegen kasteeltjes, zwemmen in de rivier en heerlijk eten onder een grote lindeboom. Ondanks al dit schoons blijf ik me onprettig voelen. Ik weet dat ik geen leuk gezelschap ben en toch kan ik het niet veranderen, nog niet met de beste wil van de wereld. Ik loop dagenlang zwijgend door het huisje en zit zwijgend in een boek te staren als we buiten eten of zitten te luieren. Telkens voel ik de onderzoekende blik van Sofia op me gericht.

'Zullen we vanavond bij dat leuke restaurantje aan het water gaan eten?' vraagt Sofia als ik weer zwijgend aan tafel zit.

'Ja, goed idee,' antwoord ik.

'We kunnen ook hier wat klaarmaken en dat bij de rivier opeten,' oppert Sofia even later, die haar eigen plannen regelmatig doorkruist met een beter idee.

'Nee,' bijt ik haar zonder verdere uitleg toe.

'Nou zeg, ik stel alleen maar wat voor.'

'Ja, dat zal wel, maar we hebben net wat besloten en ik heb geen zin om van plan te veranderen.'

Sofia zegt niets meer. In stilte rijden we naar het restaurantje bij de rivier. De spanning is om te snijden. Ik voel me lichtelijk schuldig, maar heb geen zin om erover te praten. Sofia kennende zal erover praten betekenen dat we de komende uren bezig zijn alles te ontrafelen.

De spanning wordt minder in de dagen erna, maar verdwijnen doet ze niet.

Eenmaal weer thuis gaat het leven op de oude voet verder. Toch is er bij mij iets blijven hangen ten aanzien van Max. Ik heb het gevoel dat er iets te doen valt, maar ik houd mezelf tegen omdat ik het zo langzamerhand behoorlijk benauwd krijg van mijn eigen acties. Ik wil afwachten tot het zich allemaal vanzelf oplost, wat het dan ook is. Ik kan me nauwelijks voorstellen dat ik echt stomme fouten heb gemaakt. Ik heb precies gedaan wat me is opgedragen of geadviseerd tijdens mijn zielenreizen. Dat komt van een bron die nooit liegt, dat zelfs niet eens kan, dus dat moet goed zijn. Het gevoel van schaamte is ontstaan omdat ik me zo kwetsbaar heb opgesteld, niet omdat ik iets verkeerd heb gedaan. Ook mijn hart heeft me toch richting Max gestuurd? En toch kriebelt het.

De dag na mijn thuiskomst rijd ik naar de postbus en vind een stapel brieven van Mahmood met bizarre vragen en bizarre gedachten. Dat viel te verwachten nu er via Max toch iets van een contact tussen hem en mij is ontstaan. Hoe zou het er eigenlijk voor staan?

In een opwelling besluit ik Max te bellen.

'Max? Je spreekt met Eva. Ik bel je om te vragen of je me kunt vertellen hoe de zaak van Mahmood ervoor staat. Ik heb namelijk enkele brieven van hem ontvangen die me verontrusten. Hij lijkt een van mijn dochters bij de zaak te willen betrekken. Het is een warrige brief, waarin hij haar vraagt om hem te vergeven en om contact met hem op te nemen om samen een civiele zaak te beginnen. Ik vertrouw het niet en vraag me af of hij mijn dochter voor zijn karretje wil spannen.'

Aan de andere kant is het even stil.

'Dag Eva. Er zijn wel wat vorderingen in de zaak van Mahmood. Ik zou niet weten wat jouw dochter voor hem zou kunnen doen. Zeker geen civiele zaak beginnen. Dat zou toch werkelijk een flinke kronkel zijn, maar het zou wel passen bij wat ik heb gehoord; hij is opgenomen in een psychiatrisch ziekenhuis, of is dat in ieder geval geweest. Het zou zijn verwarde berichten kunnen verklaren.'

Halverwege het telefoongesprek weet ik ineens wat me te doen staat, ik kan nog net het eind van het verhaal afwachten.

'Max, ik wil je mijn excuses aanbieden. Ik had je niet zo moeten overvallen met mijn emoties door je het manuscript te sturen.'

Aan de andere kant van de lijn is het weer even stil.

'Ik zou er maar niet mee zitten.'

'Zou je het willen vernietigen?'

Opnieuw is het stil aan de andere kant van de lijn.

'Dat vind ik een al te rigoureuze maatregel. Ik stuur je het wel terug.'

'Dank je wel en tot ziens.'

'Wacht even, nu ik je toch aan de lijn heb... Ik moet binnenkort een verklaring met je opstellen voor de IND, en daarin ook de financiële kant van het verhaal opnemen. Ik hoop dat je nog bewijzen hebt van de kosten die gemaakt zijn door jou en door je ouders, die het gevolg waren de uitzetting. Misschien kunnen we daar nu alvast een afspraak voor maken?'

'Ja, dat is goed,' zeg ik.

Even later hang ik op met een afspraak voor over drie weken, en ik voel me honderd kilo lichter.

Drie dagen later ligt het manuscript in de bus, met een korte groet die als vanouds hartelijk is, en toch voel ik me er niet blij mee. Met de brief in mijn hand laat ik me op de bank zakken, met het gevoel iets verloren te hebben.

De dagen erna slaat de onrust opnieuw toe. Ik begrijp er niets van. Wat doe ik toch verkeerd?

Na een flinke wandeling pak ik voor de afwisseling eens mijn tarotkaarten om te vragen wat me nu te doen staat.

Even later staar ik naar de kaart met de Duivel. Wat nu weer? *Laat u niet de stuipen op het lijf jagen.*

Daar is het te laat voor.

U krijgt de kans een paar oude horens af te stoten. De Duivel is aan de ene kant een echte vampier, een werkelijke last en belasting, waarmee we al een leven lang onszelf en anderen het leven bemoeilijken. Daarvoor zijn we dan ook terecht bevreesd. Van dit deel van de eigen schaduw kunnen we nu eindelijk afkomen omdat we het voor het eerst herkennen. Aan de andere kant is de Duivel als een achtergesteld kind — het betreft dat deel dat u stiefmoederlijk hebt bejegend. Dit deel vertegenwoordigt echter iets waar u al uw hele leven naar hebt verlangd. Laat licht in de duisternis schijnen, geef het stiefkindje vorm en kleur. Wees niet bevreesd, bekijk het goed. Net zo lang tot u weet wat u ervan kunt gebruiken en wat niet. Dit is wat ieder mens uniek maakt, wat niet past in een raamwerk van bestaande patronen. Dat maakt dat u het als een taboe hebt weggestopt. Het taboe wil zichtbaar worden.[5]

Welke oude horens? Wat behandel ik stiefmoederlijk? Hoe kan ik het stiefkind tevoorschijn laten komen als ik geen idee heb hoe mijn stiefkind eruitziet?

---

5   Bürger & Fiebig, *Tarot voor beginners.*

17

September 2008

Een godheid met een zwaard en een document; hulp van boven.
Iemand zit in de put; een moeilijke positie. Een notabele helpt
hem; onverwachte steun. Twee vrouwen kijken gespannen toe; later
komen er weer problemen. Een berg muntjes, staven edelmetaal;
voordeel.

Voor de derde keer sta ik voor het kantoor van Max. Op
het moment dat ik in de wachtkamer wil gaan zitten en de
teckel weer naar me toe loopt, komt Max de trap al af en
even later zit ik aan zijn tafel.

'Thee, koffie of heb je liever iets fris?'

'Thee graag,' zeg ik terwijl ik de paperassen waar hij
om heeft gevraagd uit mijn tas haal.

'Zo, je hebt het een en ander verzameld, zie ik,' zegt
hij.

'Ja, ik heb een overzichtje gemaakt van alle kosten die
mijn ouders en ik hebben gemaakt vanwege de uitzetting.
Gelukkig had ik nog het een en ander bewaard in de doos.'

'Laat me eerst het overzicht eens zien.'

Ik reik het hem aan. Terwijl hij het leest begint hij te
grinniken.

'Geen flauw idee? Dat is wel erg eerlijk, je kunt het beter anders formuleren.'

'Het is maar een praatpapier,' zeg ik, en ik voel me
stom. Ik had snel het een en ander opgeschreven, en achter
een kostenpost die ik niet kon verklaren 'geen flauw idee'
geschreven. Ik wilde me eens niet druk maken over hoe

ik over zou komen. Max lijkt het niet te horen en blijft grinniken. Vervolgens geeft hij me advies hoe ik het een volgende keer handiger kan opstellen.

Ik kijk hem eens aan voordat ik weer reageer. Ik voel me lichtelijk gekwetst maar ook strijdlustig. Ja, ja, denk ik, kennelijk moeten er posities bepaald worden. Ik voel verzet. Ik laat me niet zomaar vertellen hoe ik een praatpapier moet opstellen. Ik stroop mijn mouwen op, haal mijn onzichtbare messen tevoorschijn en begin ze te slijpen. Al zit hij daar te grinniken, ik weet dat Max hetzelfde doet. Hij wil koning zijn en duldt geen andere gezaghebber naast zich. Ik wil best opschuiven, maar alleen voor iemand die de titel van koning waardig is. Tenslotte ben ik al heel lang koningin, en niet gewend iets uit handen te geven. Dus, Max, als je wilt vechten: prima, kom maar op.

'Als verklaring voor het bedrag van twee tickets schrijf je dat je na drie maanden in Tunesië in ernstig zieke toestand terug moest naar Nederland. Wat was er aan de hand?' vraagt Max even later.

'Ik had van alles, en uiteindelijk ook longontsteking. Daarom ben ik met Sam teruggegaan naar Nederland.'

'Hoe kwam je aan die longontsteking?' gaat hij verder.

'Ik heb het Boze Oog gekregen van de familie. Ze wilden me weg hebben, zodat Mahmood met de ooit voor hem bestemde bruid kon trouwen.'

Max kijkt me schattend aan. Ik voel de kriebel van een lach opkomen.

'Even serieus, wat was er aan de hand?'

Ternauwernood houd ik mijn gezicht in de plooi.

'Dan zal het door stress zijn gekomen, neem ik aan,' zeg ik.

Hij knikt instemmend.

Na op de kop af twee uur zijn we klaar met het opstellen van de verklaring.

'Mag ik alle papieren met betrekking tot Mahmood hier laten? Ik wil ze liever niet meer in mijn huis hebben.'

'Geen probleem, laat ze maar hier,' zegt Max. 'Hoe gaat het nu met je?' vraagt hij er direct achteraan.

Ik kijk hem eens goed aan en moet weer een beetje lachen. Ik vind hem ondanks zijn ongeloof in het Boze Oog onweerstaanbaar zoals hij daar zit, met zijn das zo ongeveer op zijn rug en zijn prachtige roze overhemd in de kreukels.

'Redelijk,' zeg ik. 'En hoe is het met jou?'

'Wat moe. Volgende week ga ik gelukkig met mijn vriendin op vakantie, dan kan ik bijkomen,' antwoordt Max.

'Leuk,' antwoord ik, terwijl ik het helemaal niet leuk vind. Ik zou veel liever horen dat hij binnenkort gaat trouwen. Het liefst met een vrouw die zwanger is van een vijfling, en vervolgens dat hij met de hele kluit van plan is te gaan emigreren naar Australië. Dat is wat ik graag wil horen, want dan kan ik tenminste verder. Dan is hij maar niet de man van mijn leven, maar heb ik wel rust en mijn vrijheid terug.

Maar nee. Ik kijk nog eens naar hem en kan me niet voorstellen dat hij een serieuze relatie heeft. Iets in mij weigert dat te geloven. Toch zie ik hem stralen, al maakt hij inderdaad ook een zeer vermoeide indruk.

We praten nog wat verder over gewone dingen terwijl ik nog wat spullen in mijn tas stop. Al pratend lopen we de deur uit en de trap af. Ik werp een blik opzij en voel ondanks die rotvriendin liefde voor hem. Ik voel nog veel meer; ik zie ineens dat hij zijn eigen strijd voert, en hoe alleen hij daarin staat. Dus het klopt, denk ik.

Weer komt er een stroom informatie op me af gedenderd. Ik zie dat Max de bergen nadert die Maria voorspelde, en dat hij het zelf niet in de gaten heeft. Het zijn bovendien niet zomaar een paar bergen, nee, het zijn reuzebergen. Onherbergzame, desolate bergen. Max, Max, denk ik, je hebt geen idee wat je allemaal te wachten staat. Ook jij gaat veel achter je laten, en ook jij zult moeten buigen voor krachten die groter zijn dan jijzelf. Zomaar uit het niets komt deze informatie naar me toegestroomd, en ik weet heel zeker dat het klopt. Zo langzamerhand raak ik wel gewend aan mijn onverwachte helderziende buien, maar prettig vind ik ze nog steeds niet.

Ondertussen wil ik wel honderd trappen aflopen met Max, maar al snel staan we weer bij de buitendeur. Hij kijkt me even aan en vraagt iets wat ik niet versta. Ik ben met mijn hoofd nog bij de bergen, en ik ben in de war. Ik steek mijn hand uit en neem afscheid.

'Tot ziens,' zeg ik, en loop de deur uit die Max voor me openhoudt. Ik voel dat hij me nakijkt, maar wil niet omkijken.

Even later zit ik in de zon op een bankje midden op het Spui. Even bijkomen. Het bezoek is me weer niet in de koude kleren gaan zitten. Waarom moet ik dit allemaal meemaken? Waarom tref ik niet een man waarmee het allemaal als vanzelf lijkt te gaan? Ik voel me stokoud en versleten en zou het liefst hier op het bankje gaan liggen, om er nooit meer vanaf te komen. Ik veeg snel een traan weg.

'Ach wijfie, hebbie verdriet?'

Ik draai mijn hoofd om. Naast me is een oude man komen zitten. Een paar vriendelijke ogen kijken me vragend aan. Ik rommel in mijn tas, op zoek naar een zakdoek. Door de waas van tranen zie ik dat de man me één aanreikt.

'Hier heb ie de mijne, hij is schoon, hoor. Droog je tranen eerst maar eens, en kom dan met me mee, dan krijg je een lekker pilsie van me.'

Door mijn tranen heen moet ik lachen. Ik pak zijn zakdoek aan en veeg mijn gezicht droog. Veel helpt het niet.

'Geef niet, hoor, ik ben wel wat gewend. Ik heb vijf dochters en die konden der ook wat van, geloof me maar. Zakdoeken vol en altijd vanwege de mannen. De meeste mannen hebben geen idee wat ze allemaal aanrichten. Als je als man vijf dochters krijgt leer je het wel, geloof me. Mijn dochters benne natuurlijk al lang de deur uit, maar ik weet er nog alles van. Ik zei steeds maar: "Kinderen, ze benne het niet waard." Kom maar mee, kind, niets helpt beter dan een lekker pilsie.'

En zo zit ik even later in een café een pilsje te drinken met een vader van vijf dochters. Na een half uur arriveert Sofia, die heb ik ondertussen gebeld. Ik stap van mijn kruk en neem hartelijk afscheid van mijn ridder in nood. Buiten voel ik me enigszins daas door het drinken van één pilsje, wat er twee zijn geworden.

Een straat verder kopen we Indisch eten in een kartonnen beker en lopen we in de richting van Sofia's huis. Ik ben nauwelijks in staat om te vertellen waarom ik zo van streek ben.

'Het is niet alleen het feit dat hij een vriendin heeft, maar ook wat hem allemaal te wachten staat. Hij staat waar ik jaren geleden begon. Mijn hemel, Sofia, hoelang moet dit alles nog duren?

'Zo lang als nodig is,' is het filosofische antwoord.

'Dank je wel, schat, hier knap ik echt van op.'

'Meer kan ik er niet van maken,' antwoordt Sofia.

'Weet je echt geen klein leugentje te bedenken om mij op te peppen?'

Sofia kijkt me meewarig aan.

'Laat maar,' zeg ik.

's Avonds, als ik in de trein naar huis zit, ontdek ik dat ik de zakdoek van mijn ridder heb vergeten terug te geven.

'Weet je, Eva,' zeg ik tegen mezelf, omdat ik toch maar alleen in de coupé zit, 'laat hem los. Wees vrij en zorg dat je weer blij wordt.'

Ik kijk mijn spiegelbeeld eens aan.

'Als jij me vertelt hoe dat moet, dan zorg ik dat het gebeurt.'

Eenmaal thuis steek ik een paar kaarsen aan en ga zitten. Het is aardedonker. In de tuin zie ik slechts vage contouren. Ik bespeur een weemoedig en knagend gevoel. Het verlangen naar een verbintenis, naar ware liefde, is zo intens dat het haast fysiek pijn doet. Het is een verlangen naar groter worden dan mijzelf.

De volgende dag bel ik Maria. Ik ben zo in de war van de ontmoeting met Max dat ik er met haar over moet praten.

'Maria, mag ik je iets vragen?'

'Vraag maar.'

'Ik was gisteren bij Max om een verklaring op te stellen. Hij blijkt een vriendin te hebben, maar er klopt iets niet. En juist dat maakt dat ik me niet omdraai en hem loslaat. Hoe kan dat nu?'

'Laat me eens even kijken wat er aan de hand is.'

Het is even stil, Maria stemt zich af.

'Dit is niet iets voor de telefoon. Herinner je je nog dat ik je ooit vertelde dat je een lichtwerker bent? Daar gaat het nu over. Het heeft te maken met het feit dat jij meer ziet dan de meeste mensen. Je kunt toch beter een afspraak maken, dan leg ik het je zo goed mogelijk uit.'

'Goed, ik begrijp het. Ik hoop dat je binnenkort een plekje hebt.'

'Nee, ik ga een paar weken op vakantie.'

'Wat jammer, maar leuk voor jou natuurlijk. Sorry hoor, maar ik ben echt van slag.'

'Ik hoor het, geeft niet.'

Wanneer komt er eens een einde aan al dat gedoe, aan alles wat niet lekker loopt? Wanneer hoef ik het eens niet meer allemaal alleen te doen?

De rest van de dag hang ik op de bank, kijk naar de vogeltjes in mijn tuin en lees vervuld van jaloezie *Eten, Bidden, Beminnen*; het verhaal over een persoonlijke crisis en hoe de schrijfster ermee om is gegaan.

Doe mij er ook maar zo eentje, en dan ook nog een geweldige Braziliaanse man als beloning voor al die doorstane exotische ellende. Ga weg, zeg! Ik moet het zien te redden met grijze Hollandse luchten en fietstochtjes naar de stad om mijn dagelijkse boodschappen te halen. Het enige exotische aan mijn crisis waren mijn Peruaanse medicijnen om de ziekte van Lyme de baas te worden.

Ik wentel me nog even in zelfmedelijden, maar herinner me dan mijn zielenreizen, mijn ontmoetingen en de mensen die me ondertussen hun ondersteuning hebben gegeven. Lichtelijk beschaamd probeer ik mijn zegeningen te tellen. Ondanks mijn pogingen blijf ik een tikkeltje jaloers.

Wachtend op de terugkomst van Maria realiseer ik me dat ik nog meer vragen heb. Waarom liet de engel mij eigenlijk vorige levens zien, en waarom zie ik ze ook tijdens mijn zielenreizen? Ik dacht dat het juist niet belangrijk was om die te kennen. Alles wat niet is opgelost of fout is gegaan in een vorig leven wordt immers meegenomen naar een volgend leven. Wat is de zin er dan van? Wat in mijzelf behandel ik als een boze stiefmoeder? Waar zit dat stiefkind, en hoe haal ik het tevoorschijn? Welke horens kan ik afstoten? Wat is een lichtwerker, en wat is toch de bedoeling van mijn leven? Waar is mijn bezieling? Wat heb ik te doen?

Omdat ik nu antwoorden wil boek ik een nieuwe zielenreis van geld dat ik niet heb. Ooit komt dat wel weer in orde, als het recht zegeviert en de verzekeraar zijn spaarpot moet omkeren.

18

Oktober 2008

Eenvoudig doorlopen. Geen fout.

Voordat ik aan een nieuwe zielenreis kan beginnen belt onverwacht Maria. Ik kan de volgende dag bij haar terecht. Haar
vakantie is afgebroken, omdat haar reisgenoot vanwege een
familiekwestie terug moest naar Nederland.

Ik loop het hele ritueel weer door, tot we bij mijn vraag
komen: wat klopt er niet als Max het over zijn vriendin heeft?
Waarom kan ik me niet omdraaien en verder gaan met mijn
leven?

'Wanneer mensen met elkaar praten, horen ze de woorden die iemand zegt en zien ze de lichaamstaal. Dat samen
brengt een boodschap over. Zo is het voor ongeveer negentig
procent van de mensen. Maar voor de andere tien procent zit
het iets anders in elkaar. Ook zij horen de woorden en zien
de lichaamstaal, maar ze hebben in de eerste plaats contact
met het veld van energie dat bij die ander aanwezig is en met
de geest van die persoon. Ik bedoel niet de psyche, maar het
geestelijke aspect. Het deel dat niet in het fysieke lichaam aanwezig is en niet sterft, maar waar elk mens mee is verbonden
om te kunnen leven. Tot die tien procent behoor jij. Al heb je
het een en ander gedaan aan intuïtieve ontwikkeling, toch heb
je niet geleerd om met deze kwaliteit om te gaan.'

Verbouwereerd kijk ik Maria aan.

'Wat zie ik dan?'

'Zien is misschien niet eens het juiste woord. Normaal gesproken nemen mensen waar wat zich op driedimensionaal ni-

veau afspeelt, de aardse dimensie. Jij neemt in de eerste plaats automatisch waar wat zich op vijfdimensionaal niveau afspeelt, de onzichtbare wereld, het niveau waar de totale geest van de mensen zich bevindt. Op dat niveau speelt het ego geen rol en zie je de werkelijke bedoeling en het verlangen van de ziel. Even voor de duidelijkheid: het zegt niets over iemands kwaliteit als mens. Je hoort niet plotsklaps bij een exclusief clubje of zo. Maar dit terzijde.

We gaan even terug naar Bas. Gedurende een korte periode hebben jij en Bas het goed gehad. Dat was de periode dat jouw en zijn ziel in contact waren zonder dat de ratio zich ermee ging bemoeien. Op het toppunt van jullie contact namen de ratio en het ego van Bas het over en herinnerden hem aan zijn voornemen om met meerdere vrouwen ervaring op te doen. Dat was het moment dat Bas jou tot de orde riep en je vroeg je niet aan hem te hechten. Weet je nog?'

'Als de dag van gisteren.'

'Met Max is iets dergelijks aan de hand, daarom ben je er weer zo van in de war. Je voelt dat er tussen jullie iets is, en tegelijkertijd hoor je hem praten over zijn vriendin. Het is niet te rijmen in jouw beleving. Maar, meisje, hij is zich niet bewust van het contact tussen jullie zielen. Hij leeft in de veronderstelling de liefde van zijn leven gevonden te hebben. En dat ben jij in zijn aardse beleving niet.'

Even ben ik helemaal van slag. Het is of ik nu toch het bericht krijg dat Max gaat trouwen met een vrouw die zwanger is van een vijfling.

'Maar wat klopt er dan niet aan zijn verhaal?'

'Tja,' verzucht Maria, 'laten we zeggen dat wat jij waarneemt niet overeenstemt met wat Max je vertelt.'

'Hij denkt dat hij een relatie heeft, maar in werkelijkheid staat hij alleen.'

'Dat is wel erg kort door de bocht, maar zo zou je het kunnen zeggen. Op dit moment is die relatie precies wat hij nodig heeft. Hij moet zich bewust worden van zijn diepe innerlijke verlangen, en deze relatie maakt iets in hem los wat hem daarbij zal helpen. Ga niet op hem wachten. Draai je om en leef je eigen leven. Echt, laat hem los.'

'Ik zal wel moeten, wil ik ook weer eens lol hebben.'

'We zijn nog niet klaar,' vervolgt Maria, omdat ik al opsta. 'Aan gene zijde, zoals jij het noemt, worden pogingen gedaan om weer met je in contact te komen, maar het lukt de laatste tijd niet omdat je te moe bent. Ze adviseren je eens helemaal niets te doen. Wat jij niets doen noemt zit nog vol met activiteiten. Doe eens echt niets, en dan niet één keer maar zo vaak mogelijk. Staar voor mijn part naar de wolken.'

Ik doe mijn mond al open om te reageren, maar Maria begint hevig te gebaren dat ik stil moet zijn.

'Sst, anders ben ik het contact kwijt,' fluistert ze bijna.

Ze houdt haar hoofd schuin en ik zie haar een paar maal knikken. Daarna richt ze zich weer tot mij.

'Let eens op toevalligheden, en ook waar je aandacht naartoe getrokken wordt. Er staat je een verrassing te wachten.'

Samen lopen we naar de deur.

'Eva, zoek iemand die je kan helpen om met je kwaliteiten om te gaan. Ik weet zeker dat je via internet iemand kunt vinden.'

Even later sta ik weer buiten, deze keer minder opgeladen en niet zo blij. Ik moet Max echt loslaten en vind dat een enorme klus. En wat moet ik in hemelsnaam met mijn vijfdimensionale waarnemingen?

De dagen erop raak ik zo mogelijk nog meer in de war. Bij ieder contact vraag ik me af wat ik waarneem: driedimensionaal of vijfdimensionaal? Door die verwarring lijk ik de grip op mijn leven nog meer kwijt te raken. De opmerking van Maria over de pogingen tot contact van gene zijde ben ik al weer vergeten, evenals de verrassing.

19

November 2008

Onder aan de berg ontspringt een bron: het beeld van de jeugddwaasheid. Overeenkomstig: de leerling streeft naar vruchtdragend handelen en het voeden van levenskracht.

Nog steeds met een hoofd vol vragen begin ik aan mijn nieuwe zielenreis. Ik ben de vorige keer nog niet vergeten.

'Ik heb geen andere intentie dan mijzelf beter te begrijpen. Ik heb nog steeds mijn bezieling niet terug, en daarnaast voel ik mij onvrij en eenzaam,' fluister ik bijna, omdat ik niet graag uitspreek hoe eenzaam ik me voel.

De reis begint zonder aanloopjes. Ik hoor geratel van karren die door de straten worden getrokken en het geluid van stemmen, ik hoor geschreeuw en gelach. De zon schijnt fel op mijn gezicht terwijl het zweet over mijn lichaam stroomt. Ik loop door de straten van Rome. Het is het jaar 37 na Christus. Op mijn rug ligt een zware last. Ik kijk eens goed naar mezelf. Ik ben groter dan de andere mensen om me heen. Meer dan dat zelfs, ik ben een enorme kerel, maar ik voel dat ik een zacht karakter heb. Op mijn voorhoofd heb ik een brandmerk.

Ik ben op weg naar het huis van een van de senatoren. Ik struikel en kan nog net op de been blijven. Direct krijg ik een klap met de zweep. Mijn wonden van gisteren zijn nog rauw, ze prikken door het schuren van de harde stof van mijn schamele kleding. Het is warmer dan de afgelopen dagen. Naast me loopt een andere slaaf. Even kruist zijn blik die van mij, maar we durven niets te zeggen uit angst voor onze bewakers.

Sinds enige jaren ben ik slaaf in Rome, evenals mijn

vrouw, van wie ik zielsveel houd. Tot voor kort werkte ik dagelijks in het amfitheater als gladiator. Nu ben ik drager. Als gladiator moest ik ook zware lasten dragen, de gedode dieren bijvoorbeeld, maar ik kende ook periodes van rust, waarin ik kon kijken naar de mensen op de tribunes en naar de plek waar de keizer vaak zat. Ik hoor zijn giechelende lachje nog steeds.

Nu loop ik dagelijks door de straten van Rome om lasten van de ene plek naar de andere te brengen. Ik voel dat mijn krachten steeds verder afnemen. Ik laat weleens wat vallen of struikel van vermoeidheid. Ik kan mijn vrouw en mezelf niet vrijkopen, zoals andere slaven dat wel kunnen. Mijn meester heeft zo veel bezit dat hij er geen waarde aan hecht, dus waarom zou hij ons iets betalen? En wat hem niet meer dient, doet hij weg.

Nog even en ik zal worden afgedankt. Op dat moment ben ik nog maar voor één ding geschikt. Ik maak me daarom zorgen om mijn vrouw. Ook zij wordt ouder en heeft steeds meer moeite om al haar taken op tijd af te hebben. 's Avonds valt ze al voor we gaan liggen in slaap. Ik houd van mijn vrouw, we zijn al zo lang samen. Ik ben God dankbaar dat we tenminste bij elkaar konden blijven. Dat heeft me de kracht gegeven om door te gaan. Heel soms denk ik nog aan het land waar ik vandaan kom. Het land waar zo veel mysteries nog levend zijn, het land dat zich niet laat temmen, het land waar de Romeinen nooit echt vat op zullen krijgen. Ik zal mijn land niet meer terugzien, dat weet ik, maar het leeft in mijn herinnering.

Ineens merk ik dat ik samen met nog een paar andere slaven op weg ben naar het grote amfitheater, het is kennelijk zover. Onder de tribunes waar we naartoe worden gebracht zijn de hokken van de dieren en de ruimtes waar de gladiatoren wachten tot het hun beurt is om op te treden en te vechten. De ruimte waar ook de strijdwagens staan en de soldaten rondlopen, en waar wij worden opgesloten in afwachting van onze beurt. Het is er donker en koel, wat ik ooit aangenaam vond maar wat mij nu angst inboezemt.

Het is middag als we met z'n vijven worden opgehaald en het bevel krijgen om de arena in te stappen. Even blijven we staan, onze ogen moeten wennen aan het felle zonlicht. Na een kort bevel lopen we aarzelend naar het midden. Zonder overleg gaan we met onze ruggen tegen elkaar staan. We kijken naar de deuren, die elk moment open kunnen gaan om onze tegenstanders toe te laten tot het strijdperk. Wat er nu komt heb ik vaak genoeg gezien om geen enkele illusie te koesteren. Mijn lieve vrouw moet nu zonder mij verder, dat is wat mij het meest verdriet doet. Ik voel hoe ze in gedachten bij me is, en haar liefde leeft in mijn hart. Ik troost me met de gedachte dat ik haar terug zal zien als het ook haar tijd is om naar huis terug te keren.

De deuren gaan open en drie leeuwen stappen langzaam de arena in. Een luid gejuich klinkt op. Op het moment dat de leeuwen ons naderen wordt het stil. De mensen kijken gespannen toe, hier en daar wordt er gegokt wie van ons het eerst zal worden gepakt. Ik kijk nog een keer om me heen en dan wordt het zwart.

Diep onder de indruk blijf ik stil liggen. Ik ben dus slaaf geweest in Rome. Ik wist niet dat ik ook in een mannenleven kon reïncarneren.

'Oh, zeker wel,' zegt de bekende stem. 'Al ben je de vrouwelijke helft van de splitsing, je kunt ook voor een mannenleven kiezen als dat de gewenste ervaring geeft.'

Het beeld van de slaaf is weg maar zijn zachte karakter voel ik nog steeds, evenals de liefde voor zijn vrouw.

Ik neem een tweede glas, terwijl ik het leven als Romeinse slaaf achter me laat. Om me heen voel ik de aanwezigheid van een man. Ik ken hem. Hij doet zijn ding en ik het mijne, maar we horen bij elkaar. Het is een aangename gewaarwording en een die heel liefdevol aanvoelt. Ik kijk in zijn warme bruine ogen en zie bevestigd wat ik zelf voel.

Langzaam verandert de omgeving en ik lig ergens op mijn rug. Vanuit mijn donkere plek zie ik bijna witte muren, opgebouwd uit grote blokken. Boven me is geen dak, maar zie ik een strakblauwe lucht. Mijn naam is Chloé. Ik onderga een van mijn laatste inwijdingen in Egypte, duizenden jaren geleden. Daarvoor moet ik drie dagen en drie nachten in het dodenrijk verblijven. Aan het hoofd van de stenen sarcofaag waarin ik lig staat de priester die de inwijding begeleidt. Eromheen staan nog meer priesters. Ik voel ieders concentratie. Er heerst een diepe stilte, tot ik een havik zie overvliegen. Zijn schrille kreet doorboort de stilte. Terwijl ik naar de zon kijk schuift er heel langzaam een steen voor de strakblauwe lucht.

Op het moment dat de zon plaatsmaakt voor de grote steen en de blauwe lucht in een diepe duisternis verandert word ik opgetild. Ik vlieg op de rug van een enorme adelaar over continenten en oceanen en stijg op naar het diepe blauw, het bijna duister dat zich ver boven de aarde bevindt. Na een lange vlucht laat de adelaar zich weer naar de aarde zakken en landt in het hete zand. Ik sta in de felle zon, vlak bij een piramide, vlak bij de plek waar lang geleden mijn inwijding plaatsvond.

'Ga op reis naar Egypte, naar de plek waar je ooit Chloés leven verliet. Sta weer in de zon, kijk naar de lucht. De reis is nodig om te helen van wat er veel eerder op deze plek is gebeurd. Chloés leven draaide om onderwerping. Haar leven stond aan de andere kant van het leven dat je nu leidt. Met haar leven startte een serie levens waarin je alsmaar je macht weggaf, waarin je jezelf op allerlei manieren afhankelijk maakte van anderen. Chloé verloor alles wat ze liefhad, omdat ze niet was opgewassen tegen zo veel macht. Ga op het juiste moment, je zult weten wanneer dat is. Forceer niets.'

Het is weer de geluidloze stem die me de instructie geeft. De stem laat geen enkele twijfel bestaan over het belang van de opdracht.

Ik ben zo onder de indruk van wat Chloé meegemaakt moet hebben dat het in eerste instantie niet tot me doordringt dat een zeer rijk geklede, blonde, jonge vrouw al enige tijd spottend naar me staat te kijken. De vrouw draagt een prachtige lange jurk en een schitterende hoed met lange veren. Ze staat op het punt om naar een feest te gaan. Ik blijf achter. Uit haar blik spreekt leedvermaak. Ze trekt haar zijden handschoenen aan, terwijl ze net niet zacht genoeg een denigrerende opmerking over me maakt tegen mijn werkgever, die haar klaarblijkelijk zal vergezellen. Vanaf haar intrede in zijn leven drijft ze zo veel mogelijk de spot met me. Aan zijn enigszins gegeneerde blik zie ik dat mijn werkgever geen raad weet met haar opmerkingen. Hij is niet opgewassen tegen deze vrouw. Ik zie heel goed wat ze doet en hoe ze hem inpalmt, maar sta machteloos. Even later vertrekken ze samen in een rijtuig. Van achter een gordijn kijk ik ze na, zodat ze me niet kunnen zien. Ik voel me diep bedroefd. Weer is er de geluidloze stem.

'Het is de bedoeling om alle vernederingen, alle pijn en alle angst van vorige levens achter je te laten. Ga naar de andere kant; zonder wrok, zonder haat maar juist met heel veel liefde. Je zult over meer dan voldoende geld beschikken en je zult aan die kant niet langer alleen zijn.

Vorige levens worden je getoond om te laten zien dat

niets onrechtvaardig of zinloos is, en dat wat zich in je leven voordoet precies is wat je zelf ooit hebt gecreëerd. Je hele creatie werkt als een magneet; je trekt dat aan wat bij je hoort. Word meester over jezelf, dan word je meester over het leven. Volg, dan vind je leiding, heb lief zodat de liefde naar je toe kan komen. Weersta de verleidingen die je niets brengen, maak onderscheid in wat wezenlijk is en wat niet.'

De rest van de reis blijft de man bij me en word ik steeds meer gevuld met liefde en rust.

20

November 2008

Bij het ontwikkelen van de onwetende geeft discipline succes. Maar hij moet bevrijd worden van hand- en voetboeien. Daarmee doorgaan geeft beschaming.

Gelukkig heb ik iemand gevonden die me verder kan helpen met mijn vijfdimensionale kwaliteiten en ook nog betaalbaar is voor mijn gekrompen portemonnee. Daarom sta ik op een natte, gure dag midden in Den Haag, in een klein straatje voor de deur van de praktijk van Gabrielle, een reader en coach voor lichtwerkers. Als ik op de bel druk hoor ik een zachte ding-dong klinken. Even later verschijnt een vrouw van een jaar of veertig.

'Eva?'

'Ja.'

'Kom erin. Wat een weer, zeg.'

Gabrielle gaat me voor naar haar praktijkruimte.

'Zo, wat kan ik voor je doen?' vraagt ze zodra we allebei zitten.

'Op advies van een paragnost ben ik op zoek gegaan naar iemand die me kan helpen. Deze paragnost zegt dat ik een lichtwerker ben. Ik weet allereerst niet wat een lichtwerker is en ik weet me er ook niet zo goed raad mee. Ik schijn niet altijd even aards te zijn en ik neem dingen waar die me in verwarring brengen. Deze vrouw, Maria, vindt zichzelf niet capabel om me daarin te begeleiden. Daarom zit ik nu hier,' antwoord ik.

'Goed, duidelijk. Ik zal beginnen met een korte reading. Ik stem me eerst op je af, blijf maar rustig zitten.'

Gabrielle sluit haar ogen, om me even later weer aan te kijken.

'Je gids laat me weten dat je familie het eerste is wat aan de orde moet komen.'

'Mijn familie?' vraag ik. 'Dat begrijp ik niet, wat heeft die ermee te maken?'

'Je hebt last van een grote blokkade. Zolang je blokkades hebt kun je niet goed leren omgaan met je lichtwerkerskwaliteiten en met waarnemen. Goed leren waarnemen is daarvoor heel belangrijk. De oorzaak van de blokkade vind je bij je familie.'

Niet begrijpend kijk ik naar rechts, waar ik tot nu toe de aanwezigheid van de engel heb waargenomen.

'Je gids,' zegt Gabrielle, 'begrijpt je verbazing, maar benadrukt dat je met je familie aan de slag moet. Door je lichtwerkerskwaliteiten ben je al heel jong het spoor bijster geraakt. Je werd angstig omdat je de reacties van mensen niet begreep. Wat je hoorde en zag klopte niet met wat je waarnam. Dat gaf grote verwarring. Als reactie daarop liet je geen ware en oprechte gevoelens meer zien. Al op jonge leeftijd heb je jezelf aangeleerd te reageren op de verwachtingen die anderen van je hadden. Dat heeft geleid tot pleasegedrag, wat je afhankelijk maakte van de goedkeuring van anderen. Zowel met je vader als met je moeder heb je nog wat uit te werken. Er is echter nog een persoon in je familie die zijn sporen in je leven heeft nagelaten, sporen die nog steeds verwerkt moeten worden. Je zult vanzelf naar deze persoon worden geleid. Ga er niet over nadenken, het zal je nergens brengen. Op het juiste tijdstip zul je weten wat te doen. Vraag je telkens af waarom je doet wat je doet en probeer het te veranderen als het niet is wat je werkelijk voelt en wilt. Dat zal je helpen om grip te krijgen op je kwaliteiten.'

Gabrielle pauzeert even. Het lijkt alsof ze naar iemand luistert, net als Maria weleens doet.

'Ik zal je leren om zelf contact te maken met je gids. Eerst wil ik je uitleggen hoe lichtwerkers waarnemen en wat hun oorsprong is. Dan begrijp je ook waarom je jouw blokkades moet opruimen.

Lichtwerkers zijn oude zielen uit de Lemurische tijd. Dat jij een lichtwerker bent zie ik omdat de eerste manifestaties die je op aarde had uit kleuren bestonden. Lemuriërs drukten zichzelf namelijk uit in kleur. Je bent van oudsher gewend energieën als je voornaamste informatiebron te gebruiken.

Voor jou is het belangrijk om te weten dat je als lichtwerker anders aardt. Het achtste chakra is jouw basischakra, je thuisbasis. Jij voelt je pas veilig als je je verbonden voelt met deze plek dat zich in een parallel universum bevindt. Wanneer je jezelf zowel met de aarde verbindt als met je achtste chakra sta je stevig. Daarom geven blokkades in de chakra's een onveilig gevoel. Het kanaal zit verstopt, waardoor je aan een van de beide polen gaat hangen. Omdat je blokkades hebt, heb je jezelf niet verbonden aan de aarde. Je richt je alleen op je thuisbasis, waardoor je op aarde wankelt. Pas als je jezelf ook aan de aarde bindt, sta je stevig en kun je voluit leven. Zullen we deze manier van aarden eerst oefenen?'

Ik knik. Gabrielles tempo is duizelingwekkend, maar ik wil doorgaan omdat ik het gevoel heb dat dit is wat me altijd heeft ontbroken: duidelijke instructies hoe ik mezelf de baas kan worden en stevig in het leven kan gaan staan.

'Volgens mij ken je de methode van contact maken met de kristallen kern, het middelpunt van de aarde. Doe dat eerst en zet dan je chakra's open tot en met het achtste, dat recht boven je kruinchakra staat, ongeveer vijftig centimeter buiten je fysieke lichaam. Het achtste chakra fungeert als overbrenger van kennis uit de geestelijke wereld. Dit gebeurt door de trillingsfrequenties te vertragen die vanuit de geestelijke wereld naar je toe komen; zo ontstaat jouw contact met het parallelle universum en met je hoger zelf, dat deel van je dat niet mee incarneert. Dit is de plek waar jij je echt thuis voelt. Door het contact met het achtste chakra wordt het fysieke lichaam in staat gesteld om daarvandaan informatie op te nemen.'

Ik doe wat Gabrielle zegt.

'Het lijkt wel of de andere zeven nu ook makkelijker opengaan. Het stroomt.'

Gabrielle knikt.

'Ongetwijfeld krijg je vaak te horen dat je niet goed bent geaard.'

'Tot vervelens toe.'

'Dat komt doordat er maar weinig mensen zijn die weten hoe je aardt, en nog minder die weten dat niet iedereen dat op dezelfde wijze doet. Aarden is niets anders dan geven, de mannelijke kwaliteit, en het ontvangen, de vrouwelijke kwaliteit, op aarde in evenwicht houden. Verder moet je goed in je basis zitten. Voor mensen die hun eerste manifestatie op aarde in Lemurië hadden is dat het achtste chakra. Vervolgens trek je als het ware een lijn naar je eerste chakra die je laat doorlopen naar de kristallen kern van de aarde. Dan ben je goed geaard.'

'Wat ben ik blij dat ik eindelijk eens een goede uitleg krijg over aarden. Dat scheelt een hoop frustratie,' zeg ik.

'Goed. Nu ga je zelf contact maken met je gids. Stel je een huis voor. Een mooi, groot huis met meerdere verdiepingen. Zie je het?'

'Ja, ik zie het.'

'Ga naar de voordeur en doe deze open. Stap naar binnen.'

Ik aarzel. Het is alsof ik niet alleen een huis in stap, maar ook een ander leven. Dan neem ik een besluit en stel me een mooi, groot huis voor met een prachtige, stevige houten voordeur. De deur is aan de bovenkant afgerond en heeft een koperen deurknop. Ik duw de deur open en kijk rond. Voor me zie ik een hal met een gang naar rechts. Ik loop de gang in en zie dat ik boven een grote ruimte loop, met rijkelijk gevulde boekenkasten tegen de wanden. In de hoek van de grote ruimte staat een vleugel, met daarnaast een dieprood fluwelen bank. Een wand is helemaal van glas en kijkt uit op een prachtige tuin.

'Wat zie je?' vraagt Gabrielle.

Ik vertel wat ik zie.

'Ga nog niet naar die ruimte toe. Voel waar je als eerste naartoe getrokken wordt.'

Ik was inderdaad van plan om linea recta naar de ruimte beneden me te lopen, maar nu blijf ik staan om te voelen. Ik ontdek dat er nog een gang is, die moet ik eerst inlopen.

Al snel kom ik in een zitkamer. Er brandt een groot vuur en ik zie vaag dat er een aantal mensen aanwezig zijn. Ik kijk naar ze en begrijp direct dat dit mensen van mijn zielengroep zijn; degenen die nu niet zijn geïncarneerd. Verwonderd kijk ik naar de vage gestalten waarmee ik zo nauw verbonden ben. Iets in me lijkt deze plek of deze mensen direct te herkennen. Het voelt zo vertrouwd, alsof ik weer even mijn ouderlijk huis binnen ben gestapt. Niemand lijkt me op te merken.

Ik loop door naar een grote glazen schuifdeur, schuif deze open en stap naar buiten. Daar blijkt een groot terras te zijn dat uitzicht biedt op een meer. Het schemert en er hangt een diepe, aangename stilte. Aan het meer staat een grote, houten bank waar ik op ga zitten. Ik hoor het water zachtjes tegen de oever klotsen, er lijkt niemand anders te zijn.

Toch nog onverwacht voel ik de engel naast me. Gelukkig. Hij zegt niets en samen kijken we over het meer.

Ineens verschijnen er beelden. Achter elkaar zie ik gezichten. Een ervan is van Max. Hij zit achter zijn werktafel en leest een brief. Naast hem zie ik een vrouw. Geen aardse vrouw, maar iemand die zijn gids is. Ze heeft een slank postuur en lang, blond grijzend haar. Ze doet me het meest aan een Scandinavische vrouw denken. In de verte hoor ik haar naam noemen: Noa. Om de vrouw hangt een liefhebbende maar ook onmiskenbaar stevige energie. Er is geen twijfel over mogelijk, deze Noa past goed op Max.

'Let de komende tijd op de tekenen. Als je ze hebt gekregen, kom dan hier aan het meer terug,' zegt de engel. 'Dan zul je jouw verrassing vinden.'

Ineens ben ik terug bij Gabrielle, die me vragend aankijkt.

'En...?'

Ik kan niet direct antwoord geven. In gedachten ben ik nog helemaal op die vertrouwde plek. Ik had er graag langer willen blijven.

'Wat een bijzondere ervaring,' zeg ik. 'Het is vreemd en vertrouwd tegelijk. Het lijkt alsof ik in een heel bekende omgeving ben; zoiets als een bezoek aan een huis waar ik ooit woonde. Ik heb een aantal mensen van mijn zielengroep gezien, dat neem ik tenminste aan; ze waren me heel vertrouwd. Ik zag ze echt, maar wel heel vaag. Hoe kan ik trouwens een huis waarnemen als ik in de geestelijke wereld ben?'

'Niet alleen hier zijn gebouwen en natuur. Ook aan de

andere kant is van alles aanwezig, zoals scholen, bibliotheken en muziek. Alleen de materie waarvan het is gemaakt, verschilt van de aarde; het is pure, zuivere energie. De gebouwen zijn vaak van een onaardse schoonheid en altijd heel licht. Je zag een parallel universum, zoals er nog veel meer zijn.

Deze parallelle werelden zijn overigens niet allemaal even lieflijk. De meeste mensen die in een leven na de dood geloven gaan ervan uit dat het daar één groot hallelujakoor is, maar dat klopt niet. Er zijn nogal wat overledenen die de aarde niet los willen laten; ze blijven er met heel hun wezen op gericht. Zij draaien zich niet om en gaan niet terug naar huis, maar blijven hangen in de lage astrale wereld. Die is niet leuk, dat kan ik je verzekeren.

Loslaten is iets wat je jezelf maar beter aan kunt leren, voordat je overlijdt. Het is goed dat er steeds meer hulp is om deze mensen te helpen zich om te draaien.

Even voor de duidelijkheid, want ik wil geen angst zaaien: niemand is ooit alleen, ook in de lage astrale wereld is er voor iedereen hulp van lichtwezens. Maar mensen die erg aan materie en aan de aarde gebonden zijn, kunnen moeilijk het lichte wezen naast zichzelf waarnemen.

Terug naar de lichtwereld. Het enige verschil met de manifestatie op aarde is dat manifestaties daar veel sneller gaan; ze ontstaan door de kracht van gedachten. Je stelt je iets voor en het is er. De gestalten die overledenen aannemen als ze aan mensen op aarde verschijnen zijn vaak die van de laatste incarnatie of van een leven dat ze het meest liefhebben. Maar als jij liever een engelachtig wezen ziet, dan zie je dat.'

Gabrielle zwijgt even.

'Voor vandaag vind ik het genoeg geweest. Ik wil je vragen om over een maand terug te komen en ondertussen te oefenen. Maak onderscheid in wat je op stoffelijk, aards niveau waarneemt en wat zich op een ander niveau afspeelt; driedimensionaal en vijfdimensionaal dus. Dat leert je routinematig onderscheid te maken.'

Als ik weer buiten sta heb ik het eigenaardige gevoel dat waar ik nu ben vreemd voor me is; dat waar ik thuishoor de plek aan het meer is.

21

Januari 2009

Het ontginnen van de wildernis. Steek de stroom over zonder boot.
Verwaarloos niet wat veraf is, reken niet op kameraden. Je wordt
geëerd als je het midden houdt.

Het is druk in de bibliotheek. Ik loop naar de inleverbalie.
Als ik me omdraai botst een vrouw die vlak achter me staat
tegen me op en prompt laat ze haar boeken vallen.
'Au,' roep ik als er een op mijn voet valt.
'Sorry,' zegt de vrouw die tegen me aan botste.
'Geeft niet,' zeg ik, 'het is ook zo druk.'
Ik buk me om een boek op te rapen.
'Zo, dat is een flinke pil,' zeg ik terwijl ik het boek be-
kijk. Richard Ellman, *James Joyce, The First Revision of the 1959*
Classic. James Joyce – ik neem aan dat de foto op het boek
van hem is – kijkt me door zijn brilletje met grote ogen aan.
In mijn herinnering ziet hij er minder bang en meer zelf-
verzekerd uit. Misschien is het een niet zo goed lijkende foto,
wie weet. Ik loop verder de bibliotheek in en ga op zoek naar
een leuke film voor die avond.

De volgende dag besluit ik mijn werkkamer op te ruimen.
De boekenkasten puilen uit. Ik haal alle tijdschriften en
mappen met knipsels uit de eerste boekenkast en begin ze
door te bladeren. Weg, weg, weg. Het ene tijdschrift na het
andere belandt op de stapel oud papier. Joost mag weten
waarom ik zo veel troep bewaar.
Na een korte pauze begin ik aan de krantenknipsels, tot

ik opnieuw naar een foto van James Joyce kijk. *Ter ere van honderd jaar Bloomsday*, zo laat een advertentie weten, zal *Ulysses* van James Joyce opnieuw verschijnen. Kijk, denk ik, deze foto lijkt meer op hem zoals ik me hem uit mijn schoolboeken herinner: iemand met een wijze en humoristische uitdrukking op z'n gezicht. Aan dat snorretje is hij zeker gehecht, want ook op deze foto heeft hij er één. Het krantenknipsel verdwijnt op de stapel oud papier. Op dat moment gaat de telefoon.

'Ha Eva,' klinkt de stem van Sofia. 'Ik ben mijn boeken aan het uitzoeken, want mijn kasten puilen uit.'

'Nou ja,' zeg ik, 'dat is toch niet normaal? Ik ben ook net begonnen om mijn boekenkasten uit te mesten.'

'Toevallig, zeg. Maar ik bel om te vragen of je belangstelling hebt voor een stapeltje Engelstalige boeken. Ik kijk er nooit meer naar om en ik heb ruimte nodig. Het is niet zo veel. Een klein stapeltje dichters, onder anderen Yeats en Byron, verder nog wat boeken van Virginia Woolf en James Joyce.'

'Oké,' zeg ik, 'nu heb ik de boodschap begrepen, hoor.'

Het blijft even stil aan de andere kant.

'Wat heb je begrepen?'

'Oh, sorry, die opmerking is niet voor jou bedoeld maar voor een engel.'

'Voel je je wel goed?' vraagt Sofia.

'Helemaal, maar ik begrijp wel dat je me niet kunt volgen. Het wordt tijd dat we weer eens samen een flesje wijn drinken en elkaar bijpraten.'

'Zo te horen heb jij geen wijn nodig. Wil je die boeken of heb je liever dat ik ze aan een ander geef?'

'Ik wil ze wel.'

'Goed, dan doe ik ze in een doos en kom ik binnenkort jouw kant op.'

Als ik de telefoon heb neergelegd vis ik het krantenartikel

weer uit de stapel oud papier en kijk eens goed naar de foto van James Joyce. Volgens mij heb ik een teken ontvangen. Wat moet ik ook al weer doen? Ik denk even na. Wat had de engel gezegd?

'Kom hier terug als je de tekenen hebt ontvangen.'

Ik ruim de rest van de krantenknipsels op en ga boodschappen doen.

De dag erop besluit ik een poging te wagen naar het huis aan het meer te gaan.

Ik trek de stekker van de telefoon eruit, doe de gordijnen dicht en begin te mediteren. Als ik zover ben om het huis in te gaan voel ik me lichtelijk gespannen. Ik neem het beeld van het huis in gedachten en haal een aantal malen diep adem voordat ik de deur opendoe. Ik stap de drempel over en neem dezelfde weg als de vorige keer. Ik zie het meer en weer lijkt het er te schemeren. Opnieuw hoor ik het geklots van het water en zie ik de bank. Ik loop ernaartoe en ga zitten wachten, maar de engel komt niet. Onzeker kijk ik om me heen.

Enkele minuten gaan zo voorbij. Net als ik op het punt sta om het op te geven, hoor ik in de verte het zachte plonzen van roeispanen. Het is heiig op het water. Ik tuur in de richting van het geluid, tot ik de vage contouren van een roeiboot ontwaar. Even later zie ik dat er een man in zit met een ouderwets wit overhemd en een brilletje op. De man legt de roeiboot aan, stapt uit, loopt naar me toe en nodigt me uit om met hem in de roeiboot plaats te nemen.

Ik probeer het gezicht van de man te zien, maar dat blijft vaag. Ik sta op, loop naar het bootje en stap voorzichtig in. Zodra de man zit pakt hij de roeispanen weer op en roeit weg.

Even later legt hij de boot opnieuw aan, bukt en haalt van onder het bankje een fles witte wijn tevoorschijn. Hij maakt hem open, zet de fles op het bankje neer, bukt opnieuw en komt met twee glazen in zijn hand weer overeind. Hij schenkt de wijn in de glazen en reikt me er een aan. Ik kijk hem verbijsterd aan. Hij heft zijn glas en ik doe hetzelfde.

'James Joyce?' vraag ik.

'Zoals je ziet,' is het antwoord.

'Ik begrijp er niets van,' zeg ik.

'Ik heb toestemming van je gids en van de meester die onze zielengroep begeleidt om je te helpen met schrijven.'

Ik schrik hevig. James Joyce gaat me helpen met schrijven?

'Geloof me maar. Ik ga je echt helpen. Dat betekent niet dat je een of ander literair esthetisch verantwoord meesterwerk moet produceren, maak je geen zorgen. Ik ga je helpen om het vel van je ziel te schrijven.'

'Boy oh boy,' zeg ik zachtjes.

Er klinkt een kort lachje.

'Dat zei ik ook altijd, boy oh boy.'

'Echt?'

'Echt.'

Ik ben er stil van. Dit is te veel om ineens te bevatten.

'Eerlijk gezegd klinkt het me niet erg aangenaam in mijn oren om het vel van mijn ziel te schrijven. Dat kan ik vast niet. Wat een rare uitdrukking trouwens.'

'Het is de enige weg om werkelijk iets te bereiken. Kom, maak je niet druk, laten we van deze heerlijke wijn proeven.'

Ik neem een slokje en zeg niets. Ik laat de woorden nog eens tot me doordringen: het vel van mijn ziel schrijven. Ineens heb ik geen enkele zin meer om wat dan ook te schrijven.

'Kijk eens.'

Ik kijk naar een tarotkaart.

'Remember?'

Ja, ik herinner me die kaart zeker. De Duivel, die me de gelegenheid zou geven enkele hoorns af te stoten en het stiefkind tevoorschijn te halen.

'Ja, die herinner ik me,' zeg ik, 'maar ik heb geen idee wat ik verondersteld word te doen.'

'Volg je pad, let op de tekens en wees vooral niet bang. Het is tijd dat je de wereld laat zien wie je echt bent. Loop niet langer weg voor je eigen kracht, de rest komt vanzelf.'

Ik zwijg en neem nog een paar slokken van de heerlijke wijn.

'Smaakt goed, vind je niet?'

'Ja, heerlijk,' zeg ik.

James zet zijn glas weg. Zwijgend varen we verder, terwijl bij mij het besef groeit dat ik eerder tijd met hem door heb gebracht.

'James?'

'Yes?'

'Ik heb het gevoel dat ik je moet kennen, klopt dat?'

'Dat klopt. We hebben een eerder leven gedeeld, en wel in Zweden, enkele eeuwen geleden. Ik was je vader. In dat leven hebben je moeder, je zusjes en broertjes en ik je op jonge leeftijd moeten verlaten. Je neiging om altijd te laat aan tafel te komen heeft je het leven gered. Je bleef alleen achter en ging noodgedwongen bij je oom wonen. Het is geen makkelijk leven voor je geweest. Dat is een van de redenen waarom ik blij ben je nu te mogen ondersteunen.'

De woorden worden met zo veel warmte en liefde uitgesproken dat ik me diep geroerd voel.

Ik kijk James nog eens goed aan. Zijn ogen lijken meer

te zien dan mijn buitenkant. Ze lijken mijn angsten en mijn verlangens te kennen, mij te kennen zoals ik dat zelf nog niet eens doe. Het is alsof ik hier met hem meer mezelf kan zijn dan waar dan ook. Een vredig gevoel maakt zich van me meester. Langzaam val ik in slaap, om even later wakker te worden in mijn woonkamer.

'Belachelijk,' roep ik, 'onmogelijk. Eva, je bent bezig stapeldol te worden. Nog even en je wordt afgevoerd naar een prettig landelijk gelegen instituut.'

Ik doe de gordijnen open, stop de stekker van de telefoon weer in het stopcontact en ga de was opvouwen.

'Gewoon aan het werk, en op driedimensionaal niveau graag.'

Even denk ik aan de tarotkaart van de Duivel die James Joyce me liet zien. Zou ik mijn horens misschien af kunnen stoten door het vel van mijn ziel te schrijven?

22

Februari 2009

Succes. De koning gaat naar zijn tempel. Voordeel door de grote man te zien. Grote offers brengen geluk. Voordeel door een doel te hebben.

In de verte hoor ik de saaie stem van de docent. Ik kijk voor de zoveelste keer op mijn horloge. Het is al lang tijd. Waarom stopt die man niet met zijn stomme les? Geërgerd blijf ik nog even zitten, tot ik het niet meer uithoud. Ik sta op en loop het lokaal en de school uit.

Eenmaal bij de poort zie ik een bus aankomen. De bus stopt en ik stap in. Na een korte route door de stad rijden we langs een groot meer. Het is een prachtige, zonnige winterdag. Er ligt verse sneeuw langs de weg, de strakblauwe lucht steekt er scherp bij af. De sneeuw en het meer liggen te schitteren in de zon. De bus maakt een lange rit en het meer lijkt eindeloos.

Na de zoveelste bocht doemt een hoge brug op, die in een grote boog naar de andere, onzichtbare kant van het meer loopt. De brug glinstert al net zo hevig in de zon als de sneeuw en het meer doen, het is net een regenboog. Ik moet naar de overkant. Ik probeer de brug in de gaten te houden, maar steeds verdwijnt hij uit beeld. Ik lijk maar niet dichterbij te komen. Steeds opnieuw doemt de brug op, maar blijft te ver weg om uit de bus te kunnen stappen en aan de tocht naar de overkant te beginnen.

De bus stopt. Ik houd het niet meer uit en wil uitstappen. Net op het moment dat ik mijn voet op de treeplank zet grijpt de buschauffeur me bij mijn arm. Ik probeer me los te rukken, maar zijn greep is te stevig. Boos draai ik me naar hem om.

'Als je er hier uitstapt val je in het water en zul je verdrinken. Wacht tot we dichter bij de brug zijn,' zegt de buschauffeur.

Ik kijk de man nog even boos aan en draai mijn hoofd weer naar het water. Dat ziet er inderdaad woest uit. Hier en daar kolkt het zelfs. Ik draai me opnieuw naar de chauffeur. Het is de meest bizarre man die ik ooit heb gezien. De helft van zijn gezicht is bedekt met een wijnvlek. Hij draagt een vreemd uitziende duikbril en op zijn hoofd heeft hij een rubberen muts die wiebelt als de kam van een haan. In zijn mond heeft hij twee tuten. Het lijken wel fopspenen. Ik hoor zuurstof door die tuten lopen. De man doet me denken aan Jar Jar Binks uit die ontzettend lieve, altijd behulpzame figuur die Luke Skywalker als zijn schaduw volgt. Ik kan mijn blik niet van die bizarre man afhouden en zie een paar ogen die me liefdevol aankijken door de vreemde duikbril. Hij wil me helpen, dat is duidelijk, en hij lijkt precies te weten wat hij doet. Ik loop terug naar mijn stoel en de bus rijdt verder.

Een half uurtje later, na de zoveelste bocht, doemt er een immens gebouw op. De bus stopt en iedereen stapt uit. Ik ook, zonder nog aan de buschauffeur te denken, zo geobsedeerd ben ik door het gebouw.

Ik loop mee met een grote stroom mensen en versnel mijn pas, tot twee mannen me beetgrijpen. De ene man begint gierend van de lach hard op mijn hoofd te tikken terwijl hij 'kip, kip, kip' roept. De ander begint te schateren. Ik word razend. Ze drukken me nog eens extra stevig tegen zich aan. Ik geef de eerste man een flinke schop tegen zijn scheenbeen en duw de ander met alle macht van me af. Ze vloeken en tieren, maar ik ben ze kwijt.

Eindelijk ben ik in het gebouw. Wat een drukte, vreselijk. Hoe kom ik ooit door deze mensenmassa heen? Ik loop trap op, trap af, tot ik in een grote zaal vol mensen kom.

Iedereen die ik zie is chique gekleed en iedereen draagt diamanten, niemand uitgezonderd. Op een podium voor in de zaal lopen jonge kinderen heen en weer. Ze zijn piekfijn gekleed; de meisjes hebben donkerblauwe jurkjes aan met een wit kanten kraagje en de jongens een donkerblauw pak met een vlinderstrikje. Alle kinderen dragen lakschoentjes. Verbijsterd blijf ik naar dit vreemde tafereel kijken.

'Rechtop lopen, haal je handen uit je zak, say cheese,' hoor ik de mensen in de zaal naar hun kinderen op het podium roepen. De ouders proberen hun kinderen tot winnaar van de competitie te laten uitroepen. Daar hangt alles van af. De juryleden, die op een rij voor het podium zitten, dragen allemaal een toga en een pruik, net zoals Engelse rechters. Van onder hun pruiken kijken ze streng naar de kinderen.

Het is ijskoud in die enorme zaal. Binnen een paar minuten ben ik tot op mijn botten verkleumd. Toch moet ik de zaal helemaal door lopen, omdat het de enige manier is om in de buurt van de brug te komen. Ik kom weer in beweging, maar de mensen in de zaal belemmeren me de weg. Ik schiet maar niet op. Steeds bots ik tegen iemand op, die me vervolgens zeer onvriendelijk bejegent. Ik voel me hopeloos worden, maar ik zet door.

Eindelijk bereik ik de andere kant. Ik duw de deur open en loop plotseling tussen allemaal mensen met ski's. In plaats van naar boven, waar de brug begint, word ik gedwongen naar beneden te lopen. In de kelder zie ik dat iedereen skischoenen aantrekt. Nergens zie ik echter schoenen die van mij zijn, en er is geen enkel paar over. Verslagen loop ik nog even rond, maar al snel wordt me duidelijk dat ik terug moet

richting de zaal, want ergens onderweg staan mijn schoenen. Ik loop terug, vastbesloten om ze te vinden. Zonder de
schoenen kan ik de brug niet oversteken, omdat hij te steil
en te glad is.

Terwijl ik mijn schoenen nog aan het zoeken ben word
ik wakker.

23

Februari 2009

*Aanpakken van wat door de moeder bedorven is. Standvastigheid is
niet mogelijk.*

'En…?'
Gabrielle kijkt me vragend aan.
'Hoe is het gegaan?'
'De 3D- en 5D-oefeningen gingen goed, tot ik terugging
naar het huis aan het meer. Sindsdien weet ik het niet meer.
Ik dacht dat ik tekens had gekregen, maar ik ben aan alles
gaan twijfelen, want, nou ja, ik vertrouw het voor geen cent.
Laat maar. Laten we verder gaan waar we gebleven waren,'
zeg ik.
'Je kunt me beter vertellen wat je zo doet twijfelen,' zegt
Gabrielle.
'Ik geloof dat ik fantasie en werkelijkheid door elkaar
haal. Ik kan er geen touw meer aan vastknopen. Ik weet niet
meer wat ik waarneem.'
'Als je eens bij het begin begint. De tekenen bijvoorbeeld,
hoe ging dat?'
Haperend doe ik mijn relaas. Ik begin bij het dikke boek
dat op mijn voet viel, het krantenartikel en de boeken van
Sofia, en eindig bij de boottocht over het meer.
'Waarom vertrouw je niet op je waarneming?' vraagt
Gabrielle.
'James Joyce, ga toch weg… Waarom zou hij me helpen?'
'Waarom niet? Waar hij nu is zijn andere beweegredenen
belangrijker dan roem, denk je ook niet?'

'Ja, waarschijnlijk wel,' moet ik toegeven.

Gabrielle is even stil. Ze houdt haar hoofd stil, alsof ze luistert.

'Je gids laat weten dat het wel degelijk James Joyce is die je helpt. Hij heeft daar toestemming voor van hogerhand.'

Weer luistert Gabrielle.

'Het is van groot belang dat je nooit meer twijfelt aan je eigen waarnemingen. Je ondermijnt en onderschat jezelf. Wat je te doen hebt dient een hoger doel, daarom krijg je alle hulp die nodig is. Het is belangrijk dat je leert te vertrouwen op je eigen waarnemingen. Je gids zegt: "Je mag het jezelf niet meer aandoen om geen vertrouwen te hebben in jezelf. Voel wat zich in je lichaam afspeelt; dat liegt nooit, want daartoe is het niet in staat." Wat er nu is gebeurd, is gebaseerd op de blokkade in jezelf waar we het de vorige keer over hebben gehad. Je moet absoluut met je familie aan het werk.'

'Hoe?' vraag ik. 'Ik heb geen idee. Wat moet ik doen met mijn familie? Waar zit het hem dan in?'

'De enige ingang die ik je kan bieden is wat ik in je aura waarneem. Ik zie dat het hele gebied van de onderste chakra's en het vijfde chakra blokkades heeft. Je uit niet wat er in je leeft, dat is één. Je energie lekt weg, dat is twee. En drie: er is iets gebeurd wat maakte dat je je heel onveilig ging voelen. Dat kan één gebeurtenis zijn geweest, maar het kan ook een patroon in jullie gezin betreffen, of allebei. Het is jouw taak om dat uit te zoeken. Pak een gebeurtenis van vroeger bij de kop die grote indruk op je heeft gemaakt en volg daarvan het spoor. Het is maar een manier, hoor. Misschien weet je zelf een andere.'

Ik knik en voel me doodmoe bij het idee iets uit te zoeken wat met mijn familie te maken heeft.

'Hoe ging het oefenen met het waarnemen op 3D- en 5D-niveau?'

'Goed. Ik ben er alleen mee gestopt nadat ik James Joyce heb ontmoet.'

'Gewoon mee doorgaan,' antwoordt Gabrielle. 'Wat zou je vandaag willen oefenen?'

'Ik zou weleens willen weten wanneer ik iets op vijfdimensionaal niveau kan zeggen en wanneer niet. Ik heb af en toe het gevoel of ik Chinees spreek als ik de reacties van sommige mensen zie. Het lijkt ook weleens of niemand mij hoort.'

'Dat is een bekend fenomeen voor lichtwerkers. Als het lijkt alsof niemand je hoort, weet je zeker dat je iets hebt gezegd op vijfdimensionaal niveau. Dat is te fijnstoffelijk en arriveert niet. Ik zal je de stoplichtmethode uitleggen, zodat je weet wanneer je iets op dat niveau kunt zeggen en wanneer niet. Neem eens een persoon in gedachten. De eerste de beste die je te binnen schiet.'

'Max,' zeg ik prompt.

'Goed. Ik hoef niets te weten van Max. Het enige wat ik wil is dat je een situatie in gedachten neemt waarin je je afvroeg wat je wel of niet kon zeggen.'

'Oh, dat is niet moeilijk,' antwoord ik.

'Vertel even, dan kijk ik mee.'

'Ik was bij Max om samen met hem een verklaring op te stellen. Daarna liepen we de trap af. Terwijl ik naast hem liep, kreeg ik ineens het gevoel dat hij een moeilijke tijd tegemoet ging. Ik zag dat hij zelf geen idee had wat hem te wachten stond, en ook dat hij veel te veel hooi op zijn vork nam. Het liefst had ik hem gezegd op te passen, eens nee te zeggen en rustiger aan te doen met zijn werk, maar ik had het gevoel dat hij dit niet zou hebben geaccepteerd.'

'Een goed voorbeeld. Stel je nu een stoplicht voor. Je loopt naast Max de trap af en je krijgt deze gevoelens. Welke kleur krijgt het stoplicht bij de vraag of je hem kunt waarschuwen?'

'Rood,' zeg ik zonder nog verder na te hoeven denken.

'Klopt,' zegt Gabrielle, 'dat zag ik ook. Max, wie het ook is, is nog niet zover dat hij aan 3D voorbij kan gaan en kan accepteren dat er meer is wat kan worden waargenomen. Wacht daarmee tot hij zelf aangeeft daar iets over te willen horen. We nemen er nog een.'

'Sofia. Ik merkte vorige week dat zij me niet had verteld dat ze een week vakantie had. Toevallig belde ik even naar haar werk en kreeg een invaller aan de telefoon. Ik zag Sofia zich in mijn gedachten van me afdraaien op het moment dat ik het ontdekte. Ik heb het gevoel dat ik haar, door alles wat ik aan het doen ben, aan het twijfelen breng over haar eigen pad, en dat ze dat niet wil. Doe ik er goed aan dit bespreekbaar te maken?'

'Oké, kijk maar naar het stoplicht,' zegt Gabrielle.

'Oranje. Hoe interpreteer ik dat?'

'Ik zag ook oranje. Het betekent dat er iets in jou zit wat aarzelt om het bespreekbaar te maken. Het gaat niet alleen over de angst van Sofia, maar ook over die van jezelf,' antwoordt Gabrielle.

'Dat kan kloppen. Bij Sofia heb ik moeite om problemen bespreekbaar te maken vanwege haar felle manier van reageren. Maar ook omdat ik me nog niet zeker voel over alles wat er gebeurt en wat ik waarneem.'

'Als er angst in het spel is, is het wijs op driedimensionaal niveau te reageren, tenzij je weet dat die ander je op een ander niveau kan volgen. Als opdracht geef ik je deze keer mee om regelmatig stil te zitten, je ogen te sluiten en zo breed mogelijk waar te nemen. Voel wat je echt voelt, maak je breder dan je lichamelijke grenzen, spreid je waarneming uit zover je kan en neem alles waar wat je maar waar kunt nemen: kleuren, zware of lichte energie, het gevoel dat je hebt als je waarneemt, vage stemmetjes in jezelf, andere energieën dan die van jou, wat dan ook. Het is de manier waarop sjamanen waarnemen. In feite neem je trillingen waar, maar houd het eerst maar bij de andere onderscheidingen.'

Twee weken lang blijft het stil. De telefoon gaat nauwelijks, geen mens verlangt naar mijn gezelschap en ik verlang ook niet naar dat van anderen. Ik weet nog steeds niet wat ik met mijn familie heb uit te zoeken, dus kan ik nog niets ondernemen. Het is alsof de wereld aanvoelt hoe moe ik ben. Tot me een bericht bereikt.

24

Maart 2009

Gunstige terugtocht. Standvastigheid geeft geluk.

Lieve reizigers,

Veel nieuws in korte tijd! Zoals we al eerder hebben aangekondigd zijn we verhuisd naar een fantastische plek met meer ruimte voor de voortzetting van onze activiteiten. We zitten nog midden in een verbouwing maar gaan onverwacht en op korte termijn een vierdaagse organiseren.

Een jaar geleden hebben we Don Alberto, een sjamaan uit Peru, gevraagd om onze reizigers in te komen wijden in het sjamanisme. Lang hoorden we niets, tot ons eergisteren het bericht bereikte dat Don Alberto al over drie weken in Nederland zal arriveren. Deze kans willen we niet voorbij laten gaan. We beseffen dat we niet veel tijd hebben om de organisatie rond te krijgen, maar we zullen ons best doen.

Zoals jullie in een eerder bericht hebben kunnen lezen, willen we naast het organiseren van zielenreizen starten met het trainen van sjamanistische technieken. Don Alberto zal samen met sjamaan en tolk Richard de vierdaagse verzorgen. In deze vierdaagse zullen jullie de basisprincipes van het sjamanisme leren kennen en ingewijd worden door middel van enkele ceremoniën.

Zes weken daarna willen we in een weekend een vervolg organiseren om jullie bekend te maken met Soul Retrieval. Dit weekend wordt door ons begeleid.

Graag per omgaande bericht of je interesse hebt, dit in verband met

de korte tijd die ons rest om de organisatie rond te krijgen. Er is
een maximum aantal deelnemers vanwege de grootte van de yurt
die we zullen huren voor de eerste bijeenkomst met Don Alberto.

Drie weken later arriveer ik bij de boerderij waar de ceremonies en de trainingen vanaf nu gehouden zullen worden.
Ik stap met mijn spullen de yurt in, zoek een geschikte
plek voor mezelf en richt die zo aangenaam mogelijk in.

Het is flink koud, maar binnen in de yurt brandt een
houtkachel. Het stroomt snel vol. Hier en daar zie ik een
bekend gezicht. Ik begroet die mensen blij en voel me
thuis. Aan één kant is een plek ingericht voor de sjamanen.

Op het moment dat iedereen zich heeft geïnstalleerd
komen de vertrouwde begeleiders binnen. Kort worden de
regels en het programma voor deze dag en de daaropvolgende dagen uitgelegd.

Een half uur later stappen twee mannen de yurt in. De
één in traditionele Incakleding, de ander in gewone kleding. Er valt een stilte. Ook de twee mannen installeren
zich. De Incaman kauwt op iets wat ongetwijfeld cocabladeren zijn. Eenmaal geïnstalleerd staat de man met de gewone kleding op en heet ons welkom. Hij spreekt vloeiend
Engels en stelt zichzelf als Richard en de Incaman als Don
Alberto voor. Om theorie en praktijk goed op elkaar af te
stemmen zullen de teachings en ceremoniën elkaar afwis-
selen.

's Middags sta ik in slip en bh bibberend van de kou aan de
rand van een meer. Ik lijk wel gek!

Don Alberto staat met een geamuseerde blik tot zijn
knieën in het water en zingt ondertussen onophoudelijk
hetzelfde lied, waarmee hij de spirit van het water aan-

roept voor de waterceremonie. Vanaf de kant zingen wij met hem mee.

Eenmaal in het ijskoude water snak ik naar adem. Ik krijg een grote emmer water over me heen gegooid en dompel mezelf daarna nog kopje onder. Bibberend en klappertandend kijk ik even later weer vanaf de kant naar Don Alberto, die de hele ceremonie onaangedaan in het water blijft staan.

De ochtend van de derde dag lopen we over een windstille hei. Onder een enorme boom maken we met instructies van Richard de plek voor de windceremonie in orde. Don Alberto klimt in de boom om alle loszittende takken te verwijderen. Waar dat goed voor is mag Joost weten, het is windstil.

Als alles is zoals het moet zijn maken we een grote kring, terwijl Don Alberto zingt om de windspirit aan te roepen. Ik kijk om me heen naar de prachtige natuur en naar de geboeide gezichten van al die verschillende mensen. Kon het altijd maar zo zijn, denk ik. Niemand die zich meer voelt dan de ander, niemand die de ander probeert af te troeven. Recht tegenover me zit een man met een van de hoogste functies bij een grote internationale bank. Wie zou vermoeden dat die man teachings van een sjamaan uit Peru bijwoont?

Een kwartier later steekt een stevige wind op en de boom zwiept heen en weer terwijl het restant aan bladeren naar beneden dwarrelt. Verbijsterd kijken we allemaal naar die kleine man met zijn smoezelige kleding, die onverstoorbaar doorgaat met zingen en dansen. Even snel als de wind is opgestoken gaat hij weer liggen. Ik ben vol ontzag.

Na de ceremonie lopen we terug naar de yurt. Voor ons uit loopt Don Alberto, alsof hij al jaren in deze streek woont. Onderweg realiseer ik me hoe gelukkig ik me voel met alleen maar de natuur om me heen. De westerse leefwijze kan me gestolen worden. Helemaal als ik denk aan de juridische kwesties waar ik mee te maken heb sinds ik mijn werk niet meer kan doen, en aan al die volle agenda's van de mensen hier om me heen. Als je het mij vraagt zijn we volslagen de weg kwijt.

De vierde dag is gereserveerd voor individuele consulten. Ik heb me daarvoor aangemeld en ben als een na laatste aan de beurt. Ik loop de ruimte in en ga op uitnodiging van Richard voor Don Alberto zitten.

'Why are you here?' vraagt Richard.

'Four years ago I had a car accident. Due to this accident I am still having health problems.'

Richard vertaalt wat ik zeg aan Don Alberto. Deze heeft me ondertussen scherp opgenomen, en al kauwend op zijn cocabladeren begint hij te vertellen. Richard vertaalt: 'Don Alberto lets you know that when a person has a traumatic experience, a part of his soul stays behind. Go to the place where you had the accident, put some of your hair and nails in a piece of paper and burry it nearby. Ask the spirit of the wind to bring back the part of your soul you lost when the accident took place.'

Don Alberto pakt ondertussen een lange holle houten pijp, die aan het geruis te horen met zaadjes is gevuld. Hij gebaart dat ik moet gaan liggen. Hij legt de pijp op mijn buik en begint te zingen en te dansen. Ik word een beetje slaperig, tot ik ineens een klik voel; alsof twee delen in elkaar zijn geschoven en weer vast zijn gezet. Klaarwakker ben ik.

De dag erna zit ik thuis met een gevoel alsof ik een alien ben. Ik bekijk de spullen in mijn huis alsof ik ze voor het eerst zie.

Wat moet ik ermee? Ik was zo intens gelukkig in de yurt, met al die gelijkgestemde mensen, en buiten in de natuur in mijn oude jeans en dikke trui.

Af en toe kijk ik door mijn keukenraam naar het plein, waar niemand te zien is. Iedereen is aan het werk om die avond doodmoe terug te komen, snel iets te eten, om daarna onderuitgezakt naar het journaal te kijken en vervolgens naar een spelletjesprogramma te staren dat zelfs de ergste randdebiel kan begrijpen. Waar zijn we in hemelsnaam mee bezig?

Het duurt een paar dagen voordat ik me weer een beetje thuis voel in mijn eigen leven.

Een week later ga ik 's avonds op weg met een klein pakketje haren en nagels om mijn verloren zielsdeel terug te roepen. Ik heb het zo gepland dat het donker is als ik het pakketje langs de snelweg begraaf en mijn ceremonie houd.

Het valt niet mee om een plek te vinden waar ik ongestoord mijn gang kan gaan. Terwijl het verkeer langs raast lukt het me om het pakketje vlak bij de plek te begraven waar de auto achter op die van mij reed. Terwijl ik bezig ben werp ik af en toe een blik om me heen, om te zien of er niet iemand is die zich afvraagt wat ik daar toch aan het doen ben.

'Haren en nagels begraven, meneer. Geen kinderlijkje, heus niet,' zeg ik tegen alle denkbeeldige ogen die in mijn rug branden.

25

Mei 2009

Een paard betekent dat je je goed kunt verplaatsen. Ook zegt het dat de geest tot je beschikking staat. Een notabele zit op een berg geld; maatschappelijk succes. Er is een platform, hogere machten zijn bepalend. Een notabele ontvangt een geschrift vanaf het platform. Je zult invloed hebben. Zijn paard heeft hij bij zich. Je hebt een opdracht in de wereld.

De weken komen en gaan, tot het tijd is voor het tweede sjamanenweekend. Deze keer is de groep een stuk kleiner. Er is geen yurt nodig en we installeren ons met z'n twintigen in de ceremonieruimte.

De begeleider begint op een enorme hangende trommel te slaan. Tot diep in mijn lijf voel ik de trilling. De stilte erna is oorverdovend.

'Wat komen jullie hier doen?'

De vraag blijft als een echo in de ruimte hangen. Niemand zegt een woord.

'Die vraag gaan jullie en ook wij, de begeleiders, zo be-antwoorden. Jullie zien een serie kaarten in het midden liggen. Ieder van jullie mag een kaart pakken. Doe dat heel bewust. De kaart zal je iets vertellen. Jullie beantwoorden één voor één de vraag, daarna vertel je wat de kaart je laat weten. Om de kaart beter te begrijpen kun je het bijbeho-rende boek gebruiken. Aan het werk, lieve mensen.'

Ik kijk naar de kaarten, tot één me als het ware naar zich toe trekt. *Wachters van Anubisschild*, lees ik, met als ondert-tel: *Het oude sterft voor het nieuwe geboren kan worden. Afwegen, opruimen, dood en initiatie* Het boek geeft toelichting. Twee Anubisgoden bewaken de poort naar de dood. Er is een tunnel met een oranje gloed. Door de poort heen naar de kern gaan, al het oude afleggen en opruimen. Transformatie door vuur, dat wil oranje zeggen. Het stervensproces kan betekenen dat je overtuigingen, gehechtheden en bindingen loslaat die je niet meer dienen. Dat wat je loslaat gaat op in het groter geheel en wordt opgeruimd door de jakhals; de Anubis. Vraag je af wat echt bij je hoort en wat niet. Het proces zal pijnlijk zijn. Zet door, het geeft nieuwe wijsheid. Bedenk: met de Anubisenergie valt niet te spotten.

Loslaten is dus gehechtheid loslaten, denk ik, en niets anders dan onafhankelijk zijn van iets of iemand. Maar dan vind ik het minder moeilijk om Max los te laten. Ik ben in de verste verte niet van hem afhankelijk, toch?

'Eva, mag ik met jou beginnen?' vraagt de begeleider.

'Ja, dat is goed,' zeg ik, terwijl ik me losmaak van het beeld van Max en weer naar mijn kaart kijk.

'Waarom ik hier ben? Omdat ik nog steeds op zoek ben naar mijn bezieling, naar iets wat me weer raakt en me energie geeft om uit de leegte te komen waar ik me in gevangen voel. Ik grijp alles aan waarvan ik denk dat het me iets verder kan brengen op mijn zoektocht.

De kaart die ik trok heet de wachters van de Anubisgoden. Heel toepasselijk, vind ik. Sinds het ongeluk en de eerste zielenreis is er heel wat gebeurd in mijn leven. Ik laat veel oude zaken en gewoonten los, kijk anders tegen mijn leven aan, ben andere dingen belangrijk gaan vinden en ineens begrijp ik ook wat loslaten inhoudt. Dat advies krijg ik nogal eens. Voor mijn gevoel ben ik nu, hopelijk tijdelijk, in niemandsland terechtgekomen. Het is alsof ik met het ene been in de ene werkelijkheid sta en met het andere been in een andere. Om blokkades in mezelf te kunnen opruimen schijn ik nog iets met mijn familie uit te zoeken te hebben, maar ik weet niet wat het is en al helemaal niet hoe ik dat zou moeten doen. Dat is een van de vragen waarmee ik hiernaartoe ben gekomen.

Verder heb ik een paar maanden geleden een indrukwekkende droom gehad die me volgens mij iets duidelijk wilde maken. Ik hoop dat me dit weekend duidelijk wordt wat het precies is dat de droom me wilde laten weten.'

'Wil je ons je droom vertellen?' vraagt de begeleider.

Ik vertel over de droom waarin ik op zoek ben naar skischoenen waarmee ik de gekleurde brug kan oversteken. 'Ik heb ze volgens mij nog steeds niet gevonden. Dat ik die brug niet over kon was heel frustrerend. Ik hoop in dit weekend verder te komen, zowel wat mijn familie betreft als wat de brug betreft.'

'Ik kan je bijna verzekeren dat je verder zult komen. Wat de regenboogkleuren betreft: sjamanen gebruiken deze kleuren om met de geestenwereld en het dodenrijk te communiceren; ze gaan de brug over om dat te doen. Schoenen, en zeker zware skischoenen zouden op een sterkere behoefte aan verbinding met de aarde kunnen wijzen, wellicht om je de te kracht geven om te doen wat je hebt te doen. Misschien dat deze informatie je al iets kan helpen.'

'Absoluut, dank je wel.'

Een voor een vertellen de anderen hun doel en wat de kaart laat weten.

Na een korte pauze gaan we door middel van een geleide meditatie verder om ons krachtdier te ontmoeten.

'Stel, je loopt door een donker bos, op zoek naar een plek om uit te rusten. Je volgt het ene pad na het andere en eindelijk zie je in de verte een geschikte plek. Loop erheen en ga zitten. Kijk eens goed hoe de plek eruitziet. Neem de tijd, en neem vooral zo breed mogelijk waar wat je allemaal ziet. Onbewust neem je namelijk veel meer waar dan bewust. Maak het onbewuste dus bewust,' zegt de begeleider.

Ik ben aan de rand van een bos terechtgekomen. Beneden me is een dal dat baadt in het zonlicht, het ziet er vredig uit. Ik zie wuivende korenvelden waarlangs een boer op een tractor rijdt. Aan de overkant van het dal is vaag een hoge brug te zien, die schittert in het zonlicht.

Voordat ik verder kan kijken voel ik de nabijheid van een dier. Ik kijk rechts naast me en zie een wolf. Nee, ik weet dat het een wolvin is. Ze zit majesteitelijk rechtop en kijkt in dezelfde richting als ik, ze neemt haar omgeving scherp op. Ik wend mijn blik weer van haar af en neem net als zij de omgeving zo goed mogelijk in mij op. Dan besluit ik om op te staan en het dal in te lopen. Direct grijpt de wolvin in.

'Een wolf loopt niet zomaar ergens naartoe, maar verkent eerst zorgvuldig de omgeving. Ook een vredig ogend dal kan gevaren bevatten. Waarom zou je jezelf onnodig blootgeven? Het gaat om het doel dat je wilt bereiken. Dat moet je niet uit het oog verliezen,' zegt ze, zonder daadwerkelijk te spreken.

Ik voel me helemaal op mijn gemak met de wolvin naast me en ga weer zitten, om naar het vredig ogende dal te kijken. Vanuit mijn ooghoeken zie ik plotseling een trein die langzaam in de richting van de hoge brug rijdt. Het is een ouderwetse stoomtrein; ik hoor het tjoeketjoekgeluid en zie de stoomwolken uit de locomotief komen. Ik volg de trein en bedenk dat ik dus niet naar de brug hoef te lopen, maar het station waar de trein vertrekt moet zien te vinden. Ik wil verder kijken maar de begeleiders beëindigen de visualisatie.

'Lieve mensen,' gaat de begeleider verder, 'de volgende stap zal zijn om een bezoek aan de onderwereld brengen. Het is voor de meeste mensen makkelijker om dit te doen als het donker is. Sluit de gordijnen en zoek een plek om te kunnen liggen.'

Weer volgen we een geleide meditatie. 'Creëer een prettige en veilige plek voor jezelf of denk aan een bestaande plek waar je je goed voelt.'

Ik heb geen idee hoe en waarom ik de plek kies, maar ik ben ineens in Zuid-Frankrijk bij een groot oud huis dat van mij lijkt te zijn. In het huis loopt een man die mijn partner is, ik zit buiten in de zon.

'Zoek nu een gat in de grond of een deur met een trap naar beneden. Laat jezelf door het gat zakken of loop de trap af. Voordat je dat doet begin je met een verbonden ademhaling. Een diepe ademhaling brengt een verbinding met de ziel tot stand. De ziel is de verbinding tussen je fysieke lichaam en je astrale lichaam of je hoger zelf. Adem daarom diep in en meteen weer uit, geen pauzes. Ik geef een seintje als je op stap kunt gaan naar de onderwereld.'

Slechts de diepe ademhalingen van alle deelnemers zijn nog te horen.

'Ga je gang,' hoor ik al snel.

Ik heb een krakkemikkig oud schuurtje gecreëerd met een scheef hangende deur. Ik doe de deur open en zie een oude houten trap naar beneden. Eenmaal beneden wacht ik even tot mijn ogen aan het donker zijn gewend. Als het zover is zie ik een smalle gang voor me. Aarzelend loop ik naar binnen. Ik blijf lopen, gang in, gang uit, en hoe verder ik kom, hoe smaller de gangen worden. De muren veranderen langzaam in een bergwand. Een eindje verder stopt aan de ene kant de bergwand en loop ik langs een diep ravijn.

Vervolgens moet ik bukken om onder een klein poortje door te kunnen, en ik kom opnieuw in een smalle gang. Terwijl ik door die gang loop hoor ik iemand alsmaar heel diep zuchten. De zuchten worden afgewisseld met diepe snikken. Ik voel me onbehaaglijk worden en versnel mijn pas. Ik loop door tot ik in een grote, hoge ruimte kom die eruitziet als een enorme grot. Plotseling staat er een klein gebocheld mannetje voor me.

'Ah,' zegt hij, 'de zuchtster.'

'De wat?' vraag ik.

'De zuchtster. De gang waar je net uitkomt heet de gang van de duizend zuchten, hij is gevuld met jouw zuchten,' zegt het mannetje.

'Allemaal van mij?'

'Ja. Al jouw zuchten hebben zich in die gang verzameld. Je moest er doorheen lopen om ze nog een keer te horen. Je kunt nu stoppen met zuchten. Het is klaar.'

Ik begrijp er niets van, maar krijg niet de tijd om er vragen over te stellen. Het mannetje grijpt mijn hand en leidt me verder. Ik heb de grootste moeite om zijn tempo bij te houden. Weer is het gang in, gang uit, tot we stilstaan voor een dikke houten deur. Hij klopt aan, doet de deur open en laat me naar binnen gaan.

Ik sta in een klein kamertje, met waar ik ook kijk boekenkasten vol dossiers tegen de wanden. Voor me staat een heel oud, houten bureau met ook daarop dossiers. Erachter zit een man met een donker pak en een stalen brilletje. Hij kijkt op en ik zie dat hij Chinees is.

'Wat kan ik voor je doen?' vraagt de man.

'Ik wil graag weten hoe ik het best verder kan in mijn leven, wat ik te doen heb,' antwoord ik.

'Ga zitten,' zegt de man en pakt ondertussen een dossier, waarin hij even bladert. Dan zegt hij: 'Je hebt de juiste geestelijke en lichamelijke voeding nodig, zodat je door de schaduw heen kunt gaan om helderheid te krijgen. Is dat duidelijk?'

'Hoe kan ik door de schaduw heen gaan?' vraag ik.

'Aangaan wat op je weg komt, niet weglopen, geen smoezen verzinnen,' antwoordt de man. Daarmee is mijn tijd op, want hij sluit het dossier en gaat verder met waar hij voor mijn komst mee bezig was.

Buiten staat het gebochelde mannetje op me te wachten. Hij pakt me weer bij mijn hand en rent in ijltempo terug naar de plek waar hij me heeft opgepikt. Even later zit ik weer in de tuin bij het landhuis.

Buiten is het inmiddels al aan het schemeren. We krijgen geen lunch en geen avondeten, omdat we moeten vasten vanwege de ayahuasca-ceremonie op de laatste dag. Thee, bouillon en een appel, daar moeten we het mee doen. 's Avonds maken we een kampvuur, zingen liederen en luisteren naar de trommels. 's Nachts kan ik niet slapen.

26

Mei 2009

Donder en regen zetten in: de bevrijding. Overeenkomstig: de leer-
ling vergeeft fouten en schuld.

De avond van de volgende dag liggen we in tweetallen in
de verduisterde ceremonieruimte op matrassen voor een
soul retrieval.

'Ligt iedereen comfortabel?'

Er klinkt instemmend gemurmel.

'Goed, dan gaan we beginnen. Stel vast wie als eerst
aan het werk gaat voor de ander. Vraag de ander welke
vraag hij of zij beantwoord wil zien. Vervolgens beginnen
jullie allemaal met een diepe en verbonden ademhaling
gedurende enkele minuten, dus niet alleen degenen die
het antwoord op de vraag gaan ophalen. Daarna volgt de
ademhaling van de kleine dood.'

Ik overleg met de vrouw naast me, mijn partner voor
de soul retrieval. Die middag hebben we een eind gewan-
deld met de gekozen partner, om de ander een beetje te
leren kennen. Ik weet dat mijn partner kanker heeft.

'Wil jij beginnen met informatie ophalen?' vraagt ze.

'Dat is goed,' antwoord ik. 'Wat is je vraag?'

'Hoe kan ik genezen?'

'Goed,' zeg ik, 'laten we beginnen.'

Samen beginnen we met de voorgeschreven ademhaling, tot een van de begeleiders aangeeft dat het voldoende
is en dat we opnieuw met de vraag van de partner naar de
onderwereld kunnen gaan om het antwoord op te halen.

'Ook goed op de beelden letten die je tegenkomt,' is de laatste instructie die we krijgen.

Ik ga op stap, loop de trap af in mijn vervallen schuurtje en begin aan mijn tocht door de gangen. Al gauw verschijnen er beelden en hoor ik instructies. Ik zie een man van ongeveer zestig jaar met een bril op, naast hem staat mijn partner. De man kijkt van haar weg.

'Let eens goed op hem,' instrueert de stem. 'Wat doet hij en wat niet? Waar is hij bang voor?'

Ondertussen weet ik ineens dat mijn partner niet wordt gesteund door haar omgeving en dat ze alles wat haar ziekte betreft alleen draagt. Ze heeft veel in haar leven opgegeven voor anderen en vooral voor haar partner, zodat ze haar talenten nauwelijks heeft ontwikkeld en haar passie al jaren geleden kwijt is geraakt. De kanker heeft die plaats ingenomen. Hoe kan ik dat alles zomaar zeggen?

'Zeg haar dat ze zich niet op haar lichamelijke symptomen moet richten, maar op zoek moet naar haar passie. Vertel haar dat ze moet vragen om steun en zich moet afvragen of ze zich als vrouw vervuld voelt.'

Ik weet genoeg en ga terug naar de tuin van het oude landhuis. Voorzichtig vertel ik mijn partner wat ik heb gezien en gehoord. Ik aarzel om haar de vraag te stellen of ze zich vervuld voelt als vrouw. Ik weet precies wat ermee bedoeld wordt, maar ik ben bang dat mijn buurvrouw geen idee heeft waar het over gaat. Hoe kan ik dit precaire onderwerp aansnijden? Hoe bespreek ik het seksuele leven van iemand die ik nauwelijks ken? Ik doe een halfbakken poging, om vervolgens door haarzelf afgekapt te worden omdat ze vragen wil stellen. Ik laat het erbij, omdat ik het niet aandurf. Is het laf of is het een te intieme vraag?

De begeleider maakt een eind aan mijn onzekerheid door te zeggen dat er gewisseld moet worden.

'Wat is jouw vraag?' vraagt mijn buurvrouw.

'Wat heb ik te doen met mijn familie?' antwoord ik.

Weer beginnen we met een diepe ademhaling en weer geeft de begeleider het tijdstip aan waarop het voldoende is. Terwijl mijn buurvrouw op zoek is, blijf ik mijzelf ook de vraag stellen. Door de diepe en verbonden ademhaling ben ik zelf ook in trance.

Ineens zie ik de boerderij waar ik ben geboren en tot mijn tweede jaar heb gewoond, en waar ik jarenlang op bezoek ben blijven komen. Niet alleen mijn partner, maar ook ik krijg kennelijk informatie.

Dan stokt mijn ademhaling. Twee handen vouwen zich om mijn keel en beletten me om adem te halen. In een paar seconden tijd weet ik eindelijk waardoor mijn keelchakra blokkeert en ik me al zo lang onveilig voel: daar in die boerderij is iets gebeurd, iemand heeft mijn keel dichtge-knepen. Versteend lig ik te kijken naar wat er gebeurt en voel ik langzaam het leven uit me wegglippen. Degene die mijn keel dichtknijpt straalt een ongelooflijke perversiteit en kou uit. Zo veel haat heb ik nog nooit in mijn buurt gevoeld. Uit alle macht probeer ik te zien wie het is, maar het beeld is daar te vaag voor. Op hetzelfde moment begin ik gierend te huilen. Ik kan niet meer ophouden, want uit een heel diepe bron komt een immens verdriet naar boven. Mijn lijf kromt zich eromheen, schokt en trilt, verkrampt en kreunt.

Plotseling draait mijn maag zich om. Ik vlieg overeind en ren de deur uit naar het toilet. Daar kots ik het beetje wat ik nog in mijn maag heb uit. De misselijkheid blijft. Steeds opnieuw draait mijn maag zich om en trekt mijn hele lijf zich samen om het perverse wat zich lang geleden in me heeft genesteld eruit te wringen. Ondertussen is mijn partner me achterna gekomen. Boven het toilet hangend vertel ik haar wat er is gebeurd. Eindelijk komt mijn lijf tot rust en loop ik trillend terug naar de ceremonieruimte.

Daar vertelt mijn partner wat zij heeft gezien. 'Je hele leven lang heb je ballast op je genomen en gekregen die niet van jou is. Het is zo veel dat je uiteindelijk bent bezweken, maar het gekke is dat die ballast er is om je te helpen bevrijden. Je verdraagt het als het ware niet meer en gooit het van je af.'

Die nacht slaap ik opnieuw slecht.

Geradbraakt word ik de volgende ochtend wakker van het geluid van een trommel. De zon schijnt uitbundig naar binnen. Ik douche me en ga op zoek naar thee. Mijn partner van de dag ervoor heeft ook net een kop gepakt. We omarmen elkaar maar zeggen niets, en drinken tegen elkaar aan geleund de thee op.

Drie uur later zijn we terug van een kleine oefening in het bos en hebben we een paar uur pauze om ons voor te bereiden op de ayahuasca-ceremonie van die avond. Ik val gelukkig in slaap, om korte tijd later weer wakker getrommeld te worden.

'We zijn hier met allemaal ervaren reizigers. Daarom gaan we direct van start. In tegenstelling tot de normale sessies zullen we veel in de groep doen. Na het eerste glas beginnen we onze stemmen te gebruiken. Vind je eigen klank, en val maar bij als je zover bent.'

De glazen ayahuasca worden uitgedeeld en zachtjes begint een van de begeleiders een toon in te zetten. Na een paar minuten volgt iemand uit de groep, daarna nog een en nog een, tot we allemaal een toon zingen. Het geheel klinkt prachtig. Variatie op variatie volgt. Er komt steeds meer geluid uit de groep, het lijkt tot buiten de ruimte te groeien. Door een van de raampjes zie ik dat het volle maan is. De maan schijnt recht naar binnen, alsof ze alles wat in de ruimte gebeurt wil bekrachtigen. Samen met deze mensen, de ruimte, het zingen en de maan ben ik een geheel geworden, totaal verbonden met het leven.

Een tweede ronde ayahuasca volgt, waarna al snel een stralend licht dichterbij komt. Ik ontdek een gestalte in dat licht en blijf kijken. De gestalte straalt een enorme liefde uit en komt regelrecht op me af, hij lijkt op Jezus. Als hij vlakbij is zie ik dat hij een klein kind oppakt. Troostend houdt hij het in zijn armen, om het na een paar minuten aan mij te geven.

Dan verdwijnt de gestalte. Ik kijk naar het kindje, een meisje, en begrijp niet dat iemand haar kwaad heeft kunnen doen. De tranen lopen onophoudelijk over mijn wangen. Ik houd haar dicht tegen me aan en wieg haar de rest van de reis alsmaar zachtjes heen en weer.

27

Mei, juni, 2009

Kan zich niet losmaken. Er is ziekte en gevaar. Knechten en concubines houden geeft geluk.

Dag in dag uit peins ik over de vraag wie die vage persoon was die mijn keel heeft dichtgeknepen. Het laat me niet los. Nu de puzzelstukjes een voor een op hun plaats lijken te vallen en ik stukje bij beetje grip krijg op mijn leven, moet en zal ik ook deze puzzel oplossen. Om verder te kunnen moet ik degene vinden die zo veel haat op dat kleine meisje afreageerde. Telkens wanneer het beeld op mijn netvlies verschijnt word ik weer dat hulpeloze kleine kind. Badend in het zweet vlieg ik 's nachts overeind. Toch verandert er iets in de loop van de dagen.

'Wacht maar, gore klootzak. Ik zal je vinden, al moet ik er mijn hele familie voor ondervragen. En als ik je heb gevonden, dan schop ik je net zo hard in je ballen tot je om genade smeekt. Of, nog beter, ik knijp eerst een poosje je keel dicht, tot je met een paarse kop en je tong uit je mond net zo slap wordt als ik toen. Dan geef ik je nog één grote rotschop en laat ik je voor dood liggen, reken maar!'

Ik geef een flinke schop tegen een stoel en begin alles op te schrijven wat ik over de tijd op de boerderij weet, inclusief alle personen die er destijds hebben gewoond, gelogeerd of regelmatig langskwamen. Ik heb er maar twee jaar gewoond maar kwam er jarenlang op bezoek met mijn ouders.

Vreemd eigenlijk, denk ik, een bezoek aan de boerderij

was voor mij een feest. Het was zo heerlijk om de deel op te stappen en aan de grote ronde koffietafel te gaan zitten, terwijl ik de geur van de koeien opsnoof en het zachte geknor van de varkens en de biggetjes hoorde. Hoe is het mogelijk dat juist daar zoiets vreselijks is gebeurd?

In gedachten loop ik nog eens door de boerderij, en ik realiseer me dat ik de opkamer en de kamer die erachter lag altijd meed als we op bezoek gingen. Dat geeft te denken.

Naarmate ik vorder met mijn lijst lijkt een persoon zich steeds meer aan me op te dringen. Het is een familielid van mijn vader, waarover mijn moeder weleens had verteld dat hij regelmatig kwam logeren. Als hij in mijn buurt komt voel ik me anders, alsof ik als een magneet naar hem toe word getrokken. Een raar fenomeen, als ik bedenk wat hij heeft gedaan. Ik herinner me ook de roze dromen, zoals ik die noemde. Daarin was ik in een kamer die helemaal roze was. De kamer was niet geschilderd, maar gevuld met een roze licht. Midden in de kamer stond een tafel waar ik op lag, en iemand sloeg me. Het vreemde van die dromen was dat het slaan niet erg was. Na een poosje ontstond een heerlijk gevoel, en daar wachtte ik op terwijl die persoon me sloeg. Als het heerlijke gevoel ontstond zweefde ik weg en overzag de kamer vanaf een afstand. Ik keek naar wat er gebeurde. Als ik wakker werd verlangde ik ernaar om terug te gaan.

Ik weet niet wat ik ervan moet denken. Eigenlijk vind ik het een gênante droom. Zou Maria me kunnen helpen om meer te weten te komen?

'We zouden kunnen proberen om iets te achterhalen met foto's, als je die hebt,' zegt Maria als ik haar bel. 'Je kunt natuurlijk ook naar een regressietherapeut gaan of naar een reïncarnatietherapeut,' vervolgt ze. 'Dat is ook beter voor je. Je ziet het dan zelf.'

28

Augustus 2009

Neus en voeten afgesneden. Tot uitputting gebracht door de man met de purperen kniebanden. Langzaam komt er begrip. Voordeel door eerbied te tonen en offers te brengen.

Een paar dagen later heb ik een afspraak met de reïncarnatietherapeut, die ik speurend via internet op gevoel heb uitgekozen.

'Ik stel voor dat je gaat liggen,' zegt ze als ik heb verteld waarom ik ben gekomen. 'Maak het jezelf zo aangenaam mogelijk voor de komende uren. Mocht je tussendoor naar het toilet moeten, ga je gang. Akkoord?'

Ik knik en ga liggen.

'Tijdens de sessie zal ik regelmatig een check doen via je lichaam. Dat gaat zo: ik stel een vraag en til direct na de vraag je pols op. Geef eens een ja.'

De therapeut tilt mijn pols op.

'Geef eens een nee. Voel je zelf het verschil?'

'Doe het nog eens,' zeg ik, 'want het ging me te snel.'

Weer tilt ze mijn pols op bij een ja en bij een nee. Het verschil is duidelijk voelbaar. Toch twijfel ik.

'Trek je niet harder als je een nee verwacht?'

'We doen het nog een keer, dan voel je wel dat ik niet harder trek als je een nee aangeeft. Wanneer je een slecht bericht krijgt verslapt je lichaam altijd even. Een nee is voor het lichaam een slecht bericht, en dat maakt dat ik bij een nee je pols hoger op kan tillen.'

Weer vraagt ze om een ja en om een nee. Ik moet toegeven dat het lijkt dat ze niet meer of minder kracht gebruikt bij het ene of het andere antwoord.

'Als ik je zo een vraag stel, probeer dan niet na te denken maar direct te reageren. Ik wil je nu uitnodigen je ogen te sluiten en alleen op je ademhaling te letten,' gaat de therapeut verder.

Even blijft het stil. Ik lig met gesloten ogen en probeer alleen op mijn ademhaling te letten.

'Ik begin met een check. Is het goed om deze sessie te doen? Dat is duidelijk een ja. Bestaat er een bezwaar om deze sessie te doen? Nee. Stel je nu een deur voor die naar de plek gaat waar je als kleintje iets ernstigs is overkomen. Stap door die deur heen en kijk naar de situatie. Wat zie je?'

Ik stap de boerderij binnen en loop over de deel naar het achterste deel van de boerderij. Ik doe de deur aan de linkerkant open.

'Ik zie een kamer met een tafel waar een klein kind op ligt. Iemand is met haar bezig. Om die persoon hangt een walmende grijze wolk.'

'Oké, wat doet deze persoon?'

'Hij draait het kindje om en om. Ze huilt. Het is net alsof dat kind een ding is. Hij gooit haar om en om, dat is een betere omschrijving. Hij doet nog meer, ik kan het alleen niet goed zien. Ik krijg wel een heel naar gevoel. Ik word er misselijk van. Hij gaat maar door het kindje als een pannenkoek om en om te gooien. Hij houdt haar ineens aan één been in de lucht en rammelt met haar. Dan laat hij haar vallen. Weer houdt hij haar aan een been omhoog.

Het is een man, zie ik, maar zijn gezicht blijft onduidelijk. Hij heeft een vreselijke kou bij zich, of nee, het is haat wat ik voel. Die haat is niet voor dat kindje bestemd maar voor haar vader, mijn vader dus. Ik ben dat kindje.

Als hij haar weer laat vallen begint ze te gillen. Nu zie ik dat hij haar bij haar keel pakt. Twee handen vouwt hij om haar halsje. Ze spartelt eerst hevig, maar ineens is ze stil en blijft slap liggen. Ik voel dat ze weg is; ze is niet meer op die plek, maar kijkt vanaf een afstand. Het is walgelijk om te zien.'

'Haar ziel is dus weggevlogen. Kun je de man nauwkeuriger beschrijven?' vraagt de therapeut.

'Ik voel hem meer dan dat ik hem zie. Het is alsof er een vetvlek op de lens zit.'

'Waarom is hij zo kwaad op je vader?'

'Hij voelt zich in de steek gelaten,' antwoord ik prompt.

'Waarmee heeft je vader hem in de steek gelaten?' vraagt de therapeut verder.

'Door met mijn moeder te trouwen.'

'Juist,' antwoordt de therapeut weer. 'Waar is dat kindje heen gegaan?'

'Ze hangt ergens boven de boerderij,' antwoord ik, 'en ik heb ondertussen buikpijn gekregen. Dat kindje dat ik zie liggen is echt nog heel klein. Ze is jonger dan twee, ik denk nog niet eens één jaar. Kan ik me dat herinneren?'

'Je lichaam herinnert het zich. De beelden zijn gebleven en die haal je nu terug,' zegt de therapeut. 'Zolang je niet in het denken schiet, blijf je voor jezelf betrouwbaar.'

Even blijft het stil. Dan gaat de therapeut verder.

'Je bent nu veilig,' zegt ze. 'Deze persoon is niet meer in je buurt en kan je niets meer doen. Het is tijd dat afgesplitste deel terug te halen en bij je te nemen. Ga er maar naartoe.'

Ik ga naar de plek boven de boerderij, waar ik het kindje naartoe heb zien gaan, weg van de handen van die persoon. Ik pak het vast en trek het dicht tegen me aan. Even blijft het stil in de kamer. De tranen lopen voor de verandering weer over mijn wangen. De therapeut reikt me een tissue aan maar zegt even niets. Er hangt een diepe stilte in de kamer.

'Zullen we wat checks doen om te zien of het je is gelukt haar helemaal bij je te halen?'

'Dat is goed,' zeg ik. 'Daarna wil ik even naar het toilet.'

Even later lig ik weer, om verder te gaan.

'Jammer dat ik het gezicht van die man niet kon zien. Ik wilde zo graag zeker weten wie het is. Ik heb wel een vermoeden, maar geen bevestiging.'

'Ik kan niets anders zeggen dan dat het kennelijk beter voor je is het niet te weten. Iets in jezelf beschermt je ertegen.'

Het wil er niet echt in bij mij. Ik wil niet beschermd worden, ik wil duidelijkheid.

'Je wilde ook terug naar een paar vorige levens om te achterhalen waarom die je zijn getoond, klopt dat?' gaat de therapeut verder.

'Klopt,' zeg ik.

'Sluit je ogen weer. Stel je een deur voor. Achter die deur staat iemand. Doe de deur open en kijk wie er naar binnen stapt, en volg daarna wat er gebeurt.'

'Er stapt een vrij lange, blonde vrouw naar binnen. Ze draagt een goudkleurige, glanzende jurk van een prachtige stof. Ze loopt, nee zweeft om me heen, terwijl ze me uit de hoogte bekijkt. Als ik goed naar haar ogen kijk spreekt er angst uit. Ze komt me controleren. Waarom? Oh, ze vraagt zich af of ik haar weer in de wielen kom rijden. Ik begrijp er niets van,' zeg ik.

'Niet te snel. We komen er wel achter wat er aan de hand is,' antwoordt de therapeut. 'Ze is chique gekleed, begrijp ik uit je beschrijving, en ze kijkt naar jou. Wie ben jij?'

'Ik ben een ondergeschikte van haar. Oh, ik ben gouvernante, en zij is de verloofde van mijn werkgever. Ik vind haar een koude tante en niet geschikt voor de kinderen, waar ik al lang voor zorg. Ik maak het haar niet makkelijk, maar zij mij ook niet. Ze steekt me de ogen uit met haar kleding en feestjes en met het feit dat zij de verloofde is van mijn werkgever. Wacht eens even: ik heb haar eerder gezien, tijdens een zielenreis.'

'Klinkt als een bekend thema,' zegt de therapeut. 'Heb je zelf ook een oogje op je werkgever?'

'Geen idee,' zeg ik.

'Dan checken we dat even.'

Ze pakt mijn pols.

'Ja, jij had ook een oogje op hem. Gebruikte je de kinderen om ze tegen haar op te zetten? Nee, dat niet. Zei je dingen tegen je werkgever om haar in diskrediet te brengen? Ja, dat deed je wel. Kwam het tot een huwelijk tussen haar en je baas? Nee. Oh, kijk eens wat een triomfantelijk lachje er op je gezicht verschijnt. Hier heb je een stukje van je schaduwkant,' zegt de therapeut, die er duidelijk plezier in heeft. 'Wat een leedvermaak had je. Nu even terug naar de vrouw die je nu in de gaten houdt. Speelt deze vrouw in dit leven ook een rol?' vraagt de therapeut.

'Ik heb geen idee,' zeg ik, wat niet helemaal waar is. Ik denk aan de vriendin van Max.

'Toch is er iemand die bang is voor jouw invloed. Daarom veronderstel ik dat ze ook in je huidige leven een rol speelt. Laten we het even checken. Speelt deze vrouw in dit leven ook een rol? Ja. Is ze opnieuw bang dat je haar relatie verstoort? Ja.'

'Ik zou niet weten wie dat kan zijn,' lieg ik vrolijk verder.

'Zij heeft jou al wel in de gaten. Als jij het nu niet weet, zal het in de toekomst wel blijken. Voor nu laten we het rusten.

Je was ook erg nieuwsgierig naar het waarom van je op-dracht om te schrijven. Ik stel voor dat je contact gaat maken met je gids en hem deze vraag stelt. Sluit je ogen weer en stel je een trap voor. Die trap voert omhoog naar het licht. Je beklimt de trap tot je in het licht bent.'

Ik stel me een trap voor met een groot licht daarboven. Ik beklim de trap tree na tree, pas eindeloos veel treden verder begint het licht dichterbij te komen. Ineens reikt iemand me een hand toe.

'Wacht hier even tot je wat gewend bent geraakt aan onze energie,' zegt een zachte stem.

Ik kijk om me heen. Het is een kleine, lichte wachtruim-te. De hand nodigt me uit op een bank te gaan zitten. Ik kijk nog eens om me heen. Er lijken geen muren te zijn, maar wat het dan wel is kan ik niet zien. Even later is de hand er weer. Ik pak hem vast en loop mee, en even later zie ik een grote tribune. Samen met de hand loop ik de tribune op en neem plaats. De hand laat me los en verdwijnt. Er zitten meer mensen op de tribune. Het is er vreemd stil, alleen de wind ruist zachtjes.

Ik wacht tot de voorstelling zal beginnen, maar er begint niets. Ik word onrustig en ben bang dat ik iets verkeerd doe en dat ik daarom de voorstelling niet kan zien. Ik roep zacht-jes om hulp.

'Neem waar wat er is,' zegt de zachte stem. 'Je bent te gefixeerd omdat je denkt te weten wat er komt. Je weet het niet, kijk om je heen.'

Ik kijk eens goed om me heen en zie ineens hoe prachtig de natuur is. Overal zie ik dieren die vredig rondlopen, iets eten of in de zon liggen te doezelen.

'Je ziet het nu, mooi. Ontspan je, dat is de bedoeling van deze plek.'

Ik kijk naar het lieflijke tafereel en voel me ontspannen. Terwijl ik kijk word ik gewaar van iets wat me van onderaf langzaam lijkt op te vullen. Het voelt alsof het nauwelijks zal passen. Ik word gevuld met liefde, en dat maakt dat ik me stevig ga voelen.

Plotseling duikt de hand weer op, pakt de mijne en voert me weg van de tribune naar een ruimte een eindje verderop. Ik kom door een grote deur in een soort vergaderzaal terecht, met in het midden een enorme, ovale tafel waaraan een stuk of dertig mensen zitten. Op aanwijzing van de hand ga ik zitten en kijk om me heen. De mensen hier lijken druk te zijn met iets. Wat dat is ontgaat me nog. Links in de verte ontdek ik Max. Ik voel me direct blij worden. Toch wordt me niet duidelijk wat ik daar doe, of verondersteld word te doen.

'Neem goed waar, kijk breed en ervaar wat hier gebeurt,' zegt de stem.

Ik laat de spanning los en begin te voelen en waar te nemen. Langzaam wordt het me duidelijk. Hier zijn allerlei mensen bijeen die binnenkort aan een nieuwe incarnatie zullen beginnen. In deze ruimte wordt een deel van de levensplannen ontworpen. Duidelijk is dat alle mensen die er aanwezig zijn gezamenlijk een opdracht hebben gekregen. Er wordt overleg gepleegd, papieren schuiven van de een naar de ander. Men informeert elkaar. Ergens tussen al die mensen lijken coördinatoren aan het werk te zijn. Iedereen lijkt precies te weten wat er van hem of haar wordt verwacht, ikzelf ook. Ik maak deel uit van deze groep en hoor bij de verslaggevers. Ook Max lijkt daarbij te horen. Iedereen aan deze tafel – want ik voel dat er nog meer tafels in dit gebouw zijn – werkt aan hetzelfde doel. Ik heb het zeer naar mijn zin, zo naar dit tafereel kijkend.

Net op het moment dat ik er eens goed voor wil gaan zitten om nog veel meer informatie in me op te nemen, gebeurt er iets heel merkwaardigs: ik val. Met een rotvaart tuimel ik de hemel uit en voor ik het weet lig ik in een put.

Ik herken de situatie. Voor de tweede keer kijk ik omhoog en zie de rand van de put, waar ik niet bij kan.

'Ik ben uit de hemel gevallen en lig in een put,' vertel ik de therapeut, die ondertussen geduldig heeft zitten wachten tot ik verslag doe van mijn wederwaardigheden.

'Dan gaan we weer aan de slag,' zegt ze. 'Ben je in die put gevallen of geduwd?'

'Geduwd,' antwoord ik.

'Door wie ben je erin geduwd?'

'Door de mannen uit het dorp.'

'Waarom hebben ze je in de put geduwd?' vraagt de therapeut.

'Ze vonden me een gevaarlijke vrouw,' antwoord ik.

'Wat had je gedaan?'

'Oh, oh, ik heb er een paar het Boze Oog gegeven,' zeg ik, terwijl ik wederom een triomfantelijk lachje op mijn gezicht voel verschijnen. 'Nu begrijp ik waarom ik in Tunesië het Boze Oog kreeg. Wie zaait zal oogsten.'

'Was je een heks?' vervolgt de therapeut.

'Absoluut. Ik hielp vrouwen met lastige mannen. Ik was heel stellig in mijn mening daarover.'

'Oh jee,' zegt de therapeut, 'je gebruikte zwarte magie. Had je in dat leven een hekel aan mannen?'

'Nee, dat niet. Maar ik heb wel zo mijn eigen opvattingen, en ga ook helemaal mijn eigen gang. Ik woon niet in het dorp maar een flink eind erbuiten.'

'Even terug naar de put,' zegt de therapeut. 'Wat gebeurde er nadat je in de put was gegooid?'

'Ik weet het niet goed. Af en toe verschijnt er een gezicht boven de rand van de put, dan wordt het weer wazig.'

'Tijd voor de check. Ben je in de put overleden? Nee. Ben je er uitgehaald? Ja.'

'Wacht,' zeg ik, 'ik weet het. Ik had een hoofdwond, daar ben ik aan overleden. Het is wel vaak mijn hoofd dat het moet ontgelden.'

'Dat zal wel niet voor niets zijn. Nu de vraag waarom je uit de hemel in de put viel. Had je hallucinerende middelen gebruikt? Ja. Was je je er nauwelijks van bewust dat je was overleden? Ja. Dat is vaker een reden dat je een vorig leven terugziet. Vaak blijft er energie achter als het bewustzijn tijdens het sterven laag is. Daarom kon je huidige ik niet in de hogere sferen blijven. Iets trok je terug, en dat was in dit geval een stukje heks.'

'Wat nu?' vraag ik.

'Simpel. Je gaat de heks duidelijk maken dat ze is overleden. Ga er maar naartoe.'

Ik buig me over het lichaam van de heks die ik eens was. Ze ligt er kalm bij, ondanks het gapende gat op haar achterhoofd. Haar lange zwarte haren kleven aan het bloed vast. Ze lijkt een jaar of veertig. Ik strijk over haar gezicht en blaas vervolgens de waas weg die om haar heen hangt, en ik vertel haar dat ze is overleden aan een grote hoofdwond. Ik krijg geen reactie.

'Ze reageert niet op wat ik zeg,' zeg ik.

'Ze was waarschijnlijk in een diepe trance toen de dorpelingen kwamen. Blaas haar nog maar eens flink in haar gezicht, en blijf vertellen dat ze is overleden.'

Ik herhaal wat ik eerder deed. Langzaam komt er beweging in. Het lijkt wel alsof ze lichter wordt. Haar gezichtsuitdrukking verandert in een vredige uitdrukking. Ik laat haar gaan.

'Volgens mij is het goed zo,' zeg ik.

'We zullen de energiecheck even doen, om te zien of er nog iets is wat jou aan haar bindt.

'Ik wil stoppen,' zeg ik. 'Ik ben heel moe.'

'Dan houden we er zo mee op. Wat ik adviseer is om alle levens die je ooit hebt teruggezien of herbeleefd als afsluiting te integreren. Is dat goed, kun je dat nog aan?'

'Ja. Als ik het goed heb begrepen zijn er levens die om de een of andere reden niet goed zijn afgesloten, die je niet loslaten. Dus alle vorige levens die ik zo langzamerhand heb gezien – en niet alleen hier – zijn levens waar ik nog iets mee heb uit te zoeken, klopt dat?'

'Deels. Soms betreft het vorige levens die een sleutel bevatten om je iets over je huidige leven duidelijk te maken,' zegt de therapeut. 'Als je naar het totaal kijkt van al je levens, zie je dat er in elk leven een bepaald element uitspringt. Dat kan een talent, een karaktertrek of een rol zijn die je meemaakt. In elk leven is er sprake van machtsverhoudingen, dan weer sta je aan de ene kant en dan weer aan de andere kant. Wanneer je een cyclus afsluit – wat veel mensen in deze tijd aan het doen zijn, en ik vermoed jij ook – komen veel van deze ervaringen in één leven terug. Het lijkt dan wel of je heel veel levens in één keer leeft. Dat zijn heftige levens die door de persoon in kwestie niet altijd, of zelfs vaak niet, als prettig worden ervaren. Je krijgt wel de kans om grote opruiming te houden. Laten we verder gaan.

Stel je een prettige plek in de natuur voor. Ga er op je gemak zitten en nodig al je levens van deze cyclus uit bij je te komen,' zegt de therapeut.

Ik installeer me in een wei, met mijn rug tegen een boom. De zon schijnt en het is er heerlijk rustig. Ik nodig ieder leven uit dat bij de cyclus hoort waar ik nu mee bezig ben. Al gauw heeft zich een grote kring om me heen gevormd. Te midden van veel vrouwen zie ik een paar mannen. Aan de overkant valt me een enorme kerel op, het blijkt de Romeinse slaaf te zijn. Ondanks zijn grote gestalte heeft hij een zachtaardige, lieve uitdrukking op zijn gezicht.

Naast me zit de heks met haar lange zwarte haren. Ik voel haar sterke energie. Dat is geen vrouw geweest waar mee te spotten viel. Toch vind ik haar aantrekkelijk. Haar sterke karakter straalt op de een of andere manier op mij af. Ik kijk nog eens goed rond. Er zit van alles tussen. Opvallend is dat iedereen, zonder uitzondering, een zekere mate van lichtheid om zich heen heeft.

'Er zit een hele club,' zeg ik. 'Wat nu?'

'Je hoeft niet meer te doen dan waarnemen. Neem al die verschillende energieën, talenten en verschijningen waar. Voel hoe je ermee bent verbonden. Voel ook tot welke jij je in een grotere mate voelt aangetrokken.'

'Oh, in ieder geval de heks. Dat is een vrouw die durfde te kiezen en stond voor haar keuzes. Ze was authentiek. Heerlijk, zo iemand in de buurt. Verder zitten aan de overkant een jonge vrouw en een man die me erg aanspreken.'

'Waardoor voel je je aangetrokken?' vraagt de therapeut.

'Die jonge vrouw is heel mooi en heeft een serene, wijze uitstraling. Ze kijkt me heel indringend aan. Ik heb het gevoel dat ik haar leven ook al eerder opnieuw heb ervaren. Wacht eens eventjes... Dat is Chloé, de vrouw die in Egypte tijdens een inwijding is overleden. Ze is nog heel jong. Voor iemand uit Egypte heeft ze ook een afwijkend uiterlijk met haar groene ogen en lichtbruine, bijna blonde haren. Het lijkt wel alsof ze me dringend wil spreken. Naast haar zit de Romeinse slaaf, hem heb ik ook al eerder gezien. Het is een enorme kerel met een heel zachte uitstraling. Die lijkt zo weggelopen uit de film *Ben Hur*. En daarnaast...'

'Wacht even,' zegt de therapeut. 'Kijk eerst eens goed naar de jonge vrouw. Chloé, zei je?'

'Ja, Chloé,' zeg ik. 'Ik zie dat ze me iets wil laten weten. Wacht even.'

Ik kijk opnieuw naar die jonge, mooie vrouw die pal tegenover me zit.

'Ze zegt: "Mijn leven bevat een sleutel, en niet alleen voor jou. Herstel wat ik heb bedorven. Wanneer je deze opdracht hebt vervuld, kun je verder. En wat ik je nog meer wil meegeven: wacht op de juiste man. Wacht net zo lang als nodig is." Wat ze heeft bedorven zegt ze niet, of ik begrijp het niet goed, dat kan ook,' zeg ik.

'Zullen we toch maar even de check doen? Dan weet je misschien meer. Klopt het dat je moet herstellen wat Chloé heeft bedorven om verder te kunnen?' vraagt de therapeut.

'Dat is duidelijk een ja. Klopt het dat je er een man voor nodig hebt? Nee. Is het iets wat je zelf moet doen? Ja. Weet je wat de opdracht inhoudt? Hé, dit is apart, geen ja en geen nee. Nog een keer: weet je wat de opdracht inhoudt? Weer geen antwoord. Dat komt niet vaak voor. Mijn interpretatie is dan dat je het wel weet, maar nog niet in staat bent om het je bewust te maken. Nog een vraag: ken je de man al die Chloé bedoelt? Ja, je kent hem. Moet je wachten op actie van zijn kant? Ja.'

'Wie is die man?'

'Ik zal met de check vragen of je dat mag weten,' zegt de therapeut. 'Nee, dat mag je niet. Er wordt vertrouwen gevraagd, lijkt me. Heb je vertrouwen dat het op je pad komt als het er tijd voor is?'

'Soms wel, soms niet,' zeg ik. 'Misschien dat die enorme kerel me nog iets te zeggen heeft, iets wat me verder brengt? Zijn uitstraling lijkt ook wel een boodschap te hebben.'

'Goed, kijk maar eens naar hem. Wat vertelt zijn uitstraling je?'

'Eens kijken. Die man is zo stabiel, ongelooflijk. Dat ik dat ooit was kan ik me nauwelijks voorstellen. Maar als ik één woord moet geven aan hoe hij op mij overkomt, is dat vol vertrouwen. Hij heeft een groot vertrouwen in het leven. Hij geeft niemand ook maar ergens de schuld van en vertrouwt erop dat alles een reden heeft, dat het goed is zoals het is. Dat is niet gering, want hij heeft beslist geen makkelijk leven gehad als slaaf.'

'De dingen nemen zoals ze zijn en vertrouwen hebben. Dat lijkt een mooie aanvulling op wat Chloé je te vertellen had. Heb je moeite om te vertrouwen in dit leven?'

'Absoluut. Ik probeer overal controle over te houden, en wat me niet bevalt probeer ik te veranderen. Ik schiet weleens door en ga veel te lang door met mijn gevecht.'

'Het zou dus geen slecht idee zijn de energie van die slaaf goed in je op te nemen,' zegt de therapeut. 'Betekent het slaaf zijn nog iets voor jou in dit leven?'

'Slaaf zijn? Waarvan dan?'

'Denk er maar eens over na. Ik heb het gevoel dat het niet voor niets is dat je het leven van een slaaf zag. Wie valt je nog meer op?'

'Een man met rossig haar en een rossige baard. Tjonge, wat een heethoofd lijkt me dat: echt zo'n fel driftkikkertje. Zijn kleren doen me denken aan kleding van een Hollandse koopman in de gouden eeuw of zo. Dat ik dat ook al was.'

'Wat vertegenwoordigt hij?' vraagt de therapeut.

'Vechtlust, ik heb er geen ander woord voor. Ik stem me nog even op hem af,' zeg ik.

Ik kijk naar de man en probeer me in hem in te leven.

'Dat was ook een man met een sterk karakter, maar hij was wel heel impulsief. Dat ben ik in dit leven ook nogal eens geweest. Hij vocht voor zijn eigen overtuigingen, maar zijn impulsiviteit heeft hem zijn leven gekost. Hij is onthoofd in een zwaardgevecht. Alweer mijn hoofd! Hij geeft me het advies te vechten voor mijn rechten, maar dat met geduld en volharding te doen. Dat slaat natuurlijk op mijn letselschadezaak.'

'Dat lijkt me een mooie afsluiting. Kijk nog even goed rond, en neem zo veel mogelijk op.'

Buiten regent het pijpenstelen. Ik steek mijn paraplu op en loop langzaam in de richting van het station. In de trein overdenk ik mijn belevenissen van de afgelopen uren. Het voelt wezensvreemd aan. Al die levens zouden van mij zijn geweest? Ik moet een opdracht vervullen van een leven dat duizenden jaren geleden heeft plaatsgevonden. Het is te bizar voor woorden. Dat al die levens iets met mij te maken hebben kan ik al nauwelijks bevatten.

Ineens denk weer aan de reden waarom ik deze sessie wilde doen. Al weet ik nog steeds niet zeker wie het is, mijn vermoeden wordt steeds sterker.

29

September 2009

Er zijn prooien in het veld. Voordeel door ze te vangen is het parool.
Geen fout. De oudste zoon leidt het leger. De jongere zoon vervoert
de lijken. Standvastigheid geeft ongeluk.

De foto van James Joyce op mijn werktafel staart me aan.

'Zeg het eens,' zeg ik tegen hem. 'Hoe moet ik het vel van mijn ziel schrijven? Tot nu toe heb ik niet het gevoel dat het me is gelukt.'

De blik in zijn ogen lijkt even de spot met me te drijven.

'Je kijkt naar me alsof je wilt zeggen: wacht maar, dat komt nog wel.'

Als ik nog eens goed kijk, vind ik dat hij ook liefdevol naar me kijkt. Ik pak de foto op om beter te kunnen zien wat hij me wil laten weten.

'Ga maar door, het komt wel. Straks gaan we fijn slijpen,' lijkt hij me te zeggen.

'Volgens mij zal het goed zijn als ik een afspraak maak met oom Ron, denk je ook niet? Mijn hele lijf vertelt me dat hij meer weet van wat er op de boerderij is gebeurd.'

James lijkt ermee in te stemmen.

'Ik heb z'n telefoonnummer niet, dat zal ik eerst aan mijn moeder moeten vragen.'

'Waar heb je dat voor nodig?' vraagt mijn moeder.

'Ik verzamel telefoonnummers van alle ooms en tantes, voor het geval dat,' zeg ik.

'Voor het geval wij het loodje leggen zeker,' zegt mijn moeder.

'Inderdaad, het is niet handig als we dan nog eens moeten beginnen met het verzamelen van alle gegevens.'

'Doe geen moeite,' zegt ze. 'Je vader heeft alles in een map klaarliggen. Hij heeft zelfs de etiketten voor de rouwkaarten al geschreven.'

'Dat meen je niet,' zeg ik. 'Allemachtig. Maar kun je me nu toch alvast het nummer van oom Ron geven?'

'Wat moet je toch van die man?'

'Dat is een raar verhaal. Doe me een plezier en geef me het nummer nu maar. We praten er de volgende keer dat ik bij je ben wel verder over, als je wilt.'

'Eens kijken dan.'

Ik hoor mijn moeder rommelen. Even later krijg ik het telefoonnummer. Zonder nog verder na te denken bel ik mijn oom, die niet echt een oom is maar een achterneef van mijn vader. De verre neef is nooit getrouwd en bewoont in zijn eentje een enorme villa op de Veluwe. De hele familie beschouwt hem als een excentriekeling, en niemand weet waar hij eigenlijk van leeft.

'Ja?' kraakt even later een oude stem aan de telefoon.

'Oom Ron?'

'Ja, met wie spreek ik?

'Met Eva Goudsmid.'

'Zo, Eva, dat is lang geleden. Wat verschaft mij de eer?'

'Ik zou graag een afspraak met u maken. Ik heb een vraag over vroeger en vermoed dat u het antwoord weet,' zeg ik.

'Een afspraak, nou, nou. Wat had je in gedachten?'

'Zou het u over twee dagen schikken?' vraag ik.

'Dat is wel snel, vind je niet? Heeft het zo'n haast?'

'Ik zou het prettig vinden om op korte termijn een afspraak te maken.'

'Het komt me deze week niet zo goed uit. Kan het volgende week, woensdag bijvoorbeeld?' vraagt mijn oom.

'Dat is goed,' zeg ik.

Op het afgesproken tijdstip bel ik bij mijn oom aan. Ik heb nauwelijks geslapen. Gisteravond heb ik het gesprek een heleboel keer geoefend. 'Dag oom Ron, neem me niet kwalijk... Dag oom Ron, ik weet zeker... Dag oom, er is me iets... Dag oom, wat weet u nog...' Tot ik er schoon genoeg van had en besloot dat het gesprek zich vanzelf wel zou ontvouwen.

Ik voel me nerveus en vraag me vertwijfeld af of ik niet op het punt sta iemand iets in de schoenen te schuiven waar hij part noch deel aan heeft gehad.

De deur gaat open en ik stap naar binnen. Eenmaal binnen voel ik me kalm. Dit is goed.

'Zo, Eva, hoe is het met je?'

'Goed. Weliswaar gebeurt er veel in mijn leven, maar het gaat goed. En met u?'

'Heel goed, heel goed,' zegt mijn oom. 'Ga zitten. Hoe is het met je ouders? Ik heb lang geen contact met ze gehad.'

'Mijn vader zit nu in een verpleeghuis. Hij heeft zo veel hulp nodig dat mijn moeder het niet meer aankan.'

'Nee maar, dat is een nare zaak. Ik heb al iets gehoord van een van zijn broers, maar ik heb niet begrepen dat hij er zo ernstig aan toe is. En je moeder?'

'Ze redt zich wel. Helemaal nu ze mijn vader niet meer hoeft te verzorgen. Zij wordt zo langzamerhand ook echt oud.'

'Ja, ja, dat worden we allemaal. Ik ben ook niet de jongste meer, maar ik mag niet klagen. En, wat is je dringende vraag?'

'Vraagt u me niet precies hoe ik het weet, maar als klein kind is me iets akeligs overkomen op de boerderij waar ik ben geboren. Ik ben er bijna gestikt en heb daardoor vermoedelijk een bijna-doodervaring meegemaakt, zo verklaar ik de verschijnselen naderhand tenminste. Als kind had ik jarenlang roze dromen, zo noemde ik ze omdat alles in roze schijnsel was gehuld, waarin me iets naars overkwam. Dat nare gaf me uiteindelijk een gelukzalig gevoel. Ik wilde elke nacht wel een roze droom. Tijdens een sjamanistische sessie een paar weken geleden heb ik opnieuw beleefd wat me op de boerderij is overkomen. Ik voelde dat mijn keel werd dichtgeknepen. Deze ervaring laat me niet los, en daarom moet ik er iets aan doen.

Ik herinnerde me dat mijn moeder me een paar maal heeft verteld dat u regelmatig op de boerderij kwam logeren. Vandaar dat ik naar u toe ben gekomen, misschien herinnert u zich iets wat een verklaring zou kunnen geven.'

Terwijl ik mijn verhaal doe observeer ik mijn oom nauwlettend. Elke beweging die hij maakt registreer ik. Uit niets blijkt dat ik hem nerveus maak. Toch voel ik me nu weer misselijk.

'Wat een naar verhaal,' zegt mijn oom. 'Wat akelig voor je. Maar ik ben nooit op de boerderij geweest, dus ik kan je ook niet helpen, vrees ik.'

Verbaasd kijk ik hem aan.

'Mijn moeder heeft me meerdere malen verteld dat u regelmatig kwam logeren,' zeg ik.

'Dat moet je verkeerd begrepen hebben, of je moeder heeft mij met iemand anders verward.'

'Dat is vreemd,' zeg ik. 'U heeft vroeger toch wel bij ons gelogeerd?'

'Jazeker, maar dat was later, toen jullie verhuisd waren.

Daar heb ik een paar maal gelogeerd. Mijn broer en de oudste broer van je vader, Bart, hebben wel vaak op de boerderij gelogeerd. De stem van Bart en die van mij lijken veel op elkaar, misschien is dat wat je je herinnert? Ga eens naar die oom, wie weet kan hij je helpen. Ik helaas niet, hoe graag ik het ook zou willen.'

Even later sta ik weer buiten en ga peinzend op weg naar de bushalte. Een ding weet ik zeker: zijn stem en die van mijn oom verschillen wel degelijk van elkaar. In de trein bedenk ik dat als oom Ron er meer van weet, ik hem in ieder geval zijn pakketje ellende heb teruggegeven en hem de mogelijkheid heb geboden om er iets mee te doen. Vergis ik me toch dan is er niets aan de hand, want ik heb hem nergens van beschuldigd. In ieder geval heb ik gedaan wat binnen mijn mogelijkheden lag. De oom die hij bedoelt vind ik allesbehalve sympathiek, maar hij heeft er niets mee te maken, dat weet ik zeker. Het is helemaal blanco als ik aan hem denk. Geen alarmbelletje, geen enkel teken dat er ook maar iets tussen hem en mij aan de hand is geweest.

De daaropvolgende dagen denk ik met regelmaat terug aan oom Ron. Telkens ga ik het gesprek na, maar ik kan niets vinden wat me verder helpt.

'Goed,' zeg ik na een paar dagen tegen mezelf. 'Stop ermee, want dit heeft geen zin. Je hebt gedaan wat je kon. Ga je op andere zaken richten.'

Het valt niet mee om me op iets anders te richten, mijn gedachten dwalen telkens af naar het gesprek met oom Ron. Ik voel me doelloos en onrustig.

'Kom op, je hebt nu zo veel mensen om advies en hulp

gevraagd en zo veel gekregen, voeg die puzzelstukjes bij elkaar en maak er een mooi geheel van.'

Ik pak een vel papier en schrijf in steekwoorden op wat ik allemaal heb ondernomen en wat de boodschappen vanaf het ongeluk tot nu toe zijn geweest.

Ik begin bij mijn eerste bezoek aan Maria, waarin ze de voorspelling deed dat er veel zou veranderen in mijn leven en ik een ander pad moest bewandelen. Dat is gebeurd. Er is flink huisgehouden, mag ik wel zeggen. Vooral mijn financiën zijn fantastisch onderuit geschoffeld. Ik moet wel bekennen dat ik nu veel meer naar mijn innerlijke stem luister en dat ik mijn financiën scherp in de gaten houd. Niet dat het al tot een stijgende lijn leidt, maar ik weet tenminste waar het blijft. Ik vraag me af of ik al op het juiste pad ben. Iets zegt me dat er nog meer op komst is. Daar wil ik liever niet bij stilstaan.

Na die voorspelling begon ik aan mijn zielenreizen, die ook voor de nodige turbulentie zorgden. Ik heb ondertussen een sjamaan ontmoet, ben naar een coach voor lichtwerkers geweest, heb een reïncarnatiesessie gedaan en krijg af en toe bezoek van een engel. Ik heb zo veel hulp gekregen dat menigeen er jaloers op kan zijn.

Toch ben ik er nog niet. Ik heb nog steeds geen idee wat ik moet doen om mijn vrouwelijke en mannelijke energie met elkaar in evenwicht te brengen. In feite weet ik nauwelijks wat de indiaan ermee bedoelde. Ik ben volgens mij nog steeds te veel in actie, ik ren maar van de een naar de ander. En schiet ik er echt iets mee op? Ja, toch wel. Al die stapjes zijn puzzelstukjes. Hoe meer ik er verzamel, hoe makkelijker het wordt om de puzzel in elkaar te zetten. Zonder die stukjes zal het me niet lukken om het compleet te maken. Ondanks alle puzzelstukjes lijkt zich nog een eindeloze weg voor me uit te strekken. Moedeloos word ik ervan. Ik ben het zat! Ik wil helemaal niets meer doen, ik wil dat er een fee verschijnt die met haar toverstokje zwaait, en klaar is Kees.

'Droom maar fijn, Eva. Je zult het zonder fee moeten doen, anders kun je binnenkort bij de voedselbank aankloppen.'

Ik ril al bij de gedachte. Tijd voor een bezoek aan het huis van de engel.

Ik installeer me en begin met een diepe ademhaling. Vervolgens doe ik de voordeur open, loop naar het terras aan het water en wacht. De engel zit er al, ik ga naast hem zitten. Samen luisteren we naar het zachte geklots van het water tegen de oever.

'Daar ben ik weer,' zeg ik, 'met een vraag. Er is in mijn leven zo veel overhoopgehaald, zo veel weggevallen, en nog steeds heb ik het gevoel dat ik de bodem niet heb gezien. Wat heb ik nog te doen?'

De engel zwijgt een poosje en komt, zoals hij wel meer doet, met een tegenvraag.

'Stel jezelf deze vraag eens: wat wil je werkelijk weten?'

Nu is het mijn beurt om even stil te zijn. Ik denk na. Wat vraag ik werkelijk?

'Ik geloof dat ik het al begrijp,' zeg ik. 'Ik wil weer gerustgesteld worden, als een bang kind in het donker. Die tijd is voorbij, is het niet?'

'Deels. Je hebt meer contact met de geestelijke wereld. Toch is veel nog duister voor je. Je hebt zo lang met een grote angst geleefd dat het niet vreemd is dat je jezelf niet van de ene op de andere dag in vol vertrouwen kunt overgeven.'

De stem stelt me gerust. Ik heb hem kennelijk niet teleurgesteld.

'Je kunt me niet teleurstellen. Dat wat je doormaakt is een diepgaande zuivering, een proces dat je naar de ware liefde voert. Heb geduld en veroordeel jezelf niet. Je hoeft geen examen te doen in het hebben van vertrouwen. Je mag onzeker zijn, zelfs opnieuw ziek worden, als dat je kan helpen. Er is niets wat je fout kunt doen. Ik heb een voorstel: ga eens naar een astroloog. Een astroloog kan je een ander inzicht geven in het proces waar je in zit. Je zult je er door de informatie makkelijker aan over kunnen geven.'

'Goh,' antwoord ik, 'ik wist niet dat engelen in astrologen geloven.'

'Astrologen kunnen veel betekenen voor mensen. Het is jammer dat de astrologie niet naar waarde wordt geschat in deze tijd,' zegt de engel.

Ik maak aanstalten om op te staan, maar de engel wenkt me mee te gaan naar de kamer met het vuur. Samen lopen we ernaartoe. Ik ga zitten en voel dat we niet meer alleen zijn.

'Maak het je gemakkelijk,' zegt hij.

Ik wacht. Na lange tijd voel ik ineens de aanwezigheid van Mehemet.

'Mehemet,' zeg ik, 'wat fijn je weer te zien.'

Zoals gewoonlijk zegt hij niets, maar knikt. Naast hem verschijnt een vrouw. Ook haar heb ik eerder gezien. Het is Noa, de gids van Max. Voor ik het weet hebben Mehemet en Noa me meegenomen. Ik vlieg in een razend tempo naar een plek aan een groot water waar Max is. Voordat ik kan zien wat er met hem aan de hand is word ik meegenomen naar een klein oud kerkje. Eenmaal binnen zie ik de wit gekalkte muren, de prachtig gebeeldhouwde preekstoel, de donkere stenen vloer en de kop van een kerkbank. In de kop van de kerkbank is een Franse lelie gegraveerd. Ik sta ernaar te kijken en vraag me af wat die Franse lelie te betekenen heeft. Ik heb geen flauw idee. Erg lang krijg ik niet de tijd om erover na te denken.

Opnieuw word ik meegenomen naar het water, waar Max nog steeds staat. Snakkend naar adem staat hij voorovergebogen. Ik zie dat er mensen op hem af komen lopen. Ik zie ook dat Mehemet en Noa naast hem staan en hem helpen. Dat is het. Voor ik nog iets kan zien ben ik terug in de kamer waar het vuur brandt.

'Wat gebeurde er?' vraag ik ongerust.

'Maak je geen zorgen. Jij en Max hebben de afspraak gemaakt om elkaar te helpen in dit aardse leven. Jullie voelen beiden aan wat de ander nodig heeft en op welk moment. Tot nu toe waren jullie je er geen van beiden van bewust. Jij begint wakker te worden. Bij Max is dat minder het geval. Dat zal veranderen. Wat je zag is slechts een impressie van een van de mogelijkheden die we hebben om Max wakker te maken. Je hoeft niet in actie te komen. Vreemd genoeg kun je Max het best zo veel mogelijk vergeten. Dat maakt de weg vrij om te doen wat je hebt beloofd.'

'Maar waarom krijg ik te zien dat er iets met Max aan de hand is?'

'Omdat je ervan kan horen. Nu weet je dat er voor hem wordt gezorgd,' antwoordt de engel.

Toch nog ontdaan verlaat ik het huis en zit ik weer thuis op de bank.

'Naar een astroloog. Best leuk.'

30

Niet in staat tot strijd. Keer onmiddellijk terug en schik je in je lot.
Verander. Vrede en standvastigheid zullen geluk geven.

Na een uur fietsen sta ik midden in het bos voor het huisje
van de astrologe. Even later zit ik aan de keukentafel naar
mijn geboorte- en relatiehoroscoop te kijken. De astrologe
installeert het opnameapparaat en steekt van wal.

'Ga ervan uit dat je leven wordt bepaald door Saturnus.
Wanneer Saturnus boven de horizon loopt, word je geleid
door wat andere mensen van je willen en van je nodig hebben. Loopt Saturnus onder de horizon, dan vallen de eisen
van de wereld weg of je trekt je er niets meer van aan. Bij jou
loopt Saturnus sinds vier jaar onder de horizon. Dat heeft
gemaakt dat je min of meer gedwongen werd het bij jezelf te
zoeken. Dat proces is nog steeds bezig en zal nog ongeveer
twee jaar voortduren. Het is geen makkelijke periode waarin je zit. Het voelt eenzaam aan, en dat zal nog verergeren.'

'Verergeren?' reageer ik ongerust. 'Ik vind het al eenzaam genoeg, zeg.'

'Ja, dat zal wel. Toch word je nog meer op jezelf teruggeworpen. Alles wat niet bij je hoort valt weg in een dergelijke periode. Het is een periode van afronden, opruimen
en weggooien. Deze periode zal je ongetwijfeld regelmatig
het gevoel geven dat je van alles en iedereen verlaten bent.
Bedenk dat de wereld in deze periode maar één functie voor
je heeft, en dat is om niet aan je te plukken. Dit inkeerproces
moet je helemaal doorlopen hebben om te kunnen gaan op-

bouwen. Dat gebeurt vanzelf als het zover is. Tegen die tijd zul je merken dat er weer een beroep op je wordt gedaan. Over drie jaar ben je hier klaar voor, en nog een jaar later zit je er volop in.'

'Leuk zeg, nog dik twee jaar eenzaamheid!'

'Er zit ook een positieve kant aan. De mensen die bij je blijven of die je in deze periode ontmoet horen ook echt bij je. Ze komen af op wie je werkelijk bent. Dat kan een buurvrouw zijn, maar ook een liefdespartner. De rest zal wegvallen. Ook familieleden die niet bij je passen zullen op afstand raken. Het kan gebeuren dat je gaande deze tijd denkt: wat moet ik nog? Accepteer het, want wat daarna komt is de moeite waard. Je hebt dan je zielsbestemming bereikt, en dat is hetzelfde als doen wat je leuk vindt, omdat je bent aangesloten op je ziel.

Zodra je het woord 'moeten' gebruikt dreig je dan ook af te dwalen van je pad. 'Moeten' kun je het best uit je woordenboek schrappen.'

'Is er in de komende jaren ook nog iets opbeurends te beleven?' vraag ik voorzichtig.

'Oh, zeker, maar daarvoor ga ik eerst iets anders bespreken. Vijf jaar geleden, in september om precies te zijn, stond Saturnus in het ziekenhuisgebied. Je zult daar totaal veranderd uit zijn gekomen.'

'Dat klopt. Ik heb een auto-ongeval gehad en daarna is er van alles gaan rollen. Weliswaar heb ik twee jaar lang geprobeerd om te doen alsof er niets aan de hand was, maar na die twee jaar ben ik ongelooflijk onderuitgegaan. Ik bleek een whiplash overgehouden te hebben aan het ongeval en kreeg er de ziekte van Lyme bij.'

'Ze hebben hun best gedaan om je stil te zetten, zullen we maar zeggen. Na de ziekenhuisperiode ging Saturnus het tweede huis in, dat van financiën en zaken. Dat zal geen plezierige periode geweest zijn. Waarschijnlijk heb je financiële moeilijkheden gekregen en was de hulp die je van boekhouders, advocaten en accountants kreeg niet wat je jezelf toewenste.'

'Kun je dat allemaal uit de horoscoop halen?' vraag ik.

'Jazeker.'

'Ongelooflijk, want ik heb mijn boekhouder vriendelijk bedankt voor de eer, de belastingconsulent vervangen door een ander, ik heb net een andere advocaat genomen en mijn financiën zijn inderdaad om te huilen.'

'Kijk, dan kan ik je nu iets opbeurends vertellen. Over drie weken verlaat Saturnus het tweede huis, en vanaf dat moment kun je verwachten dat je zakelijke beslommeringen en je financiën zullen gaan verbeteren.'

'Heel aangenaam,' zeg ik.

'Mocht je van plan zijn om te verhuizen dan raad ik je aan dat op zijn vroegst over anderhalf jaar te doen. Afronden, opruimen en weggooien. Daar kun je vast mee beginnen. Dan ben je helemaal klaar om echt aan iets moois te beginnen, als het zover is. En wat het verhuizen betreft nog even dit: probeer minimaal twee jaar te wachten met het kopen van een nieuw huis, want dan valt zo ongeveer de hoofdprijs in je schoot. Je zult dan alle tijd hebben om het huis bij wijze van spreken steen voor steen zo te maken dat het helemaal is wat je verlangt. Mocht je tegen die tijd een partner hebben dan moet jij het huis uitkiezen. Anders werkt het niet. Ook dat zal geen problemen opleveren, de kosmos regelt het voor je. Een huis bij het water zou bij je passen. Je zou trouwens beter apart kunnen blijven wonen.'

'Dat de kosmos het regelt klinkt goed,' zeg ik. 'Dat apart wonen voorlopig ook, maar dat huis bij het water weet ik nog zo net niet. Ik ben meer een bosmens, of liever een combimens; ik zou graag een klein appartement in Amsterdam hebben en een hutje op de hei, zoiets als jij hier hebt.'

'Wacht maar, daar komen we zo op. Even terug naar je geboortehoroscoop. Als kind moet je jezelf knap verloren hebben gewaand op aarde. Je hebt je vaak afgewezen gevoeld, ook door je ouders. Het is een heel nare stand. Hierdoor heb je veel teleurstellingen gekend. Er liggen veel pijnprocessen op je hart. Je bent je verbinding met de geestelijke wereld kwijtgeraakt in je kinderjaren, en ik vermoed dat dit al vroeg is gebeurd. Dat heeft een flinke tijd geduurd.

Sinds kort loopt Uranus echter in het gebied van verhoogd bewustzijn en experimenteren. Dat geeft meer ruimte, maar ook veel ideeën die niet meer zullen stoppen. Het kan vermoeiend zijn, maar ook veel inzichten geven.

Als ik naar je relatiehoroscoop kijk lijkt het me dat je vanuit je vorige leven een verlies aan vertrouwen hebt meegenomen, maar ook een hunkering naar de partner die je in dat leven had. Waarschijnlijk ben je je hele leven al op zoek naar hem. Weet je iets van je vorige leven af?'

'Jazeker,' zeg ik. 'Samen met mijn echtgenoot was ik cartograaf in Australië. Hij stierf vrij jong nadat hij ziek werd en er niet tegen wilde vechten. Zonder hem vond ik het vreselijk in Australië, het was een mannenwereld met ruig volk. Ik heb nog een poosje doorgewerkt, maar uiteindelijk heb ik een schip terug naar Engeland genomen. Ik heb het alleen niet gehaald maar ben op zee gestorven aan een of andere infectie.'

'Dat kan kloppen. Het zevende huis staat in vissen, van water, schepen, infecties en dood. Dat is ook de reden dat een huis aan het water je goed zal doen, in ieder geval een poosje.

Je hebt in feite een doodsangst overgehouden aan je vorige leven, een doodsangst voor water en ziekte. Je bent door visachtige dingen overleden en associeert dit nu met de dood. Doodsangst voor alles wat met water te maken heeft. Vissen betekent echter ook loslaten. Voor jou is dat dood-eng. Toch is loslaten de manier om te helen. Ziekte slaat iets onder je weg; de controle wordt je uit handen geslagen. De opdracht is op dergelijke momenten: geef mee met wat er is, geef je over. Het is dan weer Saturnus die aan je trekt. Het enige wat je op zulke momenten, of eigenlijk altijd moet doen, is luisteren naar zijn stem. Maak van Saturnus je bondgenoot.

Wat die man betreft: ik vermoed dat je hem al ontmoet hebt. Het kan een relatie zijn geweest waarin jullie als blokken voor elkaar vielen maar die ook even snel weer werd verbroken. Denk er maar eens over na.'

Op dat moment schiet Maarten me te binnen, een van de mannen die Maria tot scharrelman had bestempeld. Het was inderdaad een korte en heftige relatie geweest. Maarten had een workshop over enneagrammen geleid en ik was een van de deelnemers. Omdat ik een acht bleek te zijn, een minder voorkomend enneagramtype, waren we met elkaar in gesprek geraakt na de workshop. We eindigden die avond uiteindelijk bij mij in bed. Het was een overweldigende ervaring geweest, maar de relatie had niet lang standgehouden.

'Ik kan je wat vertellen,' zeg ik. 'De man uit het vorige leven heb ik inderdaad al opnieuw ontmoet. We hadden een paar jaar geleden een heel korte, heftige relatie. Hij kreeg een hersenbloeding, vlak nadat ik mijn auto-ongeval kreeg. Daarna heb ik niets meer van hem gehoord. Ik heb een aantal keren geprobeerd om contact met hem te leggen, maar hij nam zijn telefoon niet op en beantwoordde geen enkele e-mail. Ik heb er toen een punt achter gezet.'

'Jullie zijn tegelijk ziek geworden?' vraagt de astrologe.

'Nou, ik deed net of er niets aan de hand was, maar in feite is dat zo, ja.'

'Het is erg jammer dat je het contact met die man hebt verbroken, en nog wel op het moment dat er sprake was van ontwikkeling, heel jammer. Jullie zouden elkaar kunnen helpen helen.'

Zomaar ontroert de gedachte aan Maarten me.

'Wat bedoel je met de woorden: net op het moment dat er sprake was van ontwikkeling?'

'Ik bedoel daarmee dat jullie ziek werden en daarmee de kans creëerden om anders met elkaar en met ziekte om te gaan dan in het vorige leven. Hij was erg belangrijk voor je. Misschien heb je het je niet gerealiseerd. Kun je niet opnieuw contact zoeken?'

'Ik zou het kunnen proberen, maar ik zou het niet gek vinden als hij nog steeds niet reageert. Eigenlijk heb ik geen zin om weer de knip op mijn neus te krijgen.'

'Je raakt meteen het juiste thema,' gaat de astrologe verder. 'Je kwetsbaar durven opstellen. Dat zal niet meevallen voor je, gezien dat wat je uit je vorige leven hebt meegenomen om te transformeren. Wanneer je met zo veel gebrek aan vertrouwen aan een nieuw leven begint, is dat een van de moeilijkste dingen om te doen. Toch zitten daar juist de groeikansen in.

'Ik vind het ongelooflijk wat je me allemaal kunt vertellen,' zeg ik.

'Oh, er is zo veel op te maken uit de stand van de planeten en uit horoscopen. Ik kan er de rest van mijn leven aan besteden zonder me een dag te vervelen. Als ik dit niet had ging ik het klooster in, echt.'

'Kan ik niet het klooster in met al die eenzaamheid die me te wachten staat?'

'Oh, nee, dat zou helemaal niet goed voor je zijn. In je vorige leven heb je veel gebruikgemaakt van je kracht en je macht. Je bent niet echt in relatie gegaan, ondanks het feit dat je veel van je echtgenoot hield. Ik vermoed dat je iemand was die alles zelf deed en steeds het voortouw nam. Je echtgenoot trok zich daarop terug. In dit leven heeft dat patroon zich herhaald, en dat zal ongetwijfeld een echtscheiding tot gevolg hebben gehad.'

'Twee zelfs,' zeg ik.

'Dat verbaast me niets. Je maansknoop geeft je valkuil aan, en dat is steeds terugvallen in bekend gedrag. Jij trekt de kar wel. Dit patroon herhaalt zich tot je er genoeg van krijgt. Het is de bedoeling dat je nieuw gedrag aanleert, en dat kan niet als je het klooster ingaat. Je zult moeten leren dat je in relatie jezelf blijft, zonder dat je ervoor hoeft te vechten. Je moet leren samenwerken, democratisch zijn in relaties en toch jezelf niet weggeven. Geen eisen stellen, en die ook niet aan jou laten stellen.

Dit thema past ook perfect bij je whiplashverhaal. Whiplashpersoonlijkheden zijn mensen die niet willen toegeven dat ze iets niet kunnen. Ze houden hun kop stijf. Dus wat gebeurt er? Iemand rijdt met een klap achter op hun auto, om die kop eens te laten buigen.'

'Goedemorgen, zeg.'

'Je zult hulp moeten leren vragen, ook voor kleine dingen. Dat maakt ook onderdeel uit van je kwetsbaar durven opstellen.'

'Weet je wat vaak het geval is? Ik wil best om hulp vragen, maar tegen de tijd dat ik heb uitgelegd wat ik nodig heb, heb ik het zelf al gedaan. En als ik mijn hart eens wil luchten lijkt het wel of ik Chinees spreek. Ik word meewarig of glazig aangekeken,' ga ik verder.

'Vraag hulp aan de geestelijke wereld. Heb daar vertrouwen in. Je kunt alles vragen. En verwacht wonderen. Dat mensen je niet kunnen volgen is ook logisch; je ontwikkeling loopt een eindje vooruit vergeleken bij het gros.

Nu het laatste onderwerp: werk. Daar is iets grappigs mee aan de hand. Venus staat bij jou in het twaalfde huis, dat van genieten en terugtrekken. Je hebt wat dat betreft een opwindende horoscoop met veel vuur, en ook communicatietechnisch zit het goed. Je zou je graag af en toe terugtrekken met je partner, maar Saturnus, ertegenover in het zesde huis, roept dat je aan het werk moet. Hoe meer je wilt genieten of hoe meer je verlangt naar een vakantie, hoe harder Saturnus zal roepen. De oplossing is om die twee te combineren: het genieten en het werk. Ga bijvoorbeeld reizen voor je werk en probeer met je partner samen te werken aan iets. Zomaar lui vakantie houden is niet echt jouw ding. Je bent een zoeker, en reizen is voor jou een zoektocht naar nieuwe ervaringen. Kun je die ervaringen gebruiken voor je werk dan heb je de ideale combinatie. Dan geeft Saturnus rust, in plaats van aan je te trekken.

Twee dingen moet ik er nog aan toevoegen: als je op reis gaat, of dat nu korte of lange reizen zijn, ga dan zonder verwachtingen op stap. Sta open voor alle ervaringen die je tegenkomt. En verder: reis de komende anderhalve maand niet, omdat er nog een laatste transit komt waarin je jezelf opnieuw heel moe kunt gaan voelen.'

'Ik ben nog steeds moe, alhoewel het minder is dan een jaar terug,' zeg ik.

'Wees erop voorbereid dat je nog een keer teruggeworpen zult worden, maar daarna is het dan ook echt over,' zegt de astrologe.

'Hoe zit het eigenlijk met de romantiek? Je hebt het wel

over partners en zo, maar ook over veel eenzaamheid. Ik kan die twee niet echt rijmen.'

'De komende vier jaar is er ruimte voor romantiek. Eenzaamheid en romantiek in eenzelfde periode is lastig, maar dat wil niet zeggen dat het niet mogelijk is. Wel is het zo dat de weg naar binnen boven de weg naar buiten gaat. Dreig je jezelf te verliezen in een romantische relatie dan zal die ongetwijfeld snel sneuvelen. Over vier jaar zullen het werk en de wereld weer hard aan je gaan trekken. Nog één laatste ding: ik zie dat er in de schaduw iemand met je meeloopt. Dat kan twee dingen betekenen: er bevindt zich iemand in je omgeving die belangrijker is dan jij denkt en die je misschien zelfs nauwelijks opmerkt, of het is iemand die vanuit de geestelijke wereld met je meeloopt. Vanaf het moment dat je het ziekenhuisgebied inging is hij dichterbij gekomen. Wees opmerkzaam, meer kan ik je er niet over zeggen. Heb je nog vragen?'

'Nee. Ik heb zo veel gehoord, en zo veel meer dan ik had verwacht. Ik heb geen vragen meer, dank je wel.'

Als ik weer op mijn fiets zit ga ik eerst op zoek naar de campingwinkel die in de buurt moet zijn; ik rammel van de honger. Onderweg verschijnt het beeld van Maarten steeds op mijn netvlies. Ik hoor alsmaar de zin: 'Net toen er ontwikkeling was.' Maarten was ik helemaal vergeten. Toch trekt me niet om weer contact met hem te zoeken, en wat moet ik zeggen? Dat we nog wat te doen hebben vanuit een vorig leven? Hij ziet me aankomen!

Die avond kom ik niet meer in beweging en ik slaap weer slecht. Tegen zes uur ben ik het zat en loop naar mijn laptop om een e-mail aan Maarten te sturen. Als er nog iets te doen valt moet het maar direct gebeuren.

'Kome wat er komt,' zeg ik. 'Ik hoor geen Katie Melua zingen en ook Bajeera houdt zijn mond, dus...' Ik druk op 'verzenden'.

De rest van de dag kom ik weer tot niets. Ik vraag me af hoe ik me het vervolg voorstel. Wat kunnen we doen om alsnog te helen en een oud patroon af te leggen? Ik weet het niet en realiseer me dat Maarten het waarschijnlijk ook niet zal weten. Waarschijnlijker zal hij naar zijn voorhoofd wijzen en op de deleteknop drukken. Een moedeloos makende gedachte.

'Wat dacht je dan? Het is wat veel gevraagd van mensen om met jouw bizarre ontwikkeling mee te gaan.'

Zo af en toe vind ik mijn binnenste een grote tuttebel. Zo'n uitermate verstandig type dat zich aan niets zal branden, dor en saai, met een spaarrekening waar ze elke maand braaf geld op stort 'voor later'.

'Maar,' antwoordt het saaie type pinnig, 'als je naar me had geluisterd zou je nu geen geldzorgen hebben.'

De daaropvolgende dagen word ik tijdens de meditaties weer eens door beelden bezocht. Ik zie Maarten terwijl hij mijn bericht leest, hij lijkt behoorlijk geïrriteerd te zijn. De beelden blijven komen in de dagen erna. De irritatie lijkt te plaats maken voor vrolijkheid; alsof hij ineens meer energie heeft gekregen. Ik zie hem met een glimlach op zijn gezicht in de tuin werken. Hij verwelkomt zijn bezoek, ik zie de verbaasde gezichten van zijn familieleden en vermoed dat hij niet al te gezellig is geweest de laatste tijd. Toch maakt hij geen aanstalten om mijn bericht te beantwoorden.

Ach, denk ik, wacht maar af.

31

Oktober 2009

Een ladder geeft weer dat je omhoog kunt. Een notabele beklimt de ladder; promotie en erkenning. Een jonge monnik zit in de wolken; het is een verheven positie. Een hert met een document; instemming vanuit het hogere. Promotie is mogelijk.

Net op het moment dat ik aan het touwtje wil trekken dat uitnodigend uit de brievenbus hangt, gaat de deur open. Voor me staat een moderne versie van Perkamentus. Het is Han Boering, die ik bezoek om te overleggen over het gebruik van teksten uit zijn boek. Hij doet uitnodigend een stap opzij.

'Kom erin,' zegt hij.

Ik stap naar binnen. Han gaat me voor naar een kamer die waar je ook kijkt herinnert aan de I Tjing. Aan een grote tafel zit nog een bezoeker. In de kamer hangt een dikke sigarettenwolk en op tafel staan een paar brandende kaarsen.

'Dit is Harry, spiritueel alchemist. Hij heeft net het boek van Liu I-ming van Cleary vertaald,' zegt Han terwijl hij op zijn bezoeker wijst.

'Dag, ik ben Eva Goudsmid.'

'Zo, wat brengt je hier?'

'Ik ben hier omdat ik teksten uit het boek *I Tjing in de 21e eeuw* van Han wil gebruiken'

'Vertel eerst eens waar het boek over gaat,' zegt Han terwijl hij een kop thee voor me neerzet.

Ik neem even de tijd om de juiste woorden te vinden.

'Het gaat over een vrouw die meerdere malen in haar leven op de proef wordt gesteld. Ze heeft de ene nare periode nog niet achter de rug of de volgende dient zich al weer aan. Net op het moment dat ze de wanhoop nabij is en denkt dat er nooit een eind aan komt, krijgt ze een engel op bezoek. Vanaf dat moment begint een zoektocht naar de essentie van haar leven. De zoektocht voert haar langs allerlei ervaringen: de ene erg aards, de andere bijna magisch.

Al vrij vroeg in het verhaal krijgt ze te horen dat ze in onbalans is; ze wordt geadviseerd haar vrouwelijke kant in harmonie te brengen met haar mannelijke kant. Dat lukt niet goed, omdat ze geen idee heeft hoe dat moet. In feite zit ik daar in het boek nog steeds mee te worstelen.

Tijdens deze zoektocht naar haar essentie ontmoet ze een man waarvan ze weet dat hij de man van haar leven is. Uiteraard verwacht ze vanaf dat moment dat het einde van haar ellende in zicht is, maar dan begint het pas. Gaandeweg ontdekt de vrouw dat wat ze ook meemaakt, het nooit een op zichzelf staande ervaring is, maar dat alles met alles te maken heeft.

Uiteindelijk komt ze op het pad van de sjamanen. Overigens ben ik van mening dat de I Tjing ook verbonden is met het sjamanisme.'

'Oh, zeker,' zegt Han. 'De I Tjing die Harry net heeft vertaald geeft dat heel goed weer. In tegenstelling tot de meeste I Tjing-boeken gaat dat boek ervan uit dat het leven een alchemistisch proces is en dat de I Tjing in de eerste plaats bedoeld is als leidraad voor dat proces, dat je ook Tao kunt noemen. Het pad dat ieder mens moet gaan maar dat voor ieder mens weer anders is. Door deze I Tjing leer je heel nauwkeurig om naar je eigen proces te kijken. Wacht, ik zal het boek even pakken.'

De Innerlijke I Tjing lees ik en sla het boek open.

'Dit boek moet ik ook hebben,' zeg ik even later.

'Pas maar op,' zegt Han, 'anders kom je niet meer aan schrijven toe. Zo vergaat het ons ook vaak. Laten we eens kijken wat de I Tjing over je boek te zeggen heeft. Vind je ook niet, Harry?'

Met een ondeugende grijns staat Han op en loopt naar zijn bureau. Hij komt terug met een grote paarse zak met knikkers. Hij roert er flink in en pakt vervolgens één voor één zes knikkers uit de zak.

'Yin onder, tweemaal yang, nog een yin en nog twee. Zonder bewegende lijnen. Dat wordt het hexagram Het Omhoogdringen, met als oordeel vernieuwing en succes. Voordeel door de grote man te zien. Geen vrees. Opbreken naar het zuiden brengt geluk. Je kunt succes hebben, maar verhoog je tempo en werk hard – dat is opbreken naar het zuiden. De tijd van tussendoor rusten en kracht opdoen is voorbij, want het hexagram heeft geen bewegende lijnen. Wacht je nu te lang dan heb je kans dat het hexagram in zijn tegendeel omslaat zonder dat je iets hebt bereikt.'

Hij is even stil terwijl hij me aankijkt, maar gaat door.

'Ja, ja, ik zie het al. Wanneer je hindernissen tegenkomt, mijd ze. Je bent volgens mij geneigd om dwars door hindernissen heen te breken, maar dat kost je te veel energie. In welk jaar ben je geboren?'

'1953.'

'Windtype dus. Aftasten, onderzoeken, twijfelen en weer doorgaan, dat doet jouw type. Ook geeft jouw type steeds maar weer signalen aan anderen, het wil iets uitdragen en doordringen. Een valkuil is dat het te lang energie steekt in mensen die niet tot ontvangen van deze signalen in staat zijn. Dat is parels voor de zwijnen gooien, en tevens je kracht zo aantasten dat het schade veroorzaakt. Dit type heeft de neiging daardoor uit balans te raken. Het hoort op een gegeven moment de stem uit de geestelijke wereld niet meer, waardoor de wil, het ego, het gaat overnemen. Yin, het vrouwelijke, heeft de rol van yang, het mannelijke principe in dergelijke gevallen overgenomen. Geheid dat er een periode van ziekte volgt.'

Ik ben weer eens met stomheid geslagen. Hier, op een plek waar ik het niet in het minst heb verwacht, krijg ik antwoord op de vraag die me nu al twee jaar bezighoudt: wat moet ik doen om mijn vrouwelijke yin-kant en mannelijke yang-kant met elkaar in balans te brengen?

Voor ik er verder over na kan denken gaat Han verder. Hij kijkt me nog eens goed aan.

'Hmmm. Har, heb jij nog suggesties?'

'Het Omhoogdringen gaat ook over observeren wat zich werkelijk afspeelt en wat je door je eigen acties teweegbrengt. Tao bij uitstek, zou ik zeggen. Het past bij je verhaal, waarin het erom draait hoe je yin en yang weer met elkaar in evenwicht moet brengen. Omhoogdringen volgt op een periode waarin yang zijn kracht verloor en yin niet langer gehoorzaamde, met totale disbalans tot gevolg. Bij spirituele alchemie is het nodig om yin tot meegaandheid te brengen, voordat yang hersteld kan worden. Zodra yin volgzaam is geworden blijven menselijke verlangens achterwege en is er aldoor standvastig helder zicht. Zo kom je uit bij vervulling vanuit leegte. Leren op aarde en aankomen in de geest is erachter komen hoe je het fundamentele zonder moeilijkheden kunt herstellen. Daarom is er sprake van vernieuwing en succes. Het is het gewone overstijgen en het heilige binnengaan.'

Han en Harry knikken eensgezind. Ik knik ook en sta nog steeds versteld over wat ik heb gehoord.

'Kan leuk worden,' zegt Han. 'Welke tekstdelen wil je gebruiken?'

'Boven elk hoofdstuk wil ik een passende tekst zetten. Ik kies ze door het de I Tjing te vragen,' zeg ik.

'Ik vind het goed,' zegt Han. 'Jij bent de hoofdpersoon zeker?'

'Mijn leven staat model, inderdaad. Ik kreeg een visioen waarin een indiaan me in een boek rolde. Het bleek de bedoeling dat ik een verslag zou schrijven van mijn wederwaardigheden.'

Han en Harry knikken, alsof het de gewoonste zaak van de wereld is dat een mens door een indiaan in een boek gerold wordt.

Een uur en veel gefilosofeer later vind ik het tijd om te gaan. Ik kan niet meer informatie opnemen; mijn hoofd zit vol en weigert de conversatie nog langer te volgen.

De dag erna zit ik te peinzen over wat ik van Han en Harry heb gehoord. Yin verleiden om yang te volgen. Hoe ga ik dat in hemelsnaam doen? Wanneer ben ik met yin bezig en wanneer met yang? Hoe langer ik erover nadenk, hoe minder ik ervan begrijp.

Midden in mijn gepeins over yin en yang gaat de telefoon.

'Hi Eva, met Gabrielle. Ik zit op je te wachten, ben je de afspraak vergeten?'

Ik schrik, verdorie.

'Sorry Gabrielle, ik schaam me dood. Ik ben het inderdaad helemaal vergeten, wat stom.'

'Geeft niet. Ik zou het liefst een nieuwe afspraak met je maken, maar dat gaat niet meer. Ik ga er een poos tussenuit. Ik doe dit werk al meer dan tien jaar en heb grote behoefte om nieuwe inspiratie op te doen en me verder te ontwikkelen. Mijn plan is om minimaal een jaar op reis te gaan en onderweg een boek te schrijven over lichtwerkers. Sorry dat ik je er zo rauw mee op je dak val, maar ik weet het zelf nog maar net.'

'Dat is een onverwachte wending,' zeg ik. 'Heel leuk voor jou en heel jammer voor mij.'

'Weet je, Eva, wat voor jou het belangrijkst is heb ik je verteld. Het is een kwestie van oefenen en oefenen en jezelf disciplineren. Je kunt weinig fout doen en veel goed. Je hebt zo veel kwaliteiten, gebruik ze. Stap voor stap zul je komen waar je moet zijn. Wil niet te veel in te korte tijd, dat put je alleen maar uit. Zodra ik weer begin stuur ik iedereen een bericht. Dan kun je kijken in hoeverre je me nog nodig hebt. Ik vermoed dat je het tegen die tijd zelf wel afkunt.'

'Dank je wel,' zeg ik, 'het gaat me wel lukken. Ik wens je een prachtige tijd en veel inspiratie. Laat het alsjeblieft weten zodra je boek uit is, ik zal het graag lezen. Tot horens of ziens.'

Nadat ik de telefoon heb neergelegd hoor ik pas wat Gabrielle in de gauwigheid nog even zei: 'Wil niet te veel in te korte tijd, dat put je uit.' Grappig dat het nu weer tegen me wordt gezegd. Inderdaad wil ik te veel en ook is mijn tempo nog steeds te hoog. Dat is yang uitputten en yin de gelegenheid geven ervandoor te gaan. Ik begin het werkelijk te begrijpen. En als ik het begrijp, kan ik er grip op krijgen. Eerst moet mijn tempo naar beneden, vervolgens moet ik stoppen om als prikkeljunkie overal achteraan te hollen. Dat is volgens mij yin verleiden om yang te volgen.

Plotseling denk ik terug aan de enneagramworkshop waarin ik Maarten ontmoette, en wat hij toen vertelde: 'De verslaving van de acht is lust!' Wat grappig: ik noem mijzelf vaak een prikkeljunkie, en nu zijn er weer twee mensen die in die richting wijzen. De lijntjes beginnen samen te komen. Nu ik terugdenk aan wat Maarten nog meer vertelde over de acht, denk ik ook aan de kenmerken van mijn type: kracht, macht en leiderschap. Wat je sterke punten zijn, zijn ook altijd je zwakke punten, dus doorschieten in kracht is ontkennen en vermijden van kwetsbaarheid. Nu komt er nog een lijntje bij: dat wat de astrologe vertelde over niet kwetsbaar durven opstellen, en over mijn kop die ik eens moest buigen. Meteen schiet mijn duim me te binnen, die ik een hele tijd niet kon buigen en die tijdens een zielenreis als metafoor diende voor het niet buigen voor de Liefde. Als ik alles op een hoop veeg is de duidelijke boodschap: stop ermee jezelf uit te putten door maar door te gaan, geen hulp te vragen en niets te laten blijken van je werkelijke gevoelens en behoeften, maar ga voor de liefde. Ik moet werkelijk goed voor mezelf gaan zorgen om uit de neerwaartse spiraal te komen.

'Je nieuwe uitdaging, Eva,' zeg ik.

32

Oktober 2009

Een jonge monnik in de wolken; een verheven karakter, een gans brengt een brief; goed nieuws. Een hert, een goede carrière. Een man en een vrouw feliciteren elkaar; bij goed gedrag is er reden tot vreugde. Een persoon in de hemel, er is een connectie naar de voorouders of de geesten.

De dagen verstrijken terwijl ik nadenk over yin en yang en over in actie komen om maar in actie te zijn. Wat is het moeilijk om niets te doen en tevreden te zijn met wat er is. Ik besluit dat ik ergens moet beginnen om dat te leren. Eerst mijn tempo naar beneden, dan afspraken afzeggen, siësta's doen en weer mediteren voordat ik ga slapen.

Het blijkt een hele uitdaging: om de haverklap moet ik mezelf tot de orde roepen als ik weer met de telefoon in de hand sta om een afspraak te maken, op het punt sta in de trein naar Amsterdam te stappen, of vind dat het tijd wordt om weer eens te gaan dansen. Ik lijk wel een aan actie verslaafde junk, met afkickverschijnselen en al. Hoe minder ik mezelf toesta, hoe kribbiger ik word. Toch ben ik van plan door te zetten. Ik moet en zal in balans komen en bewaak mezelf daarom met grote strengheid. Ik zal niet meer op de wereld afstappen, maar de wereld zal op het juiste tijdstip op mij afstappen. Zo, en niet anders. Van Maarten hoor ik al die weken niets.

'Dit is nu typisch een situatie waarin yin maar eens rustig moet afwachten wat er komen gaat. Een mooie oefening voor je.'

Ik houd de oefening nog drie dagen vol. De derde dag besluit ik een bezoekje aan de onderwereld te brengen om te vragen wat er gaande is tussen Maarten en mij. Tenslotte heb ik niet voor niets geleerd hoe dat moet.

Ik installeer me weer en begin met de voorgeschreven ademtechniek. Na een paar minuten doe ik de deur van het oude schuurtje open, dat vlak bij mijn denkbeeldige huis in Frankrijk staat. Even moet ik wennen aan de duisternis, dan ga ik de trap af en stap de gang in die voor me ligt. Ik loop een paar minuten, tot de gang langzaam omhoog loopt en eindigt bij een deur. Ik doe hem open en sta weer buiten.

Knipperend tegen het verblindende zonlicht blijf ik even staan en kijk om me heen. Een kaal, heuvelachtig, droog landschap strekt zich voor me uit. Verderop staat een huis op een heuvel. Ik loop ernaartoe en sta stil voor de deur. Die blijkt niet op slot te zitten, dus ik stap naar binnen en sta in een hal. Het huis lijkt uitgestorven, geen enkel geluid is er te horen. Aarzelend kijk ik om me heen. Links van me zie ik een trap die naar boven leidt en recht voor me een deur, verder is er niets te zien. Ik loop op de deur af en doe hem open. De grote kamer waar ik in terechtkom lijkt als kantoor dienst te doen. Een royale tafel die vlak bij een groot raam staat ligt bezaaid met papieren. Erachter staat een man die zich op zijn hoofd staat te krabben. Ik loop op hem af. De man lijkt een jaar of vijftig en draagt vrij moderne kleding.

'Dag meneer,' zeg ik. 'Waar ben ik?'

Plotseling zie ik dat Maarten naast me staat. Ik kijk hem verbaasd aan, maar hij lijkt het heel normaal te vinden hier ook te zijn.

'U bent bij de bouwcommissie voor herstelplannen,' zegt de man.

'En wie bent u?' vraag ik.

'Ik ben de hoofdcommissaris van deze afdeling,' antwoordt de man.

'We komen voor een herstelplan,' zeg ik, terwijl ik een blik opzij werp naar Maarten.

'Neemt u plaats,' zegt de man, wijzend op de twee stoelen die voor het bureau staan.

Maarten en ik gaan zitten.

'Zo,' zegt de man, terwijl hij Maarten en mij doordringend aankijkt, 'een herstelplan, ja, ja. Ah, nu weet ik het weer. Een hardnekkige kwestie, een hardnekkige hoofdkwestie om precies te zijn. Het stel dat steeds opnieuw een klap tegen het hoofd krijgt. U incasseert maar en incasseert maar. Hardnekkig, zoals ik al zei.'

De man kijkt ons nu fronsend aan, schudt zijn hoofd, zucht eens diep en richt zich dan tot Maarten.

'Meneer, waarom laat u dit keer op keer gebeuren? Waarom roept u deze kwestie geen halt toe? U staat veel te veel toe, ook deze vrouw hebt u te veel toegestaan. Mevrouw hier is doodmoe van haar eigen kracht. Zorg dat ze u weer vertrouwt, dan lost de kwestie zich vanzelf op. U dient het heft in handen te nemen, beslissingen te nemen en al die halfbakken zaken aan te pakken.'

De man kijkt geen moment mijn kant uit. Zijn blik lijkt Maarten aan zijn stoel vast te nagelen. Ik kijk opzij. Maarten kijkt onaangedaan, maar ik voel dat hij boos is. De spanning stijgt als minuten voorbij gaan. De mannen zeggen alsmaar niets, het lijken net twee katers die elkaar met hun blik proberen te fixeren. Ik zie hoe Maarten zijn lippen op elkaar perst, hoe hij zich uit alle macht beheerst. Langzaam staat hij uit zijn stoel op. Op dat moment pakt de man een rol papier.

'Meneer, gaat u nog een moment zitten.'

Maarten kijkt de man strak aan, blijft nog even staan en laat zich dan weer langzaam op zijn stoel zakken.

'Ik zal een tekst citeren die op dit moment tot uw beschikking staat, neem hem ter harte.'

De man pakt een rol papier, vouwt het open en begint hardop voor te lezen.

Onze diepste menselijke behoefte is om gezien te worden. We hebben behoefte aan avontuur, aan zingeving. We hebben behoefte aan een identiteit. We hebben behoefte aan liefde. Iemand die ons met liefdevolle ogen gezien heeft, heeft ons opgewekt uit de gelederen van de voormalige doden. De meeste mensen gaan gebukt onder de last ongezien door het leven te gaan, niets meer te zijn dan een nummer of een tandrad in een levenloze machinerie. Mystieke romantiek geeft een gevoel van wederopstanding en herstel. Het doet meer dan je helpen overleven in een zielloze wereld; het helpt je die wereld te transformeren.

De man kijkt even op van zijn tekst, zijn blik op Maarten gericht, om even later weer verder te gaan.

Veel mensen beweren dat ze liefde zoeken, maar hebben zich in feite al voorgenomen die nooit te vinden. Velen willen eigenlijk niets weten van de littekens en de triomfen van degene die in hun armen ligt. Mensen die zeggen dat ze liefde zoeken, zoeken veelal een oppervlakkige manier van troost. Ware liefde brengt met zich mee dat je bereid moet zijn je oude ik te laten sterven om herboren te worden als iemand die klaar is voor de liefde, iemand die het werkelijk waard is de toppen van de romantiek te bestijgen. Echte liefde is troostend, zeker, maar niet altijd in eerste instantie. Om liefdeskunstenaar te kunnen worden moeten we een gat maken in het schild waarachter ons hart schuilgaat, en dat boren is onaangenaam. Het is gruwelijk en pijnlijk. Eer de verharding is weggesmolten die zich in deze wereld ontwikkeld heeft en die ons zachtere, mildere ik overdekt, kunnen er jaren van tranen overheen gegaan zijn. Tranen om ieder verlies waar we kapot van waren. Tranen om elke herhaalde fout. Wie die tranen toelaat, ze zelfs serieus neemt en eerbiedigt, is geen mislukkeling in de liefde maar eerder een echte ingewijde. Eerst de pijn, dan de macht. Een hart moet eerst breken om zich daarna te kunnen verheffen.

Liefde raakt je op al je zwakke plekken, beproeft al je heilige overtuigingen, daagt je uit op al je sterke punten, roept al je zwakheden wakker, veegt de vloer aan met al je waarden en laat je vervolgens voor dood liggen. Maar als je eenmaal de bocht neemt, de amateurs van de liefde achter je laat en je bij de profs gaat horen, bestaat er geen enkele wereldse bezigheid die het op kan nemen tegen het vreugdevolle gevoel als een adelaar het luchtruim te kiezen in het hart van een geliefde.

De man rolt de tekst weer op en reikt hem Maarten aan.

'Alstublieft, het herstelplan,' zegt hij.

Maarten lijkt het eerst niet te willen aannemen, maar pakt de rol uiteindelijk toch. Hij knikt en loopt de deur uit.

Ik zit als bevroren op mijn stoel. De man heeft zijn blik al weer afgewend en lijkt mijn bestaan vergeten te zijn. Ik sta op en wacht even tot de man mij aan zal kijken, maar dat gebeurt niet.

'Uh, meneer,' zeg ik. 'Wat moet ik nu doen?'

De man kijkt even op, richt direct zijn blik weer op de papieren en mompelt: 'U, mevrouw, dient helemaal niets te doen in deze kwestie.'

Langzaam loop ik naar de deur. Daar aangekomen draai ik me om en vraag:

'Van wie is de tekst die u voorlas?'

'Van Marianne Williamson, uit haar boek *Betoverende Liefde.*'

Twee weken lang oefen ik serieus met mezelf in toom houden. Keer op keer lees ik de tekst van de I Tjing, om het elke dag een beetje beter te kunnen begrijpen. Yin in actie zonder de aansturing van yang is het verstoren van de natuurlijke weg, wat tot gevolg zal hebben dat er hindernissen verschijnen, dat de flow uit het leven verdwijnt, dat de ene donkere wolk na de andere aan de hemel ontstaat. Om yin tot volgzaamheid te verleiden moet ik er wel voor zorgen dat ze tevreden is, of zoals de I Tjing het noemt, dat haar buik gevuld is. Als ze op die manier niet meer aan yang voorbijgaat, zal yang verleid worden terug te komen. Dat betekent dat ik weer inspiratie zal krijgen en mezelf niet telkens opnieuw tot iets hoef te dwingen. Alles gaat dan als vanzelf. Het is Tao bij uitstek, in de flow zijn op z'n Hollands.

'Dus,' zeg ik tegen de lucht, 'moet ik ervoor zorgen dat ik dingen doe die ik leuk vind. Wat vind ik nu leuk?'

Nu ik yin probeer volgzaam te maken merk ik hoe moe ze nog steeds is. Ik hang in bed, op de bank, sleep me naar de stad om boodschappen te doen en wil eigenlijk helemaal niets doen. Om de haverklap roept Hoofd dat dit zo niet langer gaat.

'Waar leidt dit toe?' roept ze. 'Denk je nu echt dat hangen op de bank je ook maar één stap verder zal helpen? Wie houd je eigenlijk voor de gek?'

Ik ken Hoofd zo langzamerhand: ze is in paniek, ze wil geld op de bankrekening zien binnenkomen, ze wil de verzekeraars op de knieën hebben, het liefst zou ze elke dag de advocaat bellen om hem te vertellen wat hij moet doen. Ik heb mijn handen vol aan Hoofd, dat zo druk bezig is voor mijn welzijn op te komen. Alleen verschillen we van mening over het hoe.

Regelmatig breng ik een bezoek aan het huis om de engel te ontmoeten. Soms zeggen we niets, soms bespreken we de achterliggende dag. Tot op een avond de engel niet komt en ik alleen aan de oever van het meer zit. Ik probeer me er niet druk over te maken, maar vraag me wel af wat dit te betekenen heeft. Moet ik op eigen benen gaan staan, en waarom vertelt hij me dat dan niet?

'Sister, sister,' hoor ik plotseling. 'Zet je computer aan en zoek de naam White Bull op.'

'White Bull?' vraag ik.

'Ja.'

Even later kijk ik naar de lijst met hits op mijn computerscherm. Wat me aanspreekt open ik en na een paar minuten staar ik naar een oude foto van een indiaan met de naam White Bull. *White Bull in zijn laatste incarnatie*, staat eronder vermeld.

Vanaf de foto kijkt het gezicht van de indiaan me aan. Binnen een paar tellen verandert het beeld in dat van de indiaan uit mijn eerste zielenreis. Waarom weet ik niet, maar deze twee hebben met elkaar te maken. Ik print de foto uit en zoek verder, tot ik op de naam Ian Graham stuit en de bijbehorende tekst lees: Ian Graham channelt White Bull. De gechannelde teksten zijn in een boek verzameld met de titel: *God is nooit te laat*.

Binnen vijf minuten heb ik het boek besteld. Met de foto in mijn hand loop ik terug naar mijn plekje op de bank en blijf er een poosje naar staren. Ik word er blij van en denk aan de woorden 'sister, sister'. Wat bedoelt hij daarmee? En wat moet ik nu verder doen?

'Sister, we houden contact,' zegt de stem weer, 'zoals ik je heb beloofd.'

Ik weet van geen belofte, maar omdat het zo veelbelovend klinkt ben ik al blij met alleen die woorden.

33

Oktober 2009

Standvastigheid geeft geluk.

'Wat leuk dat je er bent,' zeg ik als Sofia voor de deur staat. 'Wat heb je allemaal bij je?'

'De Engelse boeken die je wilde hebben en een paar flesjes wijn,' zegt Sofia terwijl ze naar binnen stapt. 'En mijn tandenborstel natuurlijk.'

'Kom, ik heb lekker eten gemaakt waar absoluut een fles wijn bij gedronken moet worden. Wat is het ontzettend lang geleden dat je hier was,' zeg ik.

'Heel erg lang. Dat komt doordat jij om de haverklap in Amsterdam op mijn stoep staat. Maar dat is ook al een tijdje geleden, hoe komt dat?'

'Ik ben mijn yin-kant aan het trainen.'

'Oh, daar gaan we weer, de raadsels van Eva. Ik ben benieuwd.'

Sofia en ik installeren ons aan mijn grote tafel en de eerste fles gaat open.

'Proost, op de toekomst en wat die brenge moge,' zegt Sofia.

'Proost,' zeg ik, 'dat we maar heel wijs zullen worden.'

'Zijn jullie weer aan de drank?' vraagt Sam, die een uurtje later onverwacht binnen stapt.

'Reken maar,' zegt Sofia. 'Straks liggen we ladderzat onder de tafel.'

'Dacht ik al,' zegt Sam. 'Is er nog iets te eten?'

'Er is nog genoeg, kijk maar in de oven,' zeg ik.

Sam pakt een bord, schuift gezellig aan tafel, schrokt zijn eten naar binnen en verdwijnt even snel als hij is gekomen, na Sofia een zoen gegeven te hebben.

'Flitst hij wel vaker zo voorbij?' vraagt Sofia.

'Ja, af en toe mist hij moeders home cooked meals. Dan staat hij plotseling met een hongerige blik in zijn ogen voor mijn neus.'

'Hoe zit het eigenlijk met die Max? Ik heb je er in geen eeuwen iets over horen zeggen.'

'Ik zou willen dat ik hem kon vergeten. Ik heb pogingen gedaan om afleiding te vinden, maar volgens mij wordt dat geblokkeerd door hemelse machten. Ik heb het er een paar maal met Maria over gehad, maar die blijft bij haar overtuiging: Max en ik komen ooit bij elkaar. Ik betwijfel het. Als ik bedenk hoe hij de laatste keer was dat ik hem zag... stapelverliefd, er is geen ander woord voor. Stapelverliefd, maar niet op mij. Die gaat voorlopig echt niet bij zijn vriendin weg, tenzij er iets heel onverwachts gebeurt. Nee, ik weet niet wat ik ermee moet.'

'Kan het niet zo'n karmische relatie zijn waar hij in zit? Een tijd geleden ben je naar een workshop geweest over helende relaties. Toen heb je me verteld dat bij relaties die heftig beginnen en waarbij beiden denken de liefde van hun leven te hebben gevonden, dat helemaal niet het geval hoeft te zijn. Dat het in zulke gevallen om een karmische relatie kan gaan, en het niet dé man of dé vrouw is, maar iets uit een vorig leven wat hersteld of afgemaakt moet worden,' zegt Sofia.

'Dat is waar ook. Ja, wacht eens... Met Maarten begon het ook zo heftig, en daar bleek ik inderdaad iets mee uit te zoeken of af te maken te hebben. Niet dat het echt gelukt is, maar dat is een ander verhaal,' zeg ik, terwijl ik helemaal opklaar van haar opmerking. 'Als het echt een karmische relatie is waar Max in zit, ben ik ook allesbehalve jaloers. Al die heftigheid en ellende, waardeloos. Het eindigt er altijd mee dat je als voddenbaal in een hoekje wegkruipt met het gevoel dat je leven voorbij is, en je jezelf afvraagt hoe je ooit zo stom hebt kunnen zijn te geloven dat je de hemel op aarde had gevonden. Maanden later kijk je voorzichtig weer eens als een klein schuw hondje om je heen, om te zien of iemand je zou willen aaien. Nee, hoor, vergeet het maar, niemand lijkt je nog op te merken. Piepend van ellende kruip je daarom weer terug in je mand. Oh, lieve schat, nooit, nooit meer, echt niet.'

'Je zou denken dat je een leven als hond achter de rug hebt,' zegt Sofia. 'Wat is dat nou, yin trainen?'

'Yin trainen is niet langer in actie komen om maar in actie te zijn, maar alleen in actie komen als je een impuls krijgt van yang, wat gelijk staat aan geestelijke leiding. Ik lijk wel verslaafd aan actie. Als ik even niets te doen heb word ik direct onrustig. Zo langzamerhand heb ik ontdekt dat bezig zijn zonder duidelijk doel niets oplost. Integendeel zelfs. Ik probeer echt tot rust te komen, en alleen te handelen vanuit een innerlijke impuls die niet uit mijn hoofd komt,' zeg ik.

'Misschien moet ik mijn yin ook maar eens gaan trainen, ik ben doodop. Net als jij word ik alleen maar onrustiger als ik eens niets te doen heb. Duidelijke zaak: hier zitten twee junks. Proost dan maar weer.'

Even genieten we in stilte van de wijn. Dan verbreekt Sofia de stilte.

'Ik heb besloten om een sabbatical te nemen. Ik moet ertussenuit, voor ik een moord bega.'

'Nou zeg, wat onverwacht.'

'Voor jou misschien, maar ik loop al een poosje met dit plan rond.'

'Je bent nooit de meest mededeelzame geweest. Af en toe lijk je net een man: eerst een idee uitbroeden voordat het de wereld in mag.'

'Ik kan er niets aan doen, zo zit ik in elkaar,' zegt Sofia.

'Geeft niet, maar daardoor komen je mededelingen soms hard aan,' zeg ik.

'Sorry.'

'Wat wil je gaan doen?'

'Ver weggaan, ergens waar geen scholen staan en ik niet op elke straathoek moeders met kinderen tegenkom,' zegt Sofia.

'Dat wordt het klooster,' zeg ik. 'Ik kan geen andere plek bedenken waar je geen moeders met kinderen tegen kunt komen. Maar waarom heb je ineens zo genoeg van je werk?'

'Ouders worden ontoerekeningsvatbaar als het om de intelligentie of aanleg van hun kinderen gaat. Werkelijk, als ik zou geloven wat ouders beweren over hun bloedeigen kindertjes is de wereld tot de nok toe gevuld met nazaten van Einstein of Rembrandt. Goed idee, ik ga naar een klooster. Of een ashram in India, dat lijkt me ook wel wat.'

'Wat een heerlijk vooruitzicht heb je.'

'Ga mee.'

'Nee, kind, ga jij maar in je eentje, dat lijkt me veel beter. Bovendien heb ik nog het een en ander af te wikkelen voor ik de wereld weer in mag,' zeg ik.

'Schieten de juridische kwesties niet op?'

'Nee, een slak is daarbij vergeleken een snelheidsmonster,' zeg ik en kan het niet helpen dat er een diepe zucht bij ontsnapt.

Als Sofia is vertrokken voel ik me eenzamer dan ooit.

34

November 2009

Onder het enorme gewicht van het stille worstelt een diep geheim om ontdekt te worden.[6]

November heeft vandaag zijn intrede gedaan en nog steeds is er geen bericht van Maarten. Inmiddels is het meer dan zes weken geleden. Zal ik hem opbellen? vraag ik me af. Wie weet helpt het hem om een besluit te nemen.

'Als je dat doet heb je helemaal niets geleerd. Jij gaat wachten tot Maarten zover is of tot je concludeert dat hij niet zal reageren. Dan draai je jezelf om en gaat verder met je leven, begrepen?'

'Ja, Hoofd,' zeg ik. Sinds wanneer weerhoudt Hoofd me ervan om domme dingen te doen?

Even later kijk ik peinzend uit het raam van mijn werkkamer en denk aan de periode die voor me ligt, die ik zonder partner, met weinig afleiding en heel veel rust moet zien door te brengen.

Ik ben benieuwd wanneer en of White Bull zich weer zal melden. Zal ik Ian Graham benaderen? Of is dat ook een ongeïnspireerde actie van een op hol geslagen yin? Misschien is al dat wachten wel de schaduw waar de Chinese man in de onderwereld het over had, en waar ik doorheen moet voor ik helderheid krijg.

'Lijkt me niet waarschijnlijk,' zeg ik. 'Het schaduwrijk is het rijk van de angst, van dat wat niet gezien wil worden. Op de een of andere manier moet ik door angst heen. Welke

---

6   R.L. Wing: *I Tjing werkboek.*

angst? Als ik dat eens wist ging ik er wel doorheen, dan had ik dat tenminste achter de rug. En tegen wie heb ik het toch steeds?'

'Tegen mij, de Getuige.'

'Pardon,' zeg ik. 'De Getuige?'

'Inderdaad. Iedereen heeft een Getuige, aan wie anders zou je verantwoording kunnen afleggen over je doen en laten?'

Ik kijk weer eens naar de foto van James Joyce. Hij lijkt de Getuige ook gehoord te hebben en het heel normaal te vinden. Zou hij ook zo veel gekletst hebben met zijn Getuige?

'Goed, meneer of mevrouw de Getuige, aangenaam kennis te maken. Ik hoop dat je me van dienst bent en me niet voor de voeten loopt.'

De Getuige zwijgt.

'Oké, James, laten we aan het werk gaan. Weet je, ik ben in Ulysses begonnen. Maar natuurlijk weet je dat. Allemachtig, wat een klus. Ik raak er bij tijd en wijle buiten adem van en soms leg ik het al na tien minuten weg. Ik hoop niet dat je het me kwalijk neemt.'

'No, no, Ulysses is like a box of chocolates. Take whatever you like. Bit by bit you will empty the box.'

'We zullen zien. Zeg, wat is het thema van Ulysses eigenlijk?'

'Lust.'

Verbaasd kijk ik hem aan.

'Lust?'

'Ja, allerlei soorten lust.'

Ik denk even na over wat ik tot nu toe heb gelezen. Ik kan inderdaad wel enige lust ontdekken. Lust om heerlijk uitziende niertjes uit te kiezen bij de slager en de geur al bij voorbaat op te snuiven. De lust van lekker naar de wc gaan, in je neus peuteren of fantaseren over seks. Zelfs in de zelfgenoegzaamheid van de drie mannen, die schommelend in een rijtuig zitten op weg naar de begrafenis van mister Dignam, kan ik wel lust ontdekken. Gaat schrijven in feite ook niet om het ervaren van lust? Is schrijven niet altijd een daad van zelfgenoegzaamheid?

'Het is niet alleen het schrijven dat van lust vervuld is. Alles wat een mens doet is vervuld van lust. Zonder die ervaring missen de meeste mensen de prikkel om ook maar iets te presteren. Lust ervaren is niets anders dan de bevestiging zoeken dat je leeft; het is het diepe verlangen naar gekend worden dat in ieder mens aanwezig is,' reageert James.

'Het is slechts een enkeling gegeven zich gekend te weten. De schrijver die in de spiegeling van de tekst eindelijk de eigen naakte ziel kan ontwaren zonder dat knagende verlangen, zonder de zich alsmaar opdringende behoefte om door het schrijven bij de eigen kern te komen, is een zeldzaamheid. Uit lust schrijven is niet per definitie verkeerd, mits de schrijver lust ervaart in het schrijven van het verhaal zoals het werkelijk verteld wil worden. Dan heeft lust een functie die verder reikt dan alleen de persoon van de schrijver. Dat is het vel van de ziel schrijven.'

Ik ben er stil van en begrijp eindelijk wat James van me vraagt. Ik denk er even over na, en wil nog meer weten.

'Het boek heet Ulysses. Wat is de connectie met de Griekse held?'

'Elk mens maakt een eigen heldenreis, simpelweg door het voor hem of haar bedoelde leven te leven. Jij doet dat, je buurvrouw doet het, iedereen doet het. Maar,' gaat James verder, 'het gaat ook om de wisselwerking tussen wat jij doet en wat het lot voor je in petto heeft. Het lot is niets anders dan de afspraak die je met jezelf hebt gemaakt en die jouw blauwdruk vormt. Zoals elke architect vastzit aan de blauwdruk van zijn eigen ontwerp om wat dan ook te kunnen bouwen, zo zit elk mens vast aan zijn eigen blauwdruk; aan de afspraken die hij ooit met zichzelf maakte. Om terug te keren naar jouw taak: wanneer jij werkelijk bij je eigen kern uit wilt komen, zul je ten eerste jezelf moeten doorgronden, je drijfveren leren kennen door zo veel mogelijk en zo breed mogelijk waar te nemen en op afstand naar jezelf te kijken, maar ook door in relatie te gaan, je te verbinden en te ervaren wat jouw acties en jouw aanwezigheid met anderen doen en vice versa. Vervolgens zul je de lustgevoelens, je prikkels, op moeten wekken door in contact te zijn met je eigen wezen, het onsterfelijke stuk, en los moeten komen van je afhankelijkheid van anderen, en daarmee de wereld intrekken. Dat is jouw heldenreis; dat is een gewoon leven op buitengewone wijze leven. Vervolgens is het je taak daarover verslag te doen.

Dan nog iets: je verlangen naar fysiek contact is in je vroege jeugd ontstaan uit een gefrustreerde behoefte aan veiligheid. Dat heeft tot het pleasegedrag geleid dat je emotioneel afhankelijk heeft gemaakt van anderen, vooral van mannen, en dat je in feite heeft uitgehold. Je zult hier helemaal los van moeten komen. Niet gek bedacht overigens, dat woord 'prikkeljunkie'.'

'Heb je ook een idee hoe ik het zou kunnen aanpakken?' vraag ik, nog steeds diep onder de indruk.

'Door de stilte in jezelf te vinden, daar steeds opnieuw naartoe te gaan en alles verder buiten te sluiten,' antwoordt James. 'Wees stil en luister naar je binnenwereld. Dan zul je de schoonheid en de wijsheid ervaren van je innerlijk, van de fluisteringen die opklinken als muziek. Je zult genieten van het tijdloze universum dat je betreedt en je zult tot rust komen. Wanneer je zover bent zul je beter geïnspireerd kunnen worden en zul je ontdekken dat je het verhaal luid en duidelijk kunt verstaan. Je zult altijd weten wat te doen en wat te laten en weinig meer twijfelen.

Stilte is het eeuwige bestaan in jezelf vinden. Wanneer je zover bent opent zich je gevangenis en kom je in de flow van het leven, zoals het voor je is bedoeld. Wees stil en luister, weersta de verleidingen van de buitenwereld. Laat alle demonen uit hun verborgen hoeken tevoorschijn komen. Loop er niet voor weg maar kijk ze in de ogen en wees stil.

Wanneer je dat hebt gedaan zal je hart gaan spreken. Dat is door de schaduw heen gaan, jezelf voeden en versterken. Dat is yin volgzaam maken om yang te kunnen verstaan. Dat is je verslaving, de slaaf in jezelf, de baas worden en het meesterschap verwerven. Op het moment dat je hart gaat spreken ben je klaar om de buitenwereld weer in te stappen en dat, lieve Eva, lukt niet in drie dagen.'

James — die ineens een zwarte hoed draagt — lukt wat tot nu toe niemand, inclusief mijzelf, is gelukt. Ik sta stil en ik weet niet wat me overkomt. Ik kom los van de buitenwereld, omdat de binnenwereld alle ruimte in beslag neemt. Ik hoor de buitenwereld, maar laat het niet langer binnenkomen. Ineens lijk ik geen mening meer te hebben en kan ik me nergens meer over opwinden. Ik doe wat ik moet doen om mijn dagelijks leven in orde te houden, zonder dat het iets met mij te maken lijkt te hebben. De zoektocht naar een plek waar het stil is vanbinnen slokt me helemaal op. Mijn dagelijkse bezigheden doe ik op de automaat, terwijl ik alsmaar gewaar ben van mijn innerlijke beroeringen. Ze zijn met geen pen te beschrijven, woorden ervoor zouden lijken op de onsamenhangende brei in mijn binnenste, waaraan ik kop noch staart kan ontdekken.

Weken en weken trekken voorbij. Het blijkt een barre tocht langs een ware kermis van gekakel, gezoem, gebrom en andere herrie. Ik kom nog veel meer tegen: brokken in mijn keel, proppen in mijn oren, ballen in mijn buik, zwaarte in mijn hart, kriebels en eindeloos veel onrust in mijn armen, mijn benen en mijn hoofd, plagerige jeuk op plekken waar ik niet bij kan, tot bliksemflitsen in mijn ogen aan toe.

James bereidde me niet voor op een bezoek aan Dantes hel op mijn weg naar rust en vergat me te vertellen dat wanneer je eenmaal in de hel bent, er niets anders op zit dan te branden in het vuur van verlangen, te bevriezen in ijswinden van liefdeloosheid, te luisteren naar de eindeloze jammerklachten van duistere figuren of het gegil van de krankzinnigen, en te weten dat je dat allemaal zelf bent.

Het lukt me wonderlijk genoeg om mijn binnenwereld te verbergen voor degenen die ik in mijn eenzaamheid toch nog tegenkom. Ik kook het eten, ruim mijn rotzooi op en doe boodschappen, terwijl een wereld van volslagen gekte vanbinnen ondertussen een oorverdovende herrie maakt. Ik ben een tweekoppig monster en lijk onaangedaan. Ik slaap nauwelijks, maar wind me er niet over op. Telkens en telkens weer leid ik mezelf naar binnen, bezoek de catacomben van mijn bestaan en loop keer op keer door de gang van duizend zuchten.

Dan, zomaar terwijl ik midden in de nacht op de bank zit, ontdek ik dat er in mijn hoofd een plek is waar een diepe stilte heerst. De eerste keer is het slechts een korte flits, die meteen weer wegglipt. Die flits is zo veelbelovend dat ik ernaar terug wil. Ik ben volkomen geconcentreerd. Op het moment dat ik hem vind is het ook weer weg. Ik zoek en zoek en vind het weer, weer glipt het weg. Toch wordt steeds makkelijker om de plek te vinden. Tot ik er zomaar een hele seconde kan blijven, en dan twee seconden, en drie, tot een minuut. Die minuut lijkt een eeuwigheid en geeft me zo veel rust dat ik niet meer nodig heb. Ik noem de plek de plek van het niets, want er is daar werkelijk niets, en dat is de meest weldadige staat die ik me maar kan voorstellen. In Niets kan ik werkelijk uitrusten. Niets is niet alleen stilte, het is meer dan dat: het is stilte en leegte; het is als een Mongoolse steppe die zich eindeloos voor me uitstrekt, en zelfs die beschrijving geeft niet precies de werkelijke ervaring weer. Ik blijf oefenen, want ik wil deze plek nooit meer kwijtraken. Ik oefen dag in dag uit, tot de wereld weer mijn aandacht vraagt. Met het niets onder handbereik trekken de rookwolken van het inferno op. Langzaam kom ik weer op gang.

Op een grijze dag aan het eind van november krijg ik een uitnodiging van een sjamaan om mee te doen aan een healingdriedaagse. Ik was hem een tijdje terug op het spoor gekomen, nadat ik afscheid had genomen van de mensen van de Gewijde Tempel omdat ik me daar niet meer thuis bij voelde.

35

December 2009

De zwerver bereikt een rustplaats. Hij verkrijgt zijn bezit en zijn bijl.
Mijn hart is ongelukkig.

Max heeft me weer eens helemaal te pakken. Ik ben het meer dan zat dat mijn leven om een man dreigt te draaien die me vergeet zodra ik uit zijn gezichtsveld verdwijn. Alle voorspellingen van Maria ten spijt heb ik niet het gevoel dat er ook maar een greintje kans is op een mooie liefdes-relatie.

Bovendien vraag ik me af of ik dat eigenlijk wel wil, of het niet meer een diep verlangen is naar die persoon die in staat is om tot mijn wezen door te dringen. Het zou heel goed kunnen dat ik die wens op Max heb geprojecteerd. Maar Maria dan? Tot nu toe heeft ze het altijd bij het rechte eind gehad.

Ik draag allerlei argumenten aan die kunnen maken dat ik Max loslaat, maar iets in mij houdt hem stevig vast. Hoe meer ik hem van me af probeer te duwen, hoe hardnek-kiger zijn beeld zich aan me opdringt. Wat kan ik doen?

Er schiet me een sjamanistische techniek te binnen die ik onlangs in een boek las. Ik ga een reis naar de bovenwe-reld maken om mijn archetypische ouders te ontmoeten, om hen te vragen hoe het toch zit met Max en welke con-tracten ik heb afgesloten voor dit leven.

Ik begin met een diepe ademhaling, om die even later over te laten gaan in de ademhaling van de kleine dood. Daarna klim ik volgens de instructie in een boom en laat me ophalen door de poortwachter van de bovenwereld. Zodra ik hem het doel van mijn bezoek heb verteld, zwaait de deur open.

Ik zie een zonnig, bergachtig landschap verschijnen. In de verte komen twee mensen aanlopen. Eenmaal dichterbij blijken het twee kleine, stevige boerenmensen te zijn. Ze lijken een beetje op de zachtaardige, groen-oger uit de film *Shrek*. Mijn moeder heeft een tot op de grond reikende, fijn geblokte en wijduitstaande boerenjurk aan, terwijl mijn vader een donkerblauwe boerenkiel en broek draagt met om zijn nek een rode boerenzakdoek. Aan zijn voeten prijken een paar klompen. Een pet en een pijp in zijn mond completeren het geheel. Ik zie de stevige rode knuisten van mijn ouders, die duidelijk bij het boerenleven horen.

Onwennig sta ik tegenover ze. Ik kijk naar hun kleding, hun ongekunsteldheid, en zie de oprechte, liefdevolle blik in hun ogen. Daarin herken ik ogenblikkelijk mijn eigen diepe verlangen naar eenvoud, vrijheid en natuur. Het lijkt wel alsof een harnas van me afvalt, alsof ik alle strijd kan laten varen omdat ik bij hen veilig ben. Op hetzelfde moment wordt mijn blik naar een groot en stralend licht getrokken. Het licht komt van een plek hoog in de bergen en lijkt me te roepen. Mijn ouders volgen mijn blik en draaien zich om, als teken dat we op weg kunnen gaan.

'Wacht even,' zeg ik. 'Ik wil jullie eerst iets vragen. Hoe zit het toch tussen Max en mij?'

Mijn ouders lijken mijn vraag niet te hebben gehoord en vervolgen hun weg. Op hetzelfde moment voel ik dat Max er ook is. Ik kijk om me heen, maar zie hem niet. Ik kijk nog een keer rond, haal mijn schouders op en besluit dan mijn ouders te volgen.

Voordat ik op weg kan gaan hangt er plotseling een

draagstoeltje om mijn nek. Max springt in het stoeltje en kijkt me verheugd aan. Ik kan geen stap meer verzetten.

'Wacht, wacht even!' roep ik mijn ouders na, die al een eindje op weg zijn.

Mijn moeder draait zich om en kijkt verstoord.

'Zet neer die man,' roept ze, terwijl ze met haar hand een driftig gebaar maakt.

'Het stoeltje is te zwaar om over mijn hoofd te tillen,' roep ik terug.

Nu draait mijn vader zich ook om en kijkt nog verstoorder dan mijn moeder. Zo blijven we even staan, tot mijn ouders terug komen lopen en gebaren om bij de beek te gaan zitten die vlak langs het pad stroomt. Ik laat me op de grond zakken. Daar til ik met behulp van mijn moeder het stoeltje over mijn hoofd en zet het in het gras neer. Max stapt eruit en laat zich in het gras vallen. Hij plukt een grassprietje, stopt het in zijn mond en staart naar de lucht. Mijn ouders kijken afkeurend naar hem.

'Dit kan zo niet,' zegt mijn moeder. 'We moeten verder. Sta op en kom mee.'

Max lijkt mijn ouders niet eens te hebben gehoord en maakt geen aanstalten om op te staan. Ik kijk naar hem en aarzel. Hij lijkt niets te merken van mijn dilemma en blijft naar de lucht staren.

Als mijn ouders al een eindje op weg zijn neem ik een besluit. Ik sta op, doe een paar stappen, kijk nog eenmaal achterom en hol achter mijn ouders aan. Samen lopen we over het bergpad, dat eerst langs een diep ravijn voert, dan door een groot bos loopt, om vervolgens vlak langs enorme watervallen verder omhoog te kronkelen.

Onderweg komen we allerlei mensen tegen die net als wij onderweg zijn naar het stralende licht in de verte.

Na een flinke wandeling naderen we een herberg. Hier zullen we een poosje uitrusten. Mijn ouders lopen het terras op en gaan zitten. Ik loop naar het uiteinde van het terras en kijk naar het woeste berglandschap om me heen. Het terras hangt boven een dal. Het weergaloze uitzicht en de diepe stilte benemen me bijna de adem. Een vrouw komt naar buiten lopen om onze bestelling op te nemen. Als ze ermee terugkomt ga ik naast mijn moeder zitten. Net op dat moment komt Max hijgend aan rennen. Hij ploft naast me neer en bestelt hetzelfde als wij. Een paar uren later lopen we met ons vieren verder.

Ik tuimel terug naar de aarde en land zachtjes op mijn bed. Zo zit het dus: ik sleep Max mee omdat hij zelf nog geen besluit heeft genomen, maar ook Maria lijkt gelijk te hebben. Het is belangrijk om hem los te laten, dat is me ook duidelijk. Hoe dat moet weet ik nog steeds niet, en welke afspraken ik hier ooit over heb gemaakt blijft ook onduidelijk.

36

Januari 2010

De leerling krijgt door het oneindige einde begrip van het vergankelijke.

Al vroeg ben ik klaarwakker. Gisteren heb ik afscheid genomen van Sofia, die vandaag naar India zal vertrekken. Als het goed is zit ze over een uur al in het vliegtuig. Ik voel me verdrietig en jaloers. Maar ook mij staat vandaag iets spannends te wachten. Aan het eind van de middag begint de healingdriedaagse bij een andere sjamaan. Bovendien heb ik het gevoel dat er iets groots staat te gebeuren.

Ik sta op, loop naar de badkamer en kijk eens goed in de spiegel.

'Zesenvijftig,' zeg ik, 'en nog zoekende. Het is toch niet te geloven. Wordt het niet eens tijd om werkelijk alle oude zooi achter je te laten?'

Ik kijk mezelf nog eens goed aan.

'Weet je wat,' zeg ik tegen mijn peinzende spiegelbeeld, 'ik ga mijn haar afknippen. Dat lijkt me een mooi begin van een nieuwe fase. Opruimen, afronden, weggooien én afknippen.'

'Wil je het echt helemaal kort?' vraagt de kapster even later terwijl ze me in de spiegel aankijkt.

'Ja, knip het er op een paar centimeter na helemaal af, alsjeblieft.'

De kapster kijkt naar mijn spiegelbeeld, loopt vervolgens om me heen en gaat zonder nog een woord te zeggen aan de slag. Tevreden kijk ik naar al het haar dat al gauw naar beneden dwarrelt.

'Valt me mee,' zeg ik als inderdaad bijna al mijn haar eraf is.

'Staat je goed,' zegt de kapster.

's Middags ga ik op weg naar de healingdriedaagse. Het schemert al als ik bij de afgelegen boerderij arriveer waar de ceremonie zal worden gehouden.

Ik word hartelijk verwelkomd, krijg een matras in een grote ruimte toegewezen en begin de plek zo comfortabel mogelijk in te richten om er de komende dagen op door te brengen. Ik voel me gespannen en onwennig in deze nieuwe groep. Even denk ik aan de mensen met wie ik de eerdere ceremonies heb gedaan. Ik laat ze achter, ga liggen en wacht tot het begint.

Net als de tempel waar ik begon met mijn zielenreizen is deze ruimte prachtig ingericht, overal branden kaarsen. Buiten is het inmiddels donker geworden. Ik maak kennis met mijn twee buren, die allebei voor de eerste keer aan een ceremonie meedoen.

'Laat maar gebeuren,' zeg ik, en ik voel me net een oude rot in het vak. 'Elke keer is totaal anders. Het is maar net waar je ziel op dat moment behoefte aan heeft om te ervaren of wat je nodig hebt om een situatie te kunnen begrijpen. Je kunt wel vragen stellen of om verheldering van situaties vragen.'

'Hoe ben jij hier terechtgekomen?' vraagt mijn rechter buurman.

'Via een bijeenkomst waarin White Bull gechanneld werd,' zeg ik.

'Ik ook,' zeggen mijn twee buren tegelijk.

Ik kijk eens om me heen, naar al die mensen die net als ik zoekend zijn.

'Mijn naam is Anton,' zegt mijn buurman terwijl hij een hand uitsteekt.

Een dik uur later arriveren de laatste twee deelnemers. Een gong klinkt en de ceremonie begint.

De sjamaan komt binnen met zijn helpers en met in zijn kielzog een paar musici.

'Wat leuk, livemuziek. Dat wist ik niet,' zeg ik.

Ik kijk naar de instrumenten die de musici hebben meegebracht: een viool, gitaren, djembés, een didgeridoo en enkele instrumenten die ik van mijn levensdagen nog nooit heb gezien. Ik lig me als een kind te verkneukelen op wat komen gaat, en daarmee ebt de spanning weg.

Zodra de sjamaan binnen is verandert de sfeer; alsof de ruimte plotseling een middelpunt heeft gevonden. Om te beginnen kijkt hij op zijn gemak iedere deelnemer één voor één aan, en begint dan met een introductie. Daarna stelt iedereen zich voor en laten we weten met welke intentie we zijn gekomen. Na een paar minuten dringt tot me door dat mensen om healing vragen voor ziektes of trauma's. Dat kan ik ook weleens doen!

'Allereerst wil ik om healing vragen voor mijn whiplashklachten,' zeg ik als het mijn beurt is. 'Daarnaast voel ik me zo langzamerhand afgesloten van het leven. Mijn leven stagneert keer op keer, het voelt alsof ik alleen op de wereld ben. Ik wil me weer verbonden voelen met anderen, werkelijk contact voelen, de diepte in. Verder wil ik graag weten wat ik voor ik aan dit leven begon heb afgesproken te zullen doen, met name ten aanzien van een bepaald persoon. Ik wil loslaten wat mij niet meer dient en me overgeven aan een hogere macht.'

Zo, denk ik, je bent nogal wat van plan.

Als iedere deelnemer zijn intentie heeft uitgesproken beginnen de musici zachtjes te spelen. Het zijn bijna gewijde klanken. De helpers steken ondertussen de saliebundels aan en reinigen daarmee de ruimte en de deelnemers.

Even later lopen we één voor één naar de sjamaan en knielen op het kussen neer dat voor hem ligt, om de ayahuasca in ontvangst te nemen en op te drinken. Weer terug op mijn plek kijk ik naar mijn buren en wens ze een goede reis. Dan laten we ons achterover zakken.

Binnen een uur zit ik als clown op een kinderfietsje. Mijn knieën stoten bij elke trap tegen het stuurtje. Diep vooroveregebogen trap ik de trappers rond en rijd over de hele wereld; ik fiets naar Azië, naar Amerika, naar Afrika, ik fiets door dichtbevolkte gebieden en over verlaten steppen, ik fiets over bergen en rijd rakelings langs diepe ravijnen; ik trap en trap onvermocibaar door.

Waar ik ook kom, niemand ziet me. Ik ben de onzichtbare clown en ik voel me bedroefd. Ik fiets en fiets steeds verder en denk: wat heb ik eraan om clown te zijn als ik niemand kan laten lachen?

Uiteindelijk fiets ik een grote, donkerbruine koek in. Ik kijk om me heen en zie niets anders dan de donkerbruine massa. Ik ruik de kruiden en proef de zoete smaak. In de koek blijk ik hetzelfde probleem te hebben als ik op het fietsje had: niemand ziet me, en omdat ik verstopt zit in de koek kan ik zelf niets meer meemaken van wat zich in de wereld afspeelt. Wat een treurnis toch. Ik vraag me af waarom ik nog wil leven.

'Wat wil je eigenlijk, leven of sterven?' vraagt op dat moment een stem.

Voordat ik ook maar de kans krijg de vraag te beantwoorden word ik naar de Noordpool getransporteerd. Daar lig ik zonder kleren te klappertanden te midden van ijsschotsen, en ik kan me niet meer verroeren van de kou. Ik kijk om me heen en zie alleen maar een schemerige, blauwe omgeving. Verder is er niets dan ijs, ijs en nog eens ijs. Het is onmogelijk om hier langer dan een paar uur te overleven.

Al gauw word ik bang, want niemand van de helpers lijkt te merken dat ik bezig ben dood te gaan. Ik kan geen hand meer optillen, mijn hoofd niet meer draaien, en ben niet in staat om maar een enkel signaal te geven.

Einde verhaal, ik word het allereerste sterfgeval tijdens een ayahuasca-ceremonie.

De stem gaat verder: 'Dit wordt je lot als je doorgaat zoals je gewend bent te doen; als je niet verandert word je een levende dode. Daar zijn er al genoeg van, en je draagt op die manier ook niets bij aan de wereld waar je zo graag naar terug wilt. Maak daarom een keus en blijf daarbij.'

'Natuurlijk wil ik leven,' zeg ik. 'Ik weet alleen niet hoe dat moet.'

'Kies,' is opnieuw het antwoord, 'en laat los. Laat alles en iedereen los wat je niet dient. Kijk hier eens naar.'

Ik zie mezelf op mijn fiets door de buurt rijden waar mijn huis staat. Om de buurt staat een metershoog ijzeren hek. Ik rijd alsmaar rondjes, maar kom niet voorbij dat hoge hek.

'Let op wat er gebeurt zodra je alles loslaat.'

Iets lijkt me aan mijn haren omhoog te trekken, zoals de baron van Münchhausen die zichzelf aan zijn haren uit het moeras trekt. Ik zweef over het hek en alles wordt lichter om me heen. Tegelijkertijd ontstaat een diep gevoel van rust. Het gaat dus alleen over de keus: loslaten en leven of vasthouden en sterven. Als ik voor loslaten kies, kan ik terug naar de stilteplek, het grote niets, en mijn rust terugvinden.

'Oké,' zeg ik. 'Ik heb geen idee hoe het precies moet, maar ik kies voor het leven.'

Langzaam ontdooi ik weer, maar nog steeds kan ik me niet verroeren; ik heb er de kracht niet voor. Tot ik een handje word geholpen.

'Godverdegodver!' klinkt er ineens een harde, zware stem. 'Godverde...' De rest gaat verloren in een diep gegrom.

Een van de mannen begint als een bezetene te schreeuwen, waarop mijn hart als een razende tekeergaat. 'God-ver degodverklerezooiteringbendeklotezooooooooooooooooooi-graaaaaaaaaaaaaaaaa.'

Mijn haren staan recht overeind. De man gromt nu zo weerzinwekkend griezelig dat ik opnieuw bevries. De helpers gaan naar de man toe en leggen een cordon om hem heen. Het schreeuwen en grommen gaat maar door, tot mijn ijslaag smelt van woede, met een gigantische inwendige ruzie tot gevolg.

'Lul,' schreeuw ik terug, 'ga ergens anders schreeuwen. Durf je wel hier? Ga naar het bos, idioot, en schreeuw daar. Zadel ons er niet mee op, imbeciele klootzak!'

De man schreeuwt maar door en lijkt niet meer te kunnen stoppen. Op dat moment zie ik als een film alle mannen waarmee ik een relatie heb gehad aan me voorbij trekken. Niet een van hen lijkt me werkelijk te hebben gekend. Ik zie hoe ik ben belazerd terwijl ik niets doorhad. Ik voel de desinteresse voor wie ik echt was. Het is alsof een ijskoude hand zich weer om mijn hart vouwt. Ik begin ontzettend te huilen. Een van de helpers komt op me af, legt haar hand op mijn borst en maakt met de andere hand allerlei gebaren. Mijn hart gaat zo hard tekeer dat ik denk dat het zal barsten.

Nog een helper komt bij me zitten. Hij helpt me te gaan zitten en legt een hand op mijn rug. Langzaam ontstaat er een enorme bal vanbinnen. De bal blijft groeien en groeien en dijt uit tot ongekende proporties, totdat ik hem met een hoorbare knal uitkots. Terwijl ik dat doe zie ik een grijsgroene zak uit me wegglijden. Daarna word ik rustig en kan ik weer gaan liggen. Een van de helpers blijft bij me en houdt alsmaar haar hand in de buurt van mijn hart. Het bonken van mijn hart is gestopt, maar het doet vreselijk veel pijn.

'De hartchirurge is bij je, maak je geen zorgen,' zegt ze, zonder dat ik heb verteld dat ik zo'n pijn heb.

Wie de hartchirurge is en wat ze heeft gedaan weet ik niet, maar de pijn verdwijnt.

Opnieuw zie ik beelden van de mannen in mijn leven; het ene liefdeloze beeld na het andere trekt voorbij. Ik zie mijn eigen naïviteit en ik zie de signalen die levensgroot voor mijn neus stonden maar die ik niet herkende. Weer komt er van al die beelden een ijzige kou af. Ik dreig wederom te bevriezen.

Ondertussen zie ik de grijsgroene zak langzaam verschrompelen, met daarin het beeld van mijn moeder. Mijn moeder, weet ik ineens, heeft zich uitgeleverd aan mijn vader in ruil voor fysieke en financiële veiligheid. Als tegenprestatie heeft ze haar kracht en intelligentie diep in zichzelf weggestopt, zodat mijn vader kon groeien op de mest van haar offer. Mijn ouders zijn als twee planten die samen in een pot aarde zijn gaan staan, met als gevolg dat een van de twee groeide ten koste van de ander. Mijn moeders offer is mijn rolmodel geweest en ik heb het zojuist uitgekotst.

Even kan ik uitrusten, tot het zachte geluid van de tingsha door de ruimte klinkt. Eén voor één nemen we weer plaats op het kussen voor de sjamaan, om ons volgende glas te drinken. Hij kijkt me peilend aan, schenkt de passende hoeveelheid in en reikt het me aan.

Terug op mijn matras rol ik me in mijn dekbed en luister naar de viool die zachtjes zijn lied zingt. Ik wentel me in het lieflijke geluid, tot ik merk dat de klanken langzaam worden verdrongen door andere instrumenten, die samen een kakofonie produceren tot er niets lieflijks meer over is. In een rotvaart glijden we allemaal naar beneden, en al snel klinken er geluiden die me doen denken aan de dagen in Dantes hel. Een hele dierentuin lijkt zich in de ruimte verzameld te hebben: van alle kanten klinkt er brullen, grauwen en grommen, afgewisseld met hoge uithalen en jammerlijk huilen. De slaginstrumenten lijken samen te spannen om ons nog verder mee de diepte in te nemen. Het grommen en grauwen maakt langzaam plaats voor geluiden die van heel diep een uitweg zoeken. Het is een gekkenhuis. Tot een van de mannen opstaat en roept: 'Het feest kan beginnen!'

Een diepe stilte volgt. Misselijkheid maakt plaats voor nieuwsgierigheid. Iedereen kijkt naar de man die is gaan staan en volgt zijn blik. Ik zie dat de hel plaats heeft gemaakt voor een plek onder de volle maan, midden op een prairie. Ik zie een groot vuur met dansende indianen eromheen. Te midden van de dansende indianen staat een wel vijf meter grote indiaan als een toonbeeld van moed en kracht. De stem van de man gaat verder.

'Wij zijn allen krijgers. Geen krijgers om oorlog te voeren, maar krijgers met een missie. Wanneer we hier vandaan gaan, zullen we ons weer onder de andere mensen mengen. Maar, lieve mensen, tussen al deze mensen in vormen wij een netwerk. Op ditzelfde moment zijn er andere ceremonies gaande, waarin andere krijgers klaar worden gemaakt voor de missie. De missie die we hebben is om de angst te helpen verminderen die zal ontstaan door de transformatie waar de aarde doorheen gaat. We moeten mensen door deze angst heen helpen. Als krijgers is het onze taak om de mensen als gidsen de weg te wijzen.

Voor ieder van ons is er een jas. Niet een gewone jas, maar een jas gemaakt van buffelhuid en afgezet met veren. Dit is een kostbare jas. Deze jas moet je aantrekken op het moment dat je een grote veer vindt die van een havik, een adelaar of een buizerd afkomstig is. Zodra je deze veer hebt ontvangen, is het tijd je taak op je te nemen.

Vanaf het moment dat je de jas draagt heb je de wijsheid van het hele universum tot je beschikking, en je zult spreken met de moed van een echte krijger. Je zult weten wat te doen en de mensen zullen luisteren, omdat de waarheid direct doordringt tot hun angstige harten.

Je zult ook meer mensen horen zeggen: "Kijk eens wat een mooie veer ik heb gevonden." Ze zullen je een veer laten zien van een havik, een adelaar of een buizerd. Dan weet je dat ook die persoon tot de krijgers behoort en je zult samen kunnen werken. Het kan zelfs je kind zijn dat jou een veer laat zien. Voor die tijd zul je bemerken dat je steeds vaker een van de genoemde vogels boven je hoofd ziet cirkelen. Dat gebeurt om je te helpen herinneren aan de taak die op je wacht.

Denk niet dat je je vergist en dat de mensheid je niet nodig heeft; de mensheid heeft je wel degelijk nodig. Wanneer je voor het eerst op pad gaat met je jas aan, vier dan een klein feestje; brand een vuur, dans en weet dat je niet alleen bent op dat moment. We dansen samen met je rond het vuur. Weet ook dat jij danste op het moment dat ik mijn jas aantrok.'

Terwijl de man die deze boodschap doorgeeft zijn verhaal doet, zwijgt de muziek. Nadat de man is uitgesproken en weer gaat liggen blijft het even heel stil. Iedereen is diep onder de indruk. We kijken elkaar eens aan. Zijn wij werkelijk krijgers met een missie? Ja, denk ik, dat kan weleens kloppen. Die indiaan komt me niet onbekend voor. Hij is nu wel enkele maatjes groter dan de laatste keer dat ik hem zag. Op de een of andere manier zijn hier dus mensen verzameld die samen, als één grote familie, de opdracht hebben om anderen te helpen, om als wegwijzers te dienen en daarom eerst hun eigen rotzooi moeten opruimen.

Maar wacht eens… Op mijn werktafel staat een pot met pennen, en in die pot prijkt al een jaar lang een grote veer van een roofvogel. Ik heb geen idee meer hoe ik aan die veer ben gekomen. Ineens schiet me ook de jas van de Dwazen te binnen die ik op mijn eerste zielenreis kreeg aangereikt. Ik denk er zelden meer aan, terwijl het toen een grote indruk op me maakte om zo'n prachtige, kostbare jas te krijgen. Ik heb dus zowel de veer als de jas. Dat betekent dat ik op pad moet, dat ik een taak heb. Of ben ik hier ter plekke al bezig om die taak te vervullen door al mijn onverwerkte emoties, mijn pijn, mijn angst en al mijn teleurstellingen op te ruimen?

Naast de pot waarin de veer prijkt staat een foto van James Joyce. Ik denk aan hem en wat hij zei over stil worden, hoe hij me hielp om die stilte te vinden. Op hetzelfde moment word ik een gestalte gewaar. Als deze dichterbij komt herken ik James.

'Als je het over de duivel hebt,' zeg ik.

James maakt een buiging en zegt: 'Ziehier, de duivel.'

Net als wij draagt hij witte kleding en hij ziet er chique

uit. Wat fijn om hem hier te zien. De laatste paar keer dat hij bij me was viel het me op dat hij er ineens ouder en verdrietiger uitzag.

'Waarom was dat?' vraag ik James, ervan uitgaand dat hij weet waar ik het over heb.

James buigt even zijn hoofd en draagt plotseling weer een zwarte hoed.

'Het is tijd voor mij om afscheid van je te nemen. Mijn taak zit erop. Je liefde voor het schrijven is gewekt, je hebt begrepen wat de bedoeling is en wat je drijfveer moet zijn. Over niet al te lange tijd zul je aardse hulp krijgen. Ik ga verder om aan mijn eigen evolutie te werken. Maar we zien elkaar over een poosje terug. Treur niet om mij. Ik ben gelukkig dat ik je heb mogen helpen, dat ik een beetje de vader kon zijn die je ooit zo vroeg moest missen. Vervolg je weg zoals je doet, en je zult steeds weer een diepe rust vinden. Je zult je leven kunnen creëren zoals je het jezelf toewenst. Het zal meer zijn dan je ooit voor mogelijk hebt gehouden. Lieve Eva, tot ziens.'

Het beeld van James vervaagt. Ik treur wel, en voel me ineens heel alleen.

Dan wordt het langzaam stil in de ruimte, en één voor één doven de kaarsjes. Ik sluit mijn ogen en probeer te slapen, te midden van deze mensen die als mijn nieuwe familie aanvoelen.

Een paar uur later word ik wakker. De helpers zijn bezig thee en ontbijt uit te delen. Heerlijk. Ik zet mijn kussens tegen de muur en pak het ontbijt aan dat me wordt aangereikt. Anton kijkt me aan en zegt: 'Het zag er nogal heftig uit bij jou, gaat het?'

'Ja, het was heftig, maar ook goed. En jij?'

'Ik heb de hele nacht rechtop gezeten en had aan een stuk door oprispingen. Niets gezien, niets beleefd. Ik ben er zeker niet geschikt voor.'

Ik kijk Anton eens goed aan.

'Dan wens ik je vanavond een prachtige kosmische reis toe.'

37

Januari 2010

De Spijspot is gevuld. Mijn rivalen zijn jaloers, maar zij kunnen mij niets doen. Geluk.

'Welkom, welkom aan boord van de Illusie. Ik ben uw purser en zal ervoor zorgen dat het u aan niets ontbreekt.'

Ik sta boven aan de vliegtuigtrap en kijk naar het kleine mannetje dat net tot mijn middel reikt. Zijn enorme donkerblauwe punthoed met grote gouden sterren wiebelt mee met elk woord dat hij zegt. Van onder de rand kan ik nog net zijn priemende oogjes zien. Ik knik naar het mannetje, ga op de enige stoel zitten die het vliegtuig rijk is en wacht af.

Even later rijdt het vliegtuig richting startbaan, krijgt vaart en stijgt op. Ik kijk naar buiten en zie de lichtjes van de stad onder me verdwijnen, het wordt aardedonker.

Een poosje later naderen we een gebied dat wordt beschenen door een vreemd soort neonlicht, terwijl in de verte de contouren van een stad opduiken. Het neonlicht wordt alsmaar sterker, tot het de kracht van spotlights in een theater heeft.

Ineens duikt het vliegtuig naar beneden en scheert rakelings langs het gebouw van de verzekeringsmaatschappij die mijn arbeidsongeschiktheidsclaim weigert. Ik veer overeind en kijk nog eens goed.

'Illusie,' gilt de purser, die zich met één hand vasthoudt aan een lus die aan het plafond hangt.

'Wat? Hoezo illusie? Niets illusie, hartstikke echt,' zeg ik.

'Illusie,' gilt de purser weer. Hij helt naar mij over en zijn priemende oogjes boren zich in de mijne.

Ik houd mijn mond. Even later vliegen we langs het kantoor van Max. Hij hangt uit het raam en zwaait ons met een vriendelijk gezicht na, terwijl de purser opnieuw gilt: 'Illusie.'

'Nee, man,' roep ik, 'ook die is hartstikke echt.'

'Illusie,' houdt de purser vol.

Ik kijk nog eens achterom naar Max, die al snel uit het zicht verdwijnt. Overal waar ik nu kijk duiken de meest fantastische gebouwen op; het ene nog mooier dan het andere. Bij nader inzien lijkt er wel iets te ontbreken. Ik kijk nog eens goed en zie dat alles van kunststof is en met snoepkleuren beschilderd. Het geheel maakt een lege indruk. Het vliegtuig cirkelt nog eenmaal over de stad. Daarna gaat het verder, van de ene kunststofstad naar de andere.

Zodra ik mijn blik op iets laat rusten, gilt de purser: 'Illusie, illusie.'

Omdat er niets nieuws meer te zien is en ik schoon genoeg heb van dat gillende mannetje, wil ik dat het vliegtuig landt en ik eruit kan. Ik heb het nog niet gedacht of het gebeurt.

Voordat ik kan bedenken wat ik nu graag wil zien zit ik thuis aan mijn grote tafel. Het is donker en behalve ikzelf is er niemand. Waarom heb ik eigenlijk zo'n enorme tafel laten maken? vraag ik me af. Dat is nog eens een illusie geweest: in mijn fantasie zag ik grote vriendenscharen aan die tafel zitten. Een fles wijn op tafel, een grote pan eten in het midden en heel veel gezelligheid. Zegge en schrijve heb ik die fantasie tweemaal kunnen realiseren in die vier jaar dat de tafel er staat, de rest van de tijd zat ik er alleen.

'Waarom heb ik een grote tafel als er niemand aan komt zitten om gezellig mee te eten?' snik ik nu.

'Je houdt zelf de deur dicht,' antwoordt een stem.

'Niet waar,' roep ik.

'Jawel, je bent zo boos dat niemand bij je in de buurt wil zijn. Zo houd je de deur dicht.'

'Ik ben niet boos.'

'Ha, laat me niet lachen. Je bent woedend,' gaat de stem verder.

'Niet waar,' ga ik door. 'Het heeft helemaal geen zin om woedend te zijn.'

'Maar je bent het wel, je bent razend.'

'Hou toch op,' zeg ik. 'Razend, overdrijf niet zo.'

'Woedend dan,' zegt de stem.

'Laten we het op boos houden,' zeg ik. 'Een beetje boos ben ik wel, op al dat stomme gedoe, op dat eindeloze wachten, op al die ongerechtigheid, op de macht van instanties als die verzekeraar.'

'Zie je wel,' zegt de stem, 'je bent boos, maar dat heeft geen zin.'

'Ik zei toch ook dat het geen zin heeft, en daarom ben ik ook niet echt boos.'

'Je bent wel echt boos en je weet niet wat je ermee aan moet. Buig het om, zou ik zeggen. Geef de energie die het je kost aan het schrijven. Je doet geen bal de laatste tijd.'

'Ik moest de stilte in mezelf vinden. Geloof me, dat is geen leuke zoektocht geweest.'

'Was het zoiets als dit?' vraagt de stem.

Daar ga ik weer, met een rotvaart schiet ik een gloeiend hete ruimte in en weer gilt de stem van de purser in mijn oren: 'Illusie, illusie.'

'Hou toch op, man,' gil ik terug. 'Hou op, wat heb ik aan

dat gegil? Laat me liever zien wat dit te betekenen heeft.'

Meteen zit ik weer aan mijn enorme tafel. Wanhoop borrelt in me op. Wat is dit voor flauw spelletje?

'Mama,' hoor ik een klein stemmetje. 'Mama, geef me een naam.'

Een piepklein jongetje staat boven op de tafel. Ik kijk naar dit kleine wezentje en smelt ter plekke. Zonder een moment te hoeven nadenken weet ik wie dit kind is. Maria heeft weer eens gelijk gehad toen ze me ooit adviseerde: 'Geef het kind een naam.'

Hier staat mijn zoon die ik niet geboren wilde laten worden. Ik kijk naar het kleine ventje en zie niets anders dan een paar lieve ogen. Dit is liefde, pure liefde wat daar voor me staat.

'Je heet Daniël, omdat je zo klein en zo dapper bent.'

Daniël straalt en begint direct te dansen. Ik pak hem op, houd hem in mijn armen en samen dansen we de kamer door. Vanaf nu heb ik vier kinderen.

Op dat moment zie ik de enorme indiaan weer verschijnen. Als Goliath loopt hij door de ruimte. Zijn hoofd steekt door het dak heen, maar dat lijkt hem niet te deren. Vol verwachting volg ik de indiaan met mijn ogen, tot het gezicht van Max ervoor schuift en me het zicht beneemt. Ik duw hem weg, maar hij blijft terugkomen.

'Je staat in de weg,' zeg ik tegen hem. 'Zo kan ik niets zien, ga eens opzij.'

Max gaat niet opzij. Overal waar ik kijk staat hij voor mijn neus. Nu word ik kwaad.

'Ik wil je niet meer zien,' roep ik. 'Ik weet niet wat ik met je heb afgesproken, maar ik kan het niet meer verdragen. Ik ben alle eenzaamheid zat, ik wil niet langer op je wachten. Je zult het zelf moeten doen. Ga weg!'

Max vervaagt en maakt plaats voor een priester. De priester staat in een lang wit gewaad voor me. In zijn rechterhand houdt hij een zwaard. Hij kijkt me even aan, buigt verslagen zijn hoofd, laat het zwaard vallen en zegt: 'Dan zullen we een nieuw plan moeten maken.'

Op dat moment vallen de kettingen waarmee ik aan Max zat vastgeketend van me af. Tegelijkertijd glijden duizenden kilo's van mijn schouders. Ik ben vrij! Ik til mijn armen op, die niets meer lijken te wegen, sta op en dans de tempeldans van Chloé van lang geleden. Ik zweef door de ceremonieruimte en straal van geluk om zo veel vrijheid.

'Sister, sister,' klinkt een bekende stem. 'Kom met me mee.'

Max en de priester zijn nergens meer te bekennen. Een hand reikt naar die van mij. Ik pak hem vast en sta tegenover de indiaan, die nu een normaal postuur heeft en me met meer liefde aankijkt dan ik ooit heb gezien. Om me heen vindt een grote verandering plaats. De lucht lijkt gevuld met liefde; intens en puur.

'Sister, sister, ik heb je beloofd er altijd voor je te zijn. Dat was ik en dat ben ik nog steeds.'

Alle eenzaamheid valt van me af. Ik ben niet langer alleen. Meer dan dat; ik ben nooit alleen geweest, en val samen met de man die tegenover me staat. Dit is mijn tweelingziel. Alle liefde die een mens maar kan ontvangen vloeit in me over. Ik baad in niets dan liefde en wil nooit meer iets anders dan bij deze man zijn.

'Het was tijd om je even met me mee te nemen. Kom, laten we dansen op deze wondermooie muziek.'

De muziek die in de ruimte klinkt past op wonderlijke wijze bij wat ik ervaar. Ik ben in de ceremonieruimte en bij mijn man tegelijk. We dansen als twee engelen, terwijl de liefde stroomt. Zachtjes begin ik te zingen: 'When we are dancing then I am sure: I know you, I know you from before. You are me and I am you. One is one and one is two.'[7]

'Jij was mijn Little Flower in een prachtig leven dat we lang geleden deelden op de Noord-Amerikaanse prairies. Ik heb je ooit beloofd er altijd voor je te zijn. Dat was ik, en dat ben ik. Je was je in dit leven niet van mij bewust, maar ik was me wel van jou bewust.'

Zolang als ik kan blijf ik bij mijn man in de buurt. Het is niet mogelijk constant dichtbij te zijn, maar dat kan me niets schelen. Als ik maar een glimp kan opvangen is het al genoeg. Nog nooit heb ik in dit leven zo veel liefde ervaren. Nog nooit heb ik werkelijk het gevoel gehad dat ik bij iets of iemand hoorde. Al die jaren heb ik in een cocon van eenzaamheid geleefd, of ik nu wel of niet een partner had maakte niets uit. Wat ik nu beleef is de enige werkelijkheid die ertoe doet. Ik zal nooit meer het gevoel hebben alleen te zijn. Deze man kent mij zoals niemand mij kent.

---

7 Songtekst van Sally Potter bij de muziek van Piazolla in de film *The Tango Lesson*.

38

Januari 2010

Nadat het Duivelsland is onderworpen, kan de beschaving verspreid worden.

Na verloop van tijd vermindert de sfeer waarin ik ben opgenomen en kom ik langzaam terug op aarde. Ik laat het gebeuren en voel me nog steeds vol van liefde. Ik kijk eens om me heen en blijk op de eerste rij in een theater te zitten.

'Dames en heren, welkom bij deze voorstelling. Vanavond presenteren wij met gepaste trots het stuk *Eva Goudsmid en de Illusie*.'

'Getverdemme,' roep ik.

Het doek gaat op en ik zie een kleedkamer met rekken vol kostuums. Het podium lijkt verlaten, maar dan verschijnen er een voor een bolletjes wit en blauw licht op het toneel. De bolletjes groeien langzaam uit, tot ze bijna een menselijke gestalte hebben aangenomen. Ze stralen vrolijkheid uit en lijken te dansen. Even doen ze me aan de Dwazen denken. Een voor een zweven de bollen naar de rekken met kostuums. De eerste bol pakt een kostuum en wurmt zich erin. Voor me sta ik zelf. Van de vrolijkheid is niet zo veel over. Mijn gezicht zit vol zorgelijke rimpels.

'Ah bah,' roep ik, 'moet dat nu?'

De volgende vrolijke bol zweeft naar het rek met kostuums en trekt iets aan. Voor mijn neus verschijnt Bas.

'Oh nee, krijgen we dat weer,' roep ik.

'Stilte daar,' reageert een stem.

Een derde vrolijke bol pakt een kostuum en een vrij lange blonde vrouw met een tot de grond reikende goudkleurige jurk aan verschijnt. Ik zeg niets meer, want daar staat de vrouw die me kwam bekijken tijdens de reïncarnatiesessie en me vroeg: 'Kom je me weer in de wielen rijden?'

Als volgende verschijnt Max, hij draagt een prachtig gestreept pak met een roze overhemd en bijpassende schoenen. Binnen enkele minuten staat het toneel vol met nog meer mensen uit mijn leven: Rea, Katharina, Sam, Maria, Mahmood, Freek, Maarten, mijn broers, mijn zus, ouders, advocaten, verzekeringsagenten, artsen, psychiater, fysiotherapeuten, buren, vrienden en mensen die ik al lang ben vergeten. Eenmaal compleet komt het hele stel in beweging. Een grote groep verdwijnt in de schaduw van de coulissen. Ik loop naar voren. In mijn doorzichtige hoofd ontstaat een romantisch plaatje: Max en ik zijn samen oud geworden. We kijken elkaar liefdevol aan. Dan verschijnt Maria en zegt: 'Jullie konden weleens tweelingzielen zijn.'

'Mijn hartenwens!' roep ik uit.

De ik in de zaal giert het meteen uit van het lachen, terwijl op het toneel Bas naar voren loopt. Zodra ze hem ziet roept de toneel-ik: 'Dat kan de man van mijn leven niet zijn.'

Ik vind het reuze komisch, want dwars door de kostuums heen zie ik ze elkaar een vrolijke knipoog geven. Bas trekt een koppig gezicht, terwijl de toneel-ik verschrompelt van verdriet. Het verdriet slaat helemaal nergens op en ik krijg zo vreselijk de slappe lach dat ik er kramp in mijn buik van krijg.

'Stilte in de zaal!' buldert een stem.

Vervolgens lopen Max en de lange blonde vrouw in de goudkleurige jurk naar voren. Max knielt neer en kust haar voeten. Ik pies ondertussen bijna in mijn broek. De vrouw knikt even naar Max en wuift zichzelf met een schitterende waaier koelte toe. Terwijl Max aan haar voeten ligt laat ze haar blik afdwalen naar een eindeloze verte en zucht eens diep. Even ben ik stil, maar al gauw ben ik het hele tafereel al weer vergeten. De ene scène na de andere verschijnt, en de ene is nog komischer dan de andere. Al mijn veel te snel getrokken conclusies komen langs en ik ga maar door met lachen.

Op het podium leest de toneel-ik een boek en roept: 'Oh, maar nu begrijp ik het.' Vervolgens pakt ze meteen een nieuw boek van een grote stapel die naast haar ligt, om dat met nog grotere aandacht te lezen. Terwijl de toneel-ik in het volgende boek verdiept is zie ik haar eigen weten geërgerd in haar achterover leunen. Het weten tikt ongedurig met een voet op de grond en kijkt verveeld. Vervolgens staat het op, blaast tegen het derde oog en poetst vervolgens met een mouw het ruitje daarvan schoon, dat direct weer beslaat. Het weten zucht eens diep en gaat weer zitten.

Ik ben niet meer te stuiten en rol over de vloer van het lachen. Telkens als ik uit alle macht probeer om mijn lachen te stoppen, proest ik het weer uit. De stem blijft alsmaar stilte gebieden en dreigt uiteindelijk met verwijdering uit de zaal. Keer op keer verschijnt Maria, die naar mijn hoofd kijkt terwijl ze me weer een voorspelling doet die ik blij in ontvangst neem.

Dan begint Katie Melua een duet met Bajeera te zingen: 'This is the closest thing to crazy I have ever been.' Katies zachte stem wordt afgewisseld met de diepe basstem van Bajeera, die als ritmische ondergrond 'ja, ja' zingt.

'Au, au,' roep ik. 'Oh, hou op, ik kan niet meer. Illusie, oh, mijn god!'

Op het podium verschijnt een bordje: pauze. De zaallichten gaan niet aan, in plaats daarvan gaan ze juist uit. Ik blijf rustig zitten.

Het duurt niet lang of de felle spotlights springen weer aan, om direct weer uit te gaan. Even is het pikkedonker, zowel op het toneel als in de zaal, tot één schijnwerper een bundel licht op het midden van het toneel richt. Er is niemand te zien. Doodstil kijk ik naar de verlichte plek.

Uit de linkerhoek van het toneel verschijnt een schimmig figuur, die duidelijkere contouren krijgt naarmate hij dichterbij komt. Het is de priester die zo verslagen keek toen ik de banden met Max verbrak. Uit de rechterhoek van de coulissen verschijnt een ander schimmig figuur: Chloé. Ze loopt net als de priester naar de verlichte plek toe.

Op het moment dat beiden tegenover elkaar staan, kijken ze elkaar aan. De priester zegt tegen Chloé: 'Morgen komt de raad van priesters bij elkaar, dan zult u worden gewogen. Het is nog niet te laat. Ga niet, ga met mij mee terug naar de woestijn.'

'Jadred, mijn geliefde en meester, hoe kunt u dat van mij vragen? Ik wil boete doen voor wat wij hebben gedaan, u zou ook boete moeten doen. Boete voor onze hooghartigheid, voor het feit dat we zijn vergeten aan wie we onze kracht en kunde te danken hadden. De roem heeft onze harten verduisterd, we lieten ons eren als goden. Jadred, ik wil boete doen en zal morgen gaan.'

'Vrouw, ziet u niet wat er gaande is? Ziet u niet dat de leugen regeert? Ziet u niet dat wie ons aanklaagden zelf een verduisterd hart hebben? Ook ik wil boete doen, maar niet bij rechters die onzuivere bedoelingen hebben. Afgunst is wat hen drijft. Kom met mij mee naar de eenzaamheid van de woestijn, die zal onze harten zuiveren.'

'Jadred, mijn geliefde, ik kan niet mee. Ik moet hier blijven om bij mijn zoon te zijn. U weet dat ik al enige tijd geen toegang tot hem krijg. Mijn hart wordt verteerd door angst voor wat hem kan overkomen.'

Jadred zwijgt.

'Geliefde, ga en doe boete, zoals het u goeddunkt. Ik blijf hier en zal morgen voor de raad verschijnen om te worden gewogen,' zegt Chloé.

Roerloos staan ze beiden in de bundel licht.

'Vrouw, u weet wat het betekent om voor de raad te verschijnen. Uw schoonheid zal worden vernietigd, uw vrouwzijn zal u worden afgenomen en daarmee uw kracht. U zult vervolgens een reis door het dodenrijk moeten maken die u niet zult overleven, omdat de kracht zal ontbreken om de demonen te weerstaan. Dan kunt u niets meer betekenen voor uw zoon.'

Chloé buigt haar hoofd en zwijgt.

Het licht gaat opnieuw uit en ik wacht gespannen op wat komen gaat. Even lijkt er niets te gebeuren, geen enkel geluid is te horen.

De schijnwerper springt weer aan. Een licht zo fel als de zon beschijnt opnieuw het midden van het podium, waar een stenen sarcofaag staat met aan elke zijde een brandende fakkel.

Ik ben diep teleurgesteld. Bij de sarcofaag staat Chloé, ze is niet meer dan een schim van de vrouw die ooit zo stralend van schoonheid was. Verder staan er een aantal vage figuren in witte kleding. Aan het hoofd van de sarcofaag staat een priester. Ik hoor hem binnensmonds mompelen, alsof hij een gebed of een mantra uitspreekt. Onderwijl houdt hij zijn hoofd gebogen. Ook Chloé staat met gebogen hoofd. Jadred is nergens te bekennen. Als de priester zwijgt valt er een stilte. Hij richt zijn blik op Chloé en knikt. Langzaam komt ze in beweging, loopt naar de sarcofaag en stapt erin. De vage figuren komen nu ook dichterbij en verzamelen zich eromheen. Er lijkt een bundeling van kracht te ontstaan en tot mijn stomme verbazing zie ik een zware steen omhoog zweven, om vervolgens langzaam op de sarcofaag te zakken en deze naadloos af te sluiten. Op dat moment klinkt er een schrille kreet van een roofvogel door de zaal en dooft het licht tot een zwak schijnsel. De tijd lijkt stil te staan.

De priester richt zijn hoofd op, heft zijn handen naar de hemel en roept iets wat ik niet versta. Hij houdt zijn handen geheven en blijft zo een aantal minuten bewegingloos staan. Er gebeurt iets vreemds, alsof de tijd een vlucht neemt; flarden wolken vliegen voorbij en de zon gaat driemaal op en onder. Ineens staat alles weer stil. De priester maakt een gebaar, alsof hij de steen waarmee de sarcofaag is afgesloten een opdracht geeft. De steen zweeft opnieuw omhoog en zakt naast de sarcofaag op de grond. Er gebeurt niets en niemand verroert zich. Minuten gaan voorbij. Dan buigt de priester zich voorover en kijkt in de sarcofaag. Weer roept hij iets onverstaanbaars. Het blijft stil. De fakkels flikkeren.

Ogenschijnlijk lijkt de priester onaangedaan, maar ik zie een kleine flikkering in zijn ogen. De vage figuren die tot nu toe doodstil naast de sarcofaag stonden komen in beweging en buigen zich nu ook naar voren.

Op dat moment vliegt opnieuw een roofvogel over die een schrille kreet uit. De priester kijkt op en volgt met zijn blik de vlucht van de vogel. Plotseling klinkt er uit de duisternis een zware stem.

'Ziehier, niet één maar drie levens zijn geofferd aan haat en jaloezie. Wee hen die niet weten wat te doen en wat te laten, wee hen die de goddelijke wetten naar hun hand willen zetten. U allen, die schuldig bent, zult vanaf nu vele levens dwalen. U zult het kwaad, de haat, de jaloezie en alles wat u in de wereld hebt gebracht keer op keer zelf ervaren. U zult de eenzaamheid die gepaard gaat met het kwaad tot in het diepst van uw ziel voelen. Dan is het uw beurt om te buigen voor duistere krachten en machteloos te zijn. U zult de door uw haat geofferde zielen in vele levens ontmoeten, maar de ander niet herkennen. Uiteindelijk zult u het hoofd moeten buigen voor de goddelijke energie.

Jadred, dienaar van de tempel, u bent bezweken voor de verleiding van roem. U hebt u laten eren als een god en u hebt uw onderscheidingsvermogen verloren. Daarom geef ik u het zwaard, zodat u leert recht van onrecht te onderscheiden. U, Chloé, dienares van deze tempel, die deze wereld heeft verlaten, u geef ik het weten, zodat ook u leert onderscheid te maken tussen goed en kwaad, tussen het ware dienen en het dienen van een valse afgod. Daarmee zult u uw naïviteit af kunnen leggen. Het zwaard en het weten zullen het kwaad leren bestrijden. Wanneer de zilveren vogels aan de hemel vliegen, de aarde kreunt en vraagt om heling en het kwaad langzaam aan zichzelf ten onder gaat, komt er een einde aan de gevolgen van wat hier is gebeurd. Dan zullen zij die ieder een deel van het gebroken zegel hebben ontvangen bij elkaar komen en de stukken naadloos in elkaar kunnen schuiven. Op die manier zullen zij weten dat zij beiden afgezanten zijn. Weet ook dat liefde niet kan worden verbroken door haat en jaloezie.'

Op dat moment klinkt een enorme slag op een gong, zodat de hele ruimte trilt. Het licht, de priester, Chloé en de vage figuren lijken op te lossen. Alles is in duisternis gehuld, tot na enige minuten de schijnwerpers aanspringen en de spelers tevoorschijn komen.

Nog steeds zit ik roerloos op mijn stoel. Tot er plotseling iemand achter me voorzichtig begint te applaudisseren. De een na de ander volgt. Ik kijk verbaasd om me heen en zie dat de zaal afgeladen is met publiek. Ik begin ook te klappen en sta op. Een staande ovatie volgt.

De spelers pakken elkaar om hun middel en buigen diep. De toneel-ik, Max, de lange blonde vrouw en Maria staan in het midden en kijken elkaar vrolijk aan. De kostuums glijden langzaam van alle spelers af. De gestalten op het toneel veranderen weer in witte en blauwe bollen en stralen een schitterend licht uit dat de hele ruimte vult. Een voor een verlaten ze de zaal terwijl iedereen blijft klappen, tot ook het laatste en kleinste bolletje de zaal uitvliegt.

Ik zit in de ceremonieruimte, nog helemaal vol van de voorstelling, met het gevoel alsof ik door een poort ben gegaan. Hoe heb ik alles zo verkeerd kunnen interpreteren? Geen wonder dat de priester verslagen keek.

Lang kan ik er niet bij stilstaan, omdat mijn aandacht wordt getrokken door een prachtig violetkleurig wezen dat naar me toe zweeft. Het is een vrouw, maar geen aardse vrouw. Ze straalt een krachtige, onvoorwaardelijke liefde uit. Ik ben gevangen door haar beeld en wil er naartoe, maar zodra ik een beweging in haar richting maak verdwijnt ze. Even ben ik teleurgesteld, tot ik haar in de verte opnieuw zie naderen. Weer probeer ik dichterbij te komen en weer verdwijnt ze. Dan begrijp ik het en wacht af. Opnieuw komt de vrouw dichterbij. Nu ik niets doe merk ik hoe ijl haar energie is, alsof ze uit heel hoge sferen afkomstig is. Doodstil blijf ik zitten. De vrouw komt steeds dichterbij en reikt me uiteindelijk haar hand. Voorzichtig pak ik deze aan. Hij voelt volkomen gewichtloos.

'Welkom,' zegt ze, 'welkom.'

Ik kijk om me heen en zie allemaal vrouwen, het lijkt een hele legerschare van liefde. Een gezaghebbende liefde, een die ook kan begrenzen, zoals een ouder zijn kind begrenst. Een liefde bovendien die geen angst kent, zich niet laat verleiden tot compromissen, een accepterende liefde die weet dat niet iedereen even ver is, een liefde die fouten toestaat en aanmoedigt om vooral door te gaan.

'Wie bent u?' vraag ik aan dit mystieke wezen.

'Ik ben die ook wel The Divine Mother wordt genoemd.'

Ik word omringd met een zo hoge energie dat het mijn lichaam doet vervloeien; het tilt me op en neemt me mee. In de verte zie ik enkele gestalten opdoemen. Eén ervan is de indiaan, die zo intens gelukkig naar me kijkt dat ik weer smelt. Naast hem verschijnt een prachtige oudere vrouw. Ze heeft een enorme bos zwartgrijze krullen en warme, bijna zwarte ogen waarin een enorme wijsheid te lezen valt. De vrouw komt dichterbij.

'Dit is Inanya,' zegt The Divine Mother. 'Als je ervoor kiest om mij te dienen, zal zij je leermeester zijn gedurende de rest van je leven op aarde. Doe geen moeite haar te vinden, zij zal jou op de juiste momenten vinden. Pas als zij de tijd rijp acht zal ze je naar zich toe trekken en zul je haar op aarde ontmoeten. Weet dat wat je nu te doen staat, alleen door het vrouwelijke gedaan kan worden. Liefde zal je antwoord zijn op alle problemen en conflicten die je nog tegen zult komen in de rest van dit leven op aarde. Wanneer je het meesterschap over jezelf hebt verworven, je leven hebt gecreëerd naar de wensen van je ziel, zal je man in je leven mogen komen. Dan zal het vrouwelijke in jou geheeld worden en het mannelijke in hem. Vanaf dat moment begint jullie gezamenlijke taak in dit leven.'

Langzaam neemt de energie van The Divine Mother af. Voor me ligt een blanco blad. Van boven dwarrelen er allemaal kleine voorwerpen naar beneden op het blad.

'Je bent vrij om zelf je leven te creëren. Dit zijn de onderdelen die je kunt gebruiken. Doe ermee wat je wilt,' zegt de bekende stem.

Eerbiedig buig ik mijn hoofd.

'Ik zal alles doen wat nodig is om dat wat ooit door duistere krachten is vernietigd te helpen herstellen. Ik zal alles doen om weer vertrouwen te leren hebben, zodat het vrouwelijke in mij kan helen. Ik zal Inanya volgen. Wijs me alsjeblieft de weg door de rest van mijn leven,' antwoord ik.

'Luister naar de tekens, herken de signalen en volg de liefde, dan zal er recht gedaan worden aan dat wat 4137 jaar geleden is gebeurd.'

'4137 jaar geleden?' vraag ik verbaasd.

'Wij houden ervan om precies te zijn. Het is inderdaad 4137 jaar geleden dat er een liefde werd verbroken door haat en jaloezie.'

Weer buig ik mijn hoofd, ik voel me intens gelukkig en bevoorrecht. Het beeld van pure liefde lijkt in mij verankerd te zijn. Dan ebt de hoge energie weg. Het voelt alsof ik terugkeer van een reis naar een verre planeet en zachtjes land.

Ik kijk om me heen. De wereld begint weer tot me door te dringen en ik voel me zwaarder worden. Ik realiseer me dat ik niet misselijk ben geweest, maar energie voor tien heb en me herboren voel.

Links en rechts van me zitten deelnemers met bakken voor hun neus te braken. Anton ligt geknield voor de sjamaan. Ik kijk eens goed naar hem. Zijn buitenkant ziet er heel anders uit dan zijn binnenkant. Er zit een groot stralend licht midden in hem, daaromheen lijkt iets zwaars te zitten.

Ik laat mijn blik verder over de groep dwalen. Wat een herrie en wat een chaos eigenlijk; de helpers hebben hun handen vol, ze lopen af en aan met de bakken. Volgens mij is het tijd dat ik eens een handje ga helpen. Ik kijk naar de sjamaan, die onaangedaan op zijn grote kussen zit. Hij kijkt me aan en knikt even.

Als ik de volgende ochtend op het punt sta om terug te rijden naar huis klopt Anton op mijn raam.

'Ik hoorde dat je dezelfde kant uit moet als ik, kan ik meerijden?'

'Natuurlijk,' zeg ik, 'gooi je spullen maar achterin en stap in.'

Anderhalf uur later heb ik het gevoel dat ik Anton mijn hele leven al ken en hebben we besloten om samen aan de healingopleiding van de sjamaan mee te gaan doen. Het is een leuk vooruitzicht, ook omdat ik niet bang hoef te zijn voor het volgende relatiedrama; Anton is gay.

39

Februari 2010

Zonder vlakten geen hellingen. Zonder heengaan geen terugkeer.
Onverbiddelijke standvastigheid is geen fout. Geen spijt. Het ver-
trouwen wordt gevoed. Hij heeft zegen.
De ontmoetingsplaats van hemel en aarde.

Mijn hoofd krijgt de zaken niet op een rij en weigert de schoonheid en de magie van mijn laatste zielenreis te accepteren. Binnen een week heeft ze er een grote bruine massa van gemaakt, en ook in het dagelijks leven lijk ik in een bruine koek te zitten. Weg is de grote vreugde vanwege de ontmoeting met de indiaan, weg zijn The Divine Mother en Inanya; verdwenen zijn ze, als sneeuw voor de zon. Ik dreig opnieuw de grip te verliezen en zie nog maar één uitweg. Ik moet met White Bull praten, of wie hij dan ook is.

Een week later sta ik voor de poort van een prachtig oud pand in het centrum van mijn eigen woonplaats, voor mijn afspraak met Ian Graham.

Ik had me voorbereid op een ware zoektocht die me over de halve wereld zou voeren toen ik de uitgeverij van zijn boek benaderde. Nog geen uur nadat ik om zijn contactgegevens vroeg staarde ik naar een telefoonnummer, dat ontegenzeggelijk begon met hetzelfde netnummer als het mijne.

'Kom erin,' zegt Ian terwijl hij zijn hond oppakt.

'Hé, hond,' zeg ik en aai het dier over zijn kop.

Ik loop achter Ian aan naar binnen en volg hem naar zijn kleine Engels ingerichte werkkamer. Ik ga zitten en kijk naar een groot portret van een deftige meneer.

Ian volgt mijn blik en zegt: 'Dat is mijn grootvader. En dat daar ben ik, in betere dagen.'

Ik moet even lachen. Ian is inderdaad een beetje minder slank dan op die foto, maar heeft nog steeds dezelfde intens vriendelijke blik.

'Thee?' vraagt hij.

Een paar minuten later zit hij bij me. Ik kijk naar zijn wel heel scheef gezakte stoel en hoop dat deze hem het komende uur zal houden.

'Je vertelde me een interessant verhaal over hoe je White Bull hebt ontmoet. Vertel eens wat meer, als je wilt natuurlijk,' zegt Ian. Ik vertel over mijn eerste zielenreis, toen ik nog geen flauw idee had van het bestaan van White Bull. Ik vertel over het boek waar hij me inrolde en van de gebeurtenissen daarna. Alleen de laatste ontmoeting laat ik weg, ik kan er niet over praten. Ik heb ook het gevoel dat White Bull in dit leven bij Ian hoort en niet bij mij.

Ondertussen zet Ian een microfoon voor me neer en maakt het opnameapparaat klaar.

'Zullen we beginnen?' vraagt hij als ik uitverteld ben, en hij sluit zijn ogen. Dan is het een hele tijd stil. Net op het moment dat ik begin te denken dat White Bull niet met mij wil praten, verbreekt een donderende stem plotseling de stilte.

'Ik ben White Bull! Ik heet je welkom met een warme en liefdevolle groet. Ik wil beginnen met de vraag hoe het met je is.'

Ik deins even achteruit bij zo veel kracht, maar binnen een paar minuten komt het gesprek op gang. Ik vertel White Bull over mijn twijfels en mijn verwarring, en schets in het kort mijn omstandigheden en moeilijkheden.

'Om mijn vrienden op aarde te kunnen bereiken maak ik gebruik van de naam van mijn laatste incarnatie: White Bull. Ik werk niet alleen, maar samen met mijn vrienden hier aan gene zijde, en met Ian op aarde, dat hebben we ooit afgesproken. Als ik me terugtrek van mijn instrument Ian, ben ik niet langer White Bull. Dan ben ik alleen spirit, en deze spirit deelde ooit met jou een prachtig leven op de Noord-Amerikaanse prairies, zoals ik je al eerder vertelde. Om je te bereiken heb ik me zowel bediend van de naam White Bull als van de resonantie die het leven dat we deelden met je heeft. Begrijp je wat ik bedoel?'

'Ja, ik begrijp het,' zeg ik. Tot meer ben ik op dat moment niet in staat.

'Eerst wil ik je vertellen dat je klaar was voor de ervaring tijdens de laatste ceremonie. Daarom kwam ik je halen en kon je de schoonheid en de oneindige vrijheid ervaren van wie je werkelijk bent. Ik moet zeggen dat ik ook erg druk was om mijn andere vrienden in de groep te helpen.'

'Het was zo'n geweldige ervaring,' zeg ik. 'Nog nooit heb ik me zo vrij gevoeld en zo veel liefde ervaren.'

'Weet dat het is wie je werkelijk bent. Je bent vrij en je bent liefde,' zegt White Bull.

'Eenmaal thuis werd ik bang dat ik het me allemaal maar had verbeeld.'

'Dat is begrijpelijk,' vervolgt White Bull. 'Het brein is niet in staat om de schoonheid van je ervaring te bevatten. Het brein heeft altijd woorden nodig, terwijl er nauwelijks woorden zijn voor wat jij hebt meegemaakt. Het brein accepteert die situatie niet en zaait twijfel. Het kan niet anders, want het is de functie van het brein om de wereld begrijpelijk te houden en de zaken te ordenen door middel van woorden. Het brein steelt op zo'n moment de parels van de geest. Om het brein de baas te worden en het niet langer de rol van directeur te geven in je leven, zul je het moeten trainen om te zijn waarvoor het is bedoeld: je trouwe dienaar, je secretaris, die gehoorzaamt aan je spirit.

Je bent al een poosje bezig in contact te komen met je spirit, je goddelijke vonk. Dat deel dat afkomstig is van de bron van alles, dat deel dat jullie ook wel je hoger zelf noemen. Je weet alleen nog niet goed hoe je er contact mee kunt maken. Bedenk dat je spirit onder andere door je innerlijke gewaarwording spreekt, dat kan een zachte stem in jezelf zijn maar ook een fysieke sensatie. Ook ik praat op deze manier tegen je. Het fenomeen van slappe knieën krijgen is een voorbeeld. Je lichaam dient op dat moment als instrument om een boodschap van de spirit over te brengen, het vertelt je in het geval van de slappe knieën dat iets kracht uit je wegtrekt en je dus niet dient. Wanneer je daarentegen jouw waarheid ervaart of spreekt, krijg je een gevoel van ruimte, kracht en vrijheid. Begrijp je het verband met het gevoel dat je had toen je jezelf bevrijdde van wat je als knellende band ervaarde?'

'Niet helemaal,' zeg ik, 'want nadat ik zag hoe het zat tussen Chloé en de priester, die Jadred bleek te heten, was de band weer terug. Kun je me ook vertellen wat de levens van Chloé en Jadred met mijn leven nu te maken hebben? Misschien begrijp ik het dan beter.'

'Chloés leven draaide om zuiverheid en onschuld, maar ook om het weggeven van haar macht. Chloé werd beroofd van haar vrije wil. Haar leven bewoog zich in tegenovergestelde richting als jouw leven nu; ze werd totaal onderworpen aan macht. Dat liet ze je weten tijdens de reïncarnatiesessie.

Ze vroeg je ervoor te zorgen je macht niet langer weg te geven, en daarmee te herstellen wat er in haar leven misging. De manier waarop je dat kunt doen is door dezelfde macht die Chloés ondergang werd te overwinnen. In deze tijd is dat soort macht terug te vinden in bijvoorbeeld banken, verzekeringsmaatschappijen, incassobureaus, kerkelijke instituten en overheidsinstanties. Begrijp je nu de functie van de gevolgen van het auto-ongeval, en zie je het nut van het feit dat je letselschadezaak niet een-twee-drie opgelost werd? Zie je het nut van je gevechten met instanties, van het omgaan met tegenslagen, van de geldnood waar je in terecht bent gekomen?'

Ik kan niet meer dan zachtjes knikken. Het begint me te dagen, maar ook begin ik de omvang van mijn taak te zien.

'Het enige wat je te doen staat is om een hogere vibratie uit te zenden dan de vibratie van dergelijke instanties. Het heeft geen enkele zin om met ze te praten. Het niveau van bewustzijn is daarvoor veel te laag. Daarvoor heb je een advocaat, die als een intermediair tussen jou en de andere partij in staat. Maak van hem gebruik, maar wees niet passief. Je moet hem voeden met jouw energie. Daarmee krijgt hij de juiste input om te doen wat goed voor jou is. Volhard en geef niet op. Laat jou recht doen, om op deze manier alles terug te krijgen wat Chloé is afgenomen. Niet uit wraak, maar omdat dit de wet van de natuur is, die streeft naar harmonie en rechtvaardigheid. De waarheid vindt altijd haar weg, al lijkt het soms een lange weg. Bedenk dat het van geen enkel belang is hoelang het duurt. Wacht daarom niet op de uitkomst voordat je je leven vervolgt. Maak je er niet langer afhankelijk van, je bent dat namelijk niet. Vergeet niet dat jij, net als ieder ander mens, unieke talenten hebt die je kunt gebruiken om dat te doen wat zowel jou als anderen dient.

Alleen al je aanwezigheid is vaak voldoende om een ander zich prettiger te laten voelen.'

Ik laat deze woorden even bezinken. White Bull gaat verder.

'Je voelt je op dit moment vastgezet door de omstandigheden waarin je na het ongeval terecht bent gekomen. Dat was ook de bedoeling; je moest je terugtrekken uit je werk, uit alles waarmee je met de buitenwereld contact maakte. Dat was nodig om je los te maken uit oude patronen, om je als het ware naar een ander te transporteren, naar voor jou veiliger gebied. Je bent een eind op weg naar die nieuwe plek, de plek waar je in betere en nauwere verbinding staat met de Bron. Heb nog een beetje geduld. Zoals ik al zei, ga op zoek naar dat wat maakt dat je jezelf niet langer afhankelijk voelt van instanties zoals de verzekeraars. Ga aan het werk met je talenten. Een van jouw taken is om oude en nieuwe verhalen te verbinden en te delen. Luister naar je innerlijke stem, het zal je de weg wijzen naar je talenten en je taken. Wees voorbereid, paspoort bij de hand!'

Het is alsof mijn accu weer wordt opgeladen. Ik voel me net als na de prachtige ervaringen tijdens mijn laatste zielenreis. Dan schieten Max en Jadred me te binnen, maar vragen naar het hoe en wat daarvan voelt als het weghalen van de betovering die ik ondertussen ben gaan ervaren. Ik weet tenslotte dat mijn tweelingziel niet op aarde is, en ik weet dat ik nooit alleen ben. Misschien is het de bedoeling dat ik in contact met mijn tweelingziel alleen verder ga in dit leven. Toch neemt iets in mij geen genoegen met deze mogelijkheid; alsof het niet klopt.

Hoe zit het dan met wat de stem zei nadat Chloé was gestorven?

'Heb je nog vragen?'

'Ja,' zeg ik, nadat ik moed heb gevat. 'Hoe mooi de ervaring ook was tijdens de ceremonie, ik mis hier nu een partner. Tot nu toe heb ik er een aardig potje van gemaakt. Ik hoop dat ik in dit leven hier op aarde toch nog een echte liefde mee mag maken.'

'Ik dacht dat je het niet zou durven vragen. Natuurlijk maakt een relatie zoals jij die wenst deel uit van je opdracht. Discipelen – en daar ben je er één van – reizen nooit alleen, maar in paren. Denk er verder niet over na, ook niet over de vorm van de relatie. Het zal perfect voor je zijn. Deze relatie maakt deel uit van je geboorterecht en stelt je in staat om werkelijk te doen wat je moet doen. Door middel van deze relatie wordt jou de schoonheid van je mystieke zelf getoond. Het gaat hier niet om het voldoen aan de wensen van het ego – al kan dat er ook zijn, jullie zullen af en toe de gelegenheid krijgen je terug te trekken op je thuisbasis – maar om de essentie van de relatie zelf; om die aan wereld te tonen, om te laten zien wat mogelijk is als je naast de eisen die een aards leven aan je stelt de goddelijke leiding volgt. Deze relatie zal de wereld de mogelijkheden van een mystieke relatie laten zien. Je partner zal zich net als jij hebben ontdaan van ballast. Als jullie beiden zover zijn, zullen jullie net zo van elkaar genieten als jij en ik deden gedurende de laatste ceremonie. Laat God de koppelaar zijn en de ontmoeting organiseren. Laat het aan hem over. Weet dat het niet mogelijk is dat jullie elkaar mislopen. Dat is een hele geruststelling om te weten, nietwaar?'

'Inderdaad,' zeg ik opgelucht.

'Weet wel dat het alleen op het juiste moment kan plaatsvinden, je kunt het niet forceren,' zegt White Bull.

'Overigens lopen veel mensen met het idee rond dat je als een monnik of non door het leven moet wanneer je werkt voor het goddelijke, voor het heilige in het leven. Men denkt dat je geen bezit mag hebben, dat armoede de medaille is die je krijgt voor het doen van goddelijk werk. Dat is een oude overtuiging die de prullenbak in kan. Er is geen sprake van armoede en van slaafse gehoorzaamheid, van eenzaamheid en ascese, integendeel: mensen die de boodschap van liefde uitdragen zullen hét voorbeeld zijn van vervulling, van het leven in overvloed. Niet alleen financiële overvloed, maar totale overvloed. Ze zullen leven als de levende boodschap, die laat zien hoe genereus de spirit is, de Bron zelf. Mensen zullen denken: als zij het kunnen, dan kunnen wij het ook. Zo zal de liefde zich kunnen verspreiden.'

Even is het stil. Een vraag brandt op mijn lippen: 'Als ik terugdenk aan de priester die zo verslagen keek, word ik toch weer droevig. Het is alsof iets me daardoor naar Max trekt; alsof de band opnieuw aangroeit en ik weer vast kom te zitten.'

'Ik heb het gevoel dat dit een laatste verleiding is,' vervolgt White Bull. 'Wanneer je deze weet te weerstaan, heb je gedaan wat je moest doen om je macht niet meer weg te geven.'

'Dat begrijp ik niet. Wat is die verleiding dan?'

'Voel eens goed wat het met je doet als je het gevoel hebt dat je richting bepaald wordt door een ander.'

Ineens zie ik het grotere verband. Ik ben even stil om wat ik nu ontdek tot me door te laten dringen. Ik zie een hele reeks van gebeurtenissen, die allemaal één richting op gaan.

'Ik zie dat je het begint te begrijpen,' zegt White Bull.

'Het is ongelooflijk,' zeg ik. 'Alles hangt met alles samen. Het ongeluk, Freek, Mahmood, Chloé en nu Max. Met Chloé begon het opgeven van macht, of liever gezegd, van een eigen leven. Ze stelde zich na een leven aan het hof in dienst van het Huis van Genezing en werd ook daar een speelbal van macht en manipulaties. Weliswaar waren haar eigen hoogmoed en die van Jadred er debet aan, maar toch. Ik weet niet waardoor ik dit ineens weet, maar ik weet het.'

'Je weet het omdat het zo dicht aan de oppervlakte komt. Je hoefde het maar te grijpen, en dat doe je nu. Begrijp je nu wat ik bedoel als ik zeg dat het in feite alleen maar een laatste verleiding is wanneer je het gevoel hebt dat je iets moet ten aanzien van Max?'

'Ik denk het wel,' zeg ik. 'Ik ben er zo aan gewend geraakt om mijn belangen op te moeten geven voor die van een ander, dat ik op voorhand geneigd ben dit te doen en dit ook voor Max denk te moeten doen. Dat wil ik niet, dus verbrak ik de band. Een vreemde neiging, want hij vraagt er niet om dat ik mijn leven opgeef.'

'Precies. Ik zal het nog eens voor je samenvatten. Je hebt jezelf na een turbulente tijd weer bij elkaar geraapt. Je weet nu dat krampachtigheid – en dat gevoel geeft de band die je voelt met Max – gebaseerd is op angst; angst voor wat anderen van je vinden, angst om jouw belangen op te moeten geven voor die van een ander, angst om werkelijk jezelf te zijn. Tegelijkertijd zie je in dat juist die krampachtigheid alle leven uit je wegzuigt en je star en onbereikbaar maakt. Met de weinig flexibele houding die daardoor ontstaat veroorzaak je confrontaties en schokeffecten. Omdat het niet is wat je voor ogen staat, verbrak je de band.

Je echte behoefte is om jezelf te zijn en van binnenuit te leven, ongeacht wat men van je vindt. Dat is de drijfveer om die dingen te gaan doen die wezenlijk bij je horen. Max triggert het oude patroon, hij is je spiegel. Hij trekt dus niet aan je, dat doe je zelf. Het is een deel van je schaduw waar je last van hebt, het is een oude angst die gezien wil worden; je angst voor macht. Herinner je je de kaart van de Duivel, die je uitnodigde nog wat los te laten en je stiefkind tevoorschijn te halen?'

'Oh ja,' zeg ik, terwijl er nog meer begint te dagen.

'Je hebt tijdens de ceremonie precies het juiste gedaan door de band zo krachtig te verbreken, maar het had in feite niets met Max te maken. Het ging meer om je diepe verlangen naar het gestalte kunnen geven aan je innerlijke drijfveren. Het blanco vel papier en de naar beneden dwarrelde blaadjes vertegenwoordigen al je mogelijkheden en verlangens, en lieten je zien dat je vrij bent om je leven zelf vorm te geven.'

Na die woorden blijft het enige tijd stil.

'Herinner je je het symbool van de Franse lelie? vervolgt White Bull. 'Dit symbool is ontstaan uit het symbool van de Egyptische witte lotus, en staat oorspronkelijk voor geloof, wijsheid en ridderschap. Het verenigt het zwaard en het weten. Hoe die vereniging er uit zal zien, staat in jullie beide zielen gegrift. '

Dan is het enige tijd stil.

'Hiermee zijn we min of meer aan het eind gekomen van ons gesprek,' besluit White Bull zijn verhaal. 'Onthoud nog een ding: gedachten zijn illusies, gevoelens daarentegen niet. Dit zal je de komende tijd helpen uit de verwarring te blijven die je brein kan veroorzaken. Door dit onderscheid steeds opnieuw te maken leer je het brein wie de kapitein op het schip is, en zal het zich gaan gedragen als je trouwe helper. Zijn je vragen hiermee beantwoord?'

'Ja,' zeg ik, 'dank je wel.'

'Ik dank jou, omdat je de mij gelegenheid bood je van dienst te zijn. Voor nu groet ik je vanuit het diepst van mijn hart, en ik wens je niets dan liefde en eeuwige vrede op je pad.'

Weg is White Bull, en daarmee keert Ian terug. Hij rekt zich eens uit en lijkt wakker te worden uit een diepe slaap.

'Hoe laat is het?' vraagt hij en werpt een blik op de klok.

'Zo laat al weer.'

Hij zet de opnameapparatuur uit en brandt er een cd van.

Op weg naar huis verschijnt het verslagen gezicht van de priester weer op mijn netvlies. Hoe zit het dan met hem, en waarom keek hij zo verslagen? De hele weg denk ik erover na. Eenmaal thuisgekomen wil ik ook daar een antwoord op. Jammer dat ik dat niet aan White Bull heb gevraagd, maar ik kan zelf ook wel antwoorden vinden. Gewoon logisch nadenken. Ik ga er eens voor zitten.

'Max en de priester zijn één en dezelfde ziel. Het zwaard dat de priester ontving na de dood van Chloé staat symbool voor strijd en vechten voor rechtvaardigheid. Het zwaard in de tarot staat symbool voor onderscheid maken. De priester liet zijn zwaard vallen, omdat ik de band met Max verbrak. Ik wilde vrij zijn en verbonden blijven met de onvoorwaardelijke liefde waar ik kennis mee had gemaakt. Met dat besluit nam ik afscheid van Max. Ten onrechte weliswaar, maar dat is een andere kwestie.'

Hier stopt mijn logische redenering. Ik loop vast.

'Jadred, Max dus, kreeg het zwaard en strijdt voor rechtvaardigheid, zijn werk als advocaat bestaat uit het maken van onderscheid tussen goed en kwaad en opkomen voor het goede. Chloé kreeg het weten, zij moest vertrouwen op haar innerlijke stem en zich niet laten bepalen door de buitenwereld. Ik verbrak de band met Max, dus met de priester. De priester reageerde door zijn zwaard te laten zakken en verslagen te kijken, alsof hij zonder mij niet verder kon of omdat ik de verkeerde conclusie trok. Hij zei ook dat er een nieuw plan bedacht moest worden, alsof iets per se afgemaakt moet worden.

Chloé en Jadred werden met het zwaard en het weten naar volgende levens gestuurd. De stem zei dat als de zilveren vogels aan de lucht vliegen en de aarde om heling kreunt, er een einde zal komen aan wat in die levens is ontstaan. Dat is volgens mij in deze tijd. Het zal ook wel niet voor niets zijn dat ik Max heb ontmoet. Ik heb het gevoel dat we samen iets te doen hebben, alleen lijkt Max zich daar niet van bewust te zijn. Dat maakt natuurlijk dat ik er zo genoeg van krijg. Af en toe lijk ik wel gek. Maar... Wacht even... Ik kreeg het weten, dus is het logisch dat ik me eerder bewust ben geworden van wat zich op een ander niveau dan het aardse afspeelt tussen hem en mij. Max is nog erg druk met zijn zwaard en neemt de tijd niet om contact te maken met het weten. Als hij met het weten aan de slag moet, moet ik het zwaard maar eens overnemen en onderscheid gaan maken tussen wat goed en niet goed is.'

Het begint me nu te duizelen.

'Opnieuw: Max is niet voor niets advocaat in dit leven. Hij symboliseert daarmee zijn taak om door middel van het zwaard voor rechtvaardigheid te strijden. Hij heeft in die rol vast ook vaak met macht te maken gekregen. Hij heeft dus gedaan wat hij moest doen. En ik?

Chloé werd met het weten naar volgende levens gestuurd, dus ik heb het weten in dit leven weer meegekregen. Ik herken de drang om werkelijk tot in de diepte van dingen door te dringen zodat ik het werkelijk begrijp. Soms heb ik momenten dat ik zomaar iets weet, dan kan niets of niemand mij op een andere gedachte brengen omdat het uit een heel diepe bron komt.

Nu niet gaan dwalen, Eva, bij de priester en het zwaard

blijven. Ik heb gezien dat Max en ik samen in de zaal zaten waar de levensplannen werden ontworpen. Hij en ik zijn bijna tegelijkertijd en ongeveer op dezelfde plek in de wereld geboren. Dat is vast niet voor niets. Het zwaard en het weten zijn dus samengekomen. Als je die twee combineert, krijg je een geweldige combinatie.

Er is me ook verteld dat dit leven is bedoeld om een hele serie levens met ongeveer gelijke thema's met betrekking tot vertrouwen af te ronden, en vol vertrouwen aan de andere kant te gaan staan. Als ik er logischerwijs van uitga dat Max ook aan het eind is gekomen van een cyclus levens en ook de nodige ervaring zal hebben opgedaan met macht en onmacht, onrecht enzovoort, dan lijkt het me ook logisch dat we samen tot een afronding moeten komen, dat dit de afspraak is en de band geeft die ik zo sterk voel tussen hem en mij. Daarom keek de priester verslagen. Het is alsof ik vlak voor de finish besluit om de marathon niet verder uit te lopen.'

Het duizelt mc. Weer loop ik mijn redenering langs. Het blijft logisch.

'Als ik mijn angst weet te overwinnen en ervan uitga dat Max zich op geen enkele wijze als de automobilist gaat gedragen die mijn leven weer overhoop gooit, kan ik me met hem verbinden op welke manier dan ook en kunnen we onze taak tot een goed einde brengen.'

Ik knik eens tevreden, want het voelt kloppend.

'Je hebt een klein probleempje, Miep. Max weet van niets en strijdt lekker in zijn eentje verder.'

Daar weet ik geen oplossing voor.

'Sister, sister, waarom denk je dat jij de oplossing moet vinden? Je vergeet al je vrienden, die als onzichtbare hulptroepen altijd zullen doen wat nodig is. Max wordt geholpen, maak je geen zorgen. Je hebt hem bovendien al zo veel tekens gegeven. Denk niet dat ze niets doen, dat ze in een bodemloos vat zijn gevallen. Zaad dat wordt gezaaid heeft tijd nodig om te ontkiemen. In gebieden waar niet zo veel water is duurt het langer dan in gebieden waar het vaak regent. Blijf de tekenen volgen, al zul je jezelf af en toe een dwaas voelen. Vertrouw.'

Ik buig mijn hoofd, voel de spanning wegebben en weer zacht worden. Gewoon doorgaan.

40

Augustus 2010

Aaneensluiten van binnenuit. Standvastigheid geeft geluk.

'Eva, voor de opleiding start moet ik nog aan vier ceremonies meedoen, anders word ik niet toegelaten. Onze brave sjamaan stelde voor om dit in Engeland te komen doen. Een paar vergevorderde leerlingen moeten leren om ayahuasca te maken en ceremonies te leiden, en wij zijn uitgenodigd om proefkonijn te zijn. Heb je toevallig zin om mee te gaan?' vraagt Anton terwijl we in zijn keuken eten klaar staan te maken.

'Lijkt me heerlijk, maar hoezo ben ik ook uitgenodigd en waarom hoor ik dat via jou?'

'Onze sjamaan zei tegen mij dat wij elkaar moesten ontmoeten, en vroeg me jou daarom mee te nemen.'

'Wij moesten elkaar ontmoeten?' vraag ik verbaasd.

'Dat zei hij.'

'Dat kan toch niet als romantische ontmoeting bedoeld zijn, hoop ik? Ik wil je niet beledigen hoor, maar dat zit er niet in.'

'Nee zeg, ik moet er niet aan denken, ik met een vrouw!'

'Dan is het goed. Ik ga graag mee, maar waar haal ik het geld vandaan?'

'Als we met jouw auto gaan betaal ik de benzine. Voor deze ceremonies hoef je alleen maar de onkosten te betalen, vanwege onze proefkonijnenstatus.'

'In dat geval zou ik zeggen: let's go, dear.'

'Heb je al eens links gereden?' vraagt Anton als we even later aan tafel zitten.

'Ja hoor, maak je maar geen zorgen. Ik heb ooit zes maanden in Oxford gebivakkeerd.'

'Wat deed je daar?'

'Me verstoppen voor mijn echtgenoot.'

'Oh, jee,' zegt Anton, 'wat spannend. Voor welke trouwens?'

'Nummer twee.'

'Waarom ben je van je eerste gescheiden, of was nummer twee de reden?'

'Nee, die was niet de reden. Met nummer een had ik een huwelijk dat niet echt op liefde gebaseerd was maar meer op behoeften. Dat bleek niet te werken.'

'Juist,' zegt Anton, die er verder het zwijgen toe doet..

'Zo komt een mens nog eens ergens,' zeg ik als we na een lange rit door het glooiende Engelse landschap het minuscule dorpje midden in Devon inrijden waar de ceremonies worden gehouden.

'Deze omgeving is het centrum van de Engelse sjamanen, wist je dat?' zegt Anton. 'Op bijna elke straathoek woont er hier een. Toevallig is dit ook een van de grootste krachtplekken van Engeland en worden niet ver hiervandaan ook al eeuwenlang druïdenbijeenkomsten gehouden.'

'Echt?' vraag ik.

'Ik heb hier in de buurt gewoond, toen ik nog bij een bank in Plymouth was gestationeerd.'

'Heb jij voor een bank gewerkt?'

'Jazeker.'

'Vandaar dat je er altijd zo deftig uitziet.'

Een paar uur later heb ik grote spijt dat ik mee ben gegaan. Ik lig en voel me stapelgek worden. Mijn lijf is één grote kriebel, geen enkele spier kan zich ontspannen. Ik draai en draai, omdat het anders een ondraaglijk gevoel geeft. Het lukt me niet om ook maar een ogenblik stil te liggen. Ik vervloek mijn besluit om als proefkonijn te dienen. De ayahuasca deugt vast niet.

'My dear, er is niets mis met de ayahuasca, er wordt je slechts iets getoond. Heb je enig idee hoe gevangen jij jezelf voelt? Heb je er weleens bij stilgestaan waarom jouw lichaam niet tot rust kan komen?'

'Geen idee.'

'Wat zou je nu het liefst doen?'

'Opstaan en weggaan,' zeg ik zonder aarzelen.

'Precies. Alleen betreft het niet deze situatie, maar die van het leven dat je leidt.'

'Dat is toch geen wonder?' zeg ik. 'Het is toch ook een ellendige situatie? Ik wacht en wacht tot de verzekeraars me eindelijk eens de schade gaan uitkeren. Het ongeluk is nu al zes jaar geleden gebeurd. Ik ben zo arm als een kerkrat, heb mijn huis al moeten verkopen, zit in de bijstand en moet geld lenen van mijn familie.'

'Waarom wacht je op deze uitkering?'

'Omdat ik daar recht op heb.'

'Dat is toch geen reden om te wachten? Op die manier houd je jezelf afhankelijk en gevangen; je geeft weer je macht weg. Neem het heft in eigen handen; ga aan de slag, verdien je eigen geld weer.'

'Moet ik de juridische kwesties opgeven?'

'Dat hoor je mij niet zeggen, en dat is zeker niet de bedoeling. Het is wel de bedoeling dat jij zelf de regie over je leven voert en dat doe je nog niet. Ken je het verhaal van Alice in Wonderland?'

'Ja, natuurlijk.'

'Herinner je je wat Alice zegt als het haar te bar wordt?'

'Dit is mijn droom en ik bepaal wat er gebeurt.'

'Mooi gezegd, vind je niet? Je maakt regelmatig gebruik van de I Tjing, die onder andere Tao als leidraad in iemands leven neemt. Je zou het Tao kunnen vergelijken met het konijnenhol waar Alice in valt. Ze valt erin op het moment dat ze zich nieuwsgierig vooroverbuigt, om beter te kunnen zien waar het witte konijn is gebleven. Vervolgens komt ze in een ruimte terecht waar maar één piepklein deurtje is, en een tafel waar een flesje op staat. Ze onderzoekt de ruimte maar ziet geen mogelijkheid om eruit te komen, want ze past niet door het deurtje. Dan wordt ze nieuwsgierig naar wat er in het flesje zit. Uiteindelijk drinkt ze ervan en krimpt. Dan blijkt ze wel door het piepkleine deurtje te passen. Vervolgens krimpt en groeit ze naar de eisen van de omstandigheden. Ze vervolgt haar weg en ontmoet allerlei mensen en dieren die geen andere functie lijken te hebben dan haar in een bepaalde richting te krijgen. Zo komt ze uiteindelijk tegenover het grote monster te staan dat ze moet verslaan om de weg naar huis vrij te maken. Ze vervult haar levensopdracht door zich aan te passen en de dingen te nemen zoals ze komen, zonder zich erdoor te laten overspoelen. Je zou het kunnen vergelijken met de tocht door de bergen op weg naar het licht, die je werd getoond toen je jouw archetypische ouders hebt ontmoet.'

Weg is de stem en ik voel dat er eindelijk rust komt in mijn lichaam. Het leven als konijnenhol. Waarom ook niet?

De avond erop sta ik op een heuvel buiten een ommuurd stadje. Het is koud, een dikke deken van wolken hangt boven de plek waar ik sta. Het schemert, waardoor het stadje in een vuil roze licht wordt gehuld. Voor me staat een dikke oude boom. Om me heen staan mensen, en naast me de schout. Er heerst een grimmige sfeer.

Dan zie ik dat mijn zoon ondersteboven aan de boom hangt. Zijn handen zijn op zijn rug gebonden, terwijl zijn versleten broek om zijn dunne benen slobbert. Zijn blote voeten zijn spierwit en zijn doodsbange blik in een rood aangelopen gezichtje grijpt zich aan mij vast. Ik moet toekijken en mag niets zeggen en niets doen. Wanhoop borrelt in me op. Mijn arme zoon van acht wilde er alleen maar voor zorgen dat wij iets te eten hadden. Een kreet welt in me op. Wat zijn dit voor mensen? Minstens de helft heeft zelf honger. Ik moet blijven kijken hoe langzaam alle leven uit mijn kind wegvloeit, terwijl het duister de dag verdrijft.

Diep geschokt kijk ik de ceremonieruimte rond. Vreemd, ik weet waar en wanneer dit plaatsvond: in de middeleeuwen in Wales. Waarom moest ik dit zien?

'Deze gebeurtenis heeft diepe sporen nagelaten en je hebt deze nog niet verwerkt. Samen met andere ervaringen heeft het ervoor gezorgd dat je angst voor autoriteit en instanties met macht groeide. Bovendien heeft het ervoor gezorgd dat je je hart afsloot. Sindsdien reageer je kil en koud op mensen die jij macht toekent of die zich net als jij hebben afgesloten. Je verlangt zo sterk naar warmte in je leven, je wilt zo graag dat mensen wat vaker een arm om je heen slaan, maar je hebt een schild om je heen dat warmte afstoot. Word je hiervan bewust en geef anderen de warmte die je zelf zoekt.'

Ik hoor wel wat er wordt gezegd, maar de ontzetting en het intense verdriet om mijn zoon in dat leven komen zo sterk naar de oppervlakte dat ik ineenkrimp. Het samengebalde verdriet zit midden in mijn buik en zoekt een uitweg.

Op hetzelfde moment begint mijn nek te groeien en krijgt mijn achterhoofd een andere vorm. Ik rijs boven alles uit, tot ik koningin ben. Hoog verheven zit ik op mijn troon en kijk naar mijn onderdanen. Ik heb geen enkel gevoel voor die kruipende massa beneden mij. Ik moet worden gehoorzaamd. Gebeurt dat niet dan heb ik slechts één antwoord. Zonder een moment met mijn ogen te knipperen jaag ik iedereen die mij niet ogenblikkelijk gehoorzaamt de dood in. Ik lijk niet te merken dat ik een eenzaam wezen ben, dat er niemand is die zich in mijn buurt durft te vertonen; macht is mijn brandstof, eenzaamheid deert mij niet.

Ik krijg geen tijd om na te denken over deze vrouw, een groot bord nadert me. Wanneer het enorme bord voor me tot stilstand komt, begint een gigantische hand eten op het bord te leggen. Eerst een klein beetje, maar de hand gaat door tot het een enorme berg is. Nog is het niet klaar: de berg groeit en groeit tot ik er niet meer overheen kan kijken. Dan stopt de hand.

'Eet smakelijk,' zegt een stem.

Ik kijk naar die enorme hoeveelheid eten en vraag me af wat ik ermee moet.

'Eet smakelijk,' zegt de stem met iets grotere nadruk.

'Dat is veel te veel,' antwoord ik.

'Eet smakelijk,' zegt de stem opnieuw.

Ik pak de vork en het mes en begin aarzelend te eten. Het smaakt me helemaal niet. Toch eet ik door, tot ik propvol zit. Dan leg ik mijn mes en vork neer. Ik voel me misselijk.

'Smaakt het?' vraagt de stem.

'Nee,' zeg ik, 'het is veel te veel, en bovendien heb ik niet om eten gevraagd.'

'Waarom eet je dan?'

'Ik wilde je niet beledigen, je gaf zo veel lekker eten.'

'Vreemd.'

'Inderdaad,' zeg ik, 'ik lijk wel gek om me misselijk te eten om jou een plezier te doen.'

De stem begint schaterend te lachen. Mijn wangen beginnen te gloeien.

Ineens hoor ik iemand huilen. Ik kijk om me heen om te zien waar het geluid vandaan komt. Een vrouw ligt snikkend op de grond. Ik ga naar haar toe en leg een arm om haar heen. Ze stopt met huilen, richt haar hoofd op en kijkt me spottend aan. Ook zij begint schaterend te lachen. Weer voel ik me voor gek gezet.

Dan gaat de telefoon. Ik neem op.

'Help,' roept iemand. 'Help me, je moet komen, help.'

'Natuurlijk,' roep ik. 'Waar ben je? Ik kom eraan.'

Ondertussen ben ik doodmoe en kom er niet toe om op te staan. Opnieuw gaat de telefoon. Met grote weerstand pak ik hem op.

'Kom je nog, of hoe zit dat?' zegt de stem die om hulp riep.

'Oh, sorry,' zeg ik. 'Natuurlijk kom ik, waar ben je?'

Ik sta op en hoor opnieuw een schaterende stem. Woedend laat ik me weer op de grond zakken. Voor me ligt een brief. Ik maak hem open en begin te lezen.

Geachte mevrouw Goudsmid,

U ontvangt een uitkering. Om te bepalen of u hier nog langer recht op heeft, wordt u verzocht om binnen een week de volgende bewijzen daarvoor aan te leveren:
- *Alle bankafschriften van de afgelopen tien jaar.*
- *Uw rentestanden.*
- *Al uw bezittingen, klein en groot, gefotografeerd en voorzien van een waarde-etiket.*

- *Uw toekomstige erfenissen.*
- *Een beschrijving van uw arbeidscapaciteit.*
- *Een rapport van alle artsen die u in uw leven hebt bezocht.*

Dat alles in viervoud en geparafeerd.

Met vriendelijke groet,
Uw Tegenstander

'Gadverdamme,' zeg ik, 'ook dat nog.'

Ik sta al op om alle paperassen bij elkaar te gaan zoeken als de ene na de andere vriend, bekende, buurman of buurvrouw verschijnt. Allemaal willen ze iets van me. Terwijl ik bezig ben al mijn papieren in orde te maken geef ik al deze mensen waar ze om vragen.

'Voel,' zegt een stem. 'Voel. Vertel, wat voel je eigenlijk?'

'Ik ben een totale uitputting nabij en wil alleen maar slapen of voor me uit staren, stilte en natuur om me heen, meer niet. Bovendien vind ik dat ik als ongevraagde reddende engel rondren, die ook nog eens te schijterig is om te zeggen dat ze ergens niet van gediend is en zich laat belazeren door zielig doende stemmen.

'Juist,' zegt de stem.

Als beloning krijg ik een intense healing en val in een diepe slaap.

Op de terugweg zijn Anton en ik allebei stil. Urenlang trekt het Engelse landschap aan ons voorbij, maar het grootste deel zie ik niet.

'En?' vraagt Anton eindelijk als we even onze benen strekken.

'Hier loopt een zeer nederig mens,' zeg ik.

'Oh, dear, wat is er gebeurd?'

'Ik was ooit een kreng van een koningin en heb volgens mij honderden, zo niet duizenden mensen de dood in gejaagd. Ik leek de Rode Koningin uit *Alice in Wonderland* wel: "Off with the head" rolde net zo makkelijk uit mijn mond als uit die van haar. Geen wonder dat ik daarna van die akelige levens kreeg. En dat is niet alles, ik bemoei me met zaken die me niet aangaan. Ik heb van die akelig lange voelsprieten die bijna alle signalen om me heen opvangen. Ik hoor andermans zaken te laten gaan, maar ik vind dat ik de oplossing moet aanreiken of hulp moet bieden, terwijl ik stiekem denk: rot op. Vreselijk. Ik schaam me dood.'

'Kind, jij hebt tenminste weer wat meegemaakt en inzichten gekregen. Nee, dan ik, ik heb alleen maar zitten boeren en kotsen. Bakken en bakken vol, uren achter elkaar. Had ik maar een inzicht gekregen waar ik nederig van was geworden. Ik denk dat ik ermee ophoud.'

'Nee toch zeker? Je laat me toch niet in mijn eentje verder gaan? Als je klaar bent met kotsen gaat het gordijn voor jou vast ook open. Je zit zeker stikvol emoties.'

'Ik heb mijn grenzen,' zegt Anton.

'Leuke boel,' zeg ik. 'Ik ga nog eens naar Engeland.'

41

Augustus 2010 – September 2011

My ways are not man's ways and at times they appear as utter foolishness in the eyes of man. Therefore he chooses to ignore the instructions which I give him and go his own way, with the result he separates himself from Me and draws away and follows his own path. I long to work in and through all My beloved children but the choice lies in their hands, not in Mine.
Uit de channeling van Eileen Caddy van 14 oktober 2011

De dagen na mijn terugkeer uit Engeland peins ik me suf hoe ik weer onafhankelijk kan worden. Ik heb jaren niet gewerkt, mijn vakkennis lijkt nergens meer op en mijn bedrijf ligt dik onder het stof. Wat kan ik in hemelsnaam gaan doen? Mijn manuscript begint aardig wat pagina's te tellen, maar ik ben er nog lang niet tevreden over.

Ik denk aan wat ik onlangs las in *De Profeet* van Kahlil Gibran: *werk is zichtbaar gemaakte liefde*. Als werk zichtbaar gemaakte liefde is moet er op zijn minst enige bezieling aan te pas komen. Hoe zit dat met mijn bezieling? Als ik schrijf voel ik beslist bezieling, maar het brengt voorlopig of misschien wel nooit geld in het laatje. Als ik aan de stand van mijn bankrekening denk, krimp ik ineen.

'Ho Eva, zo kom je er niet,' zeg ik tegen mezelf. 'Als je jouw waarde afmeet aan je banksaldo kom je nergens. Volgens die beredenering zou je lege bankrekening de bezieling moeten geven om aan het werk te gaan. Nou meid, daarmee maak je geen liefde zichtbaar, alleen maar angst. En angst doet ogenblikkelijk het verlangen ontstaan om zekerheid te gaan zoeken. Dan zit je binnenkort ergens administratief werk te doen, wat gelijk staat aan een enkele reis depressie. Zoek een andere weg.'

Maar angst heeft me te pakken. In paniek speur ik op het internet naar werk, vul sollicitatieformulieren in en stuur mijn cv de wereld over. Tot ik besef dat ik alleen maar chaos creëer. Dit wordt niets, ik moet mezelf in de hand houden en een plan maken.

Dagelijks raak ik slaags met mijn angst. Op zulke momenten springt mijn brein direct in het gat dat op zo'n moment ontstaat. Juichend grijpt ze me beet, sleurt me mee in een achtbaan van bedenksels en laat me verdwaasd en verdwaald achter in een oerwoud van oplossingen.

Op een avond, na weer een dag vol geworstel en plannenmakerijen, zit ik doodmoe voor me uit te staren, als plotseling Inanya op mijn netvlies verschijnt. Ze zit op een rots vlak naast een diep ravijn. Naast haar zit een oude zwarte herder. Even verderop zie ik een houten blokhut waar rook uit de schoorsteen kringelt. Inanya kijkt me strak aan, ik kijk terug.

'Ik ga je leren om zelf balans te creëren,' zegt ze op dezelfde manier als waarop de engel met mij communiceert.

'De eerste les is de meest simpele maar ook de belangrijkste. Daarom moet je hem dagelijks en gedurende een lange tijd oefenen. Net zo lang tot het een tweede natuur van je wordt.

Het gaat zo: je gaat zitten, sluit je ogen en neemt waar vanuit welke kant van je hoofd je waarneemt. Waar zit je aandacht, vanaf welke kant kijk je naar de wereld? Als je moet handelen, met welke hersenhelft neem je het besluit voor die handeling? Begin en vertel me waar je aandacht nu is en hoe je naar me kijkt.'

Ik voel in mijn hoofd vanuit welke hersenhelft ik Inanya waarneem.

'Ik zit helemaal aan de rechterkant,' zeg ik.

'Dan ben je niet in balans. Ga naar het midden en kijk dan weer naar mij.'

Ik doe wat ze zegt.

'Lastig,' zeg ik, 'ik moet mezelf bijna vastbinden, anders dwaalt mijn aandacht direct af naar één kant.'

'Dat komt doordat je de verbinding met je blauwdruk kwijt bent,' zegt Inanya. 'Ieder mens heeft een levensplan en dat plan is je programma. Dat programma is verweven met je hele lichaam, met al je cellen, je DNA, je chakra's, je zielenzetel en je energiecentrum, dat ook wel hara wordt genoemd. Dat alles samen heeft één functie en dat is precies dat aan te trekken wat ervoor zorgt dat je jouw levensplan kunt realiseren. Hoe meer je uit balans bent, hoe harder dat programma zijn best moet doen om je toch bij de les te houden. Hoe harder het zijn best moet doen, hoe meer hindernissen je in jouw leven tegenkomt. Het vervelende is dat de meeste mensen een gevecht aangaan met tegenslagen en hindernissen, in plaats van zich te realiseren dat ze vechten met signalen van de ziel. Stilstaan en begrip krijgen van de ontstane situatie is de enige manier waarop je zo snel mogelijk uit de problemen kunt komen.

Terug naar balans vinden. Wanneer je vanuit het midden waarneemt en besluiten neemt, ben je verbonden met een lijn die precies door het midden van je lichaam loopt. Deze lijn is verbonden met je hoger zelf, met je spirituele deel. Dat op haar beurt is verbonden met de Bron, met al wat er is, met God. Wanneer je verbonden blijft met die lijn, weet je dat je in balans bent en verbonden bent met je levensplan en met de Bron.'

In het begin zit ik steevast ver naast het midden, ik hel als een schip dat slagzij maakt naar één kant.

'Je ontvangt pas een nieuwe oefening als je in staat ben om zelf je balans te vinden,' zegt ze de laatste keer.

Inanya houdt me in de gaten, ze observeert mijn vorderingen nauwgezet.

Een paar weken later krijg ik er een tweede oefening bij.

'Je bent nog lang niet in balans, maar omdat je wel in staat bent jezelf in balans te brengen krijg je er toch een tweede oefening bij. Deze oefening helpt je de balans vast te houden,' zegt Inanya. 'Ik ga je leren om te werken met intenties. Ieder mens heeft intenties, maar bijna niemand is zich van het belang daarvan bewust of zich er zelfs maar van bewust intenties te hebben. 'Wanneer je geen idee hebt wat je intenties zijn, ben je stuurloos, overgeleverd aan je eigen willekeur, aan hersenspinsels, aan verwachtingen van anderen en aan eisen van je omgeving. Je intenties zijn uiteraard nauw verbonden met je diepste verlangen.

Niets is belangrijker dan bewust keuzes maken en de intentie hebben om het diepste verlangen van je ziel tot uitdrukking te brengen. Dwing jezelf tot niets. Dwang is een kracht creëren die zich tegen je keert. Dat is jezelf tegen het leven keren, en dus tegen de goddelijke liefde, en zal tot gevolg hebben dat er opnieuw stagnatie optreedt. Kies bewust. Doe niets uit angst, laat je leiden door dat wat het moment van je vraagt. Blijf altijd gericht op de wens van de ziel en sta er dagelijks bij stil.

Wanneer je niet weet wat te doen, keer dan naar binnen, zie je richting en je zielenwens, en vraag je af: wat heb ik nu te doen? Doe dat. Ook als dat niets doen is. Voel, voel, voel en neem geen voorschot op de toekomst.

Ik zal je een heel simpele oefening geven, die je elke avond voordat je gaat slapen kunt doen. Wanneer het moment is gekomen dat je wilt gaan slapen, breng je je lichaam alvast naar het gevoel te slapen. Al het andere sluit je af; alleen de slaap sta je toe. Je brein zal ongetwijfeld proberen om je te verleiden te gaan nadenken. Sta het niet toe; ga terug naar de slaap, zie en voel jezelf slapen. Wanneer je in het gevoel van de slaap bent aangekomen geef je het lichaam de opdracht om te gaan slapen en om wakker te worden op het uur dat jij wenst. Daarna stap je in je bed.'

Het werkt, maar alleen als het me lukt om mijn brein de baas te blijven. Op die momenten slaap ik stukken beter en word ik om zeven uur wakker in plaats van al om vijf uur. Inderdaad stelt mijn hoofd alles in het werk om me te laten nadenken, bijvoorbeeld over wat er de volgende dag gedaan moet worden of waar ik me zorgen over hoor te maken. Vervolgens eist het dat ik oplossingen bedenk voor mijn zorgen, en voor ik het weet lig ik uren wakker om aan die eisen te voldoen. Op die momenten moet ik oppassen niet te gaan vechten maar de niets-plek op te zoeken, zodat het weer stil wordt, om dan mijn intentie op te roepen en daarbij te blijven.

Het kost me grote moeite om mijn zielenwens te leren kennen en om mezelf niet te dwingen iets te doen. Ik ontdek hoe vaak ik iets moet van mijzelf of van al die stemmetjes, die van alle kanten lijken te komen.

Door de oefeningen van Inanya is mijn zoektocht naar geschikt werk op de achtergrond geraakt. Toch neem ik het advies dat ik in Engeland kreeg heel serieus. Ik besluit daarom naar Han te gaan om via hem advies van de I Tjing te krijgen, want ik weet niet hoe ik én naar mijn zielenwens moet luisteren én voor een eigen inkomen kan zorgen.

Han gebruikt deze keer zijn drie muntjes en na zes keer gooien zegt hij: 'Je redt het niet als je zo doorgaat. Zoek een simpele baan, eentje om alleen maar geld te verdienen. Zie het als een begin. Na een jaartje werken zal alles beter gaan, dan kun je doen waar je echt zin in hebt. Als je dat niet doet, raak je opnieuw uitgeput. Je redt het niet op een andere manier.'

Het is alsof Han me adviseert hoogverraad te plegen aan mijn ziel, en me wil dwingen iets te doen waar ik doodongelukkig van zal worden. Ik ga naar huis en kom niet tot een besluit, van solliciteren komt niets terecht. Zijn woorden blijven echter hangen.

Als ik op een dag in een lange rij bij een kassa sta te wachten wordt mijn blik naar een stapeltje dvd's op de toonbank getrokken. *First Mission*, lees ik, *een speelfilm geïnspireerd op een missie van Artsen zonder Grenzen*. Zonder verder nadenken koop ik een dvd en zet hem thuis op. Ademloos kijk ik naar de film. Een heel oude, compleet vergeten wens duikt op: als kind wilde ik zuster in Afrika worden. Zuster was ik geworden, maar daar was het bij gebleven.

Ik bezoek een informatieavond van Artsen zonder Grenzen, waar ik nog enthousiaster van word. Binnen een paar dagen regel ik een coach, een bijscholingscursus en een tropencursus voor verpleegkundigen, allemaal op kosten van de Sociale Dienst — die het volgens mij in de bol geslagen moet zijn — en solliciteer bij de organisatie. Over een jaar ben ik klaar om aan mijn eerste missie mee te doen.

De healingopleiding bij de sjamaan moet maar wachten,

Anton loopt niet weg, en Inanya ziet vast wel dat het belangrijk is wat ik doe. Het is tijd om terug te keren naar de wereld. Afrika: here I come!

Het ene plan na het andere stroomt uit mijn brein. Eerst mijn ziekenhuiservaring opkrikken. Dat is een keiharde eis van Artsen zonder Grenzen, dus ik moet zorgen dat ik een baan in een ziekenhuis vind. Misschien is het een goed idee om een paar weken stage te lopen, dan lig ik beter in de markt.

De kosmos lijkt met mijn plannen in te stemmen, want alles loopt gesmeerd.

Dan verschijnt de eerste hindernis: ik voel me niet thuis in het ziekenhuis, ik sleep me er met groeiende weerstand naartoe. Hoe kan dat nu toch? Ik houd het vol, tot op een nacht Lao-Tse verschijnt.

Lao-Tse zit voor me op een podium, in een grote leunstoel met een lange, dunne, gebogen pijp in zijn mond. Met zijn gerimpelde gezicht kijkt hij me geamuseerd aan. Ik sta voor hem en maak een diepe buiging. Hij knikt vriendelijk naar me. Opnieuw maak ik een buiging. Daarna wil ik blijven staan, maar ik blijk nog niet klaar met buigen, ik val als vanzelf weer voorover en buig en buig en buig. Lao-Tse blijft glimlachend kijken en knikken. Na honderd buigingen mag ik stoppen. Lao-Tse lijkt tevreden.

Doodmoe laat ik me op mijn kussen zakken. Op het moment dat ik mijn ogen dicht wil doen zie ik iets vreemds gebeuren: voor me kruipt een verpleegkundige in een luciferdoosje. Het doosje knapt en de verpleegkundige kruipt in een volgend doosje. Weer knapt het doosje. Na een paar doosjes vertraagt haar tempo, ze kreunt als ze zich in het volgende doosje probeert te wringen. Ik zie haar gezicht vertrekken van pijn. Verbijsterd volg ik haar capriolen.

'Waarom doe je dat?' vraag ik na een poosje. 'Je ziet toch dat je niet in een luciferdoosje past?'

Ze gaat toch door en laat een spoor van kapotte doosjes achter.

Badend in het zweet schiet ik in mijn bed overeind en besluit meteen te stoppen met mijn halfbakken pogingen aan het werk te gaan, om niet ook een spoor van kapotte luciferdoosjes achter me te laten.

Die dag ben ik woedend op alles en iedereen, en vooral op mijzelf. Daar zit ik dan, met het gevoel terug bij af te zijn. Ik maak een afspraak met Ian, zodat ik met White Bull kan praten.

White Bull begint met de gebruikelijke vraag hoe het met me gaat.

'De wanhoop nabij,' zeg ik. 'Ik voel me net een heel klein scheepje in een grote storm op een eindeloze oceaan. Ik slinger van voren naar achteren en ik weet niet meer welke richting ik mijn schip op moet sturen, als ik het al besturen kan.'

'My dear,' zegt White Bull, 'zorg allereerst dat je in het midden van je schip gaat staan. Je vergeet bovendien hoe diep de oceaan is en dat alleen het oppervlak wordt beroerd door de storm. In de diepte heerst de stilte en is er altijd rust. Wanneer je je richting kwijt bent en er geen kaart is waarop je je kunt oriënteren, weet dan dat er altijd nog de sterren zijn. Voel de stilte en de rust in de diepte van jezelf en laat je leiden door de sterren. Drijf op de golven van de storm, wees niet bang en probeer het niet onder controle te brengen. Je hebt het bekende land achter je gelaten, en van het gebied dat je hebt betreden bezit je geen kaart. Om je te oriënteren heb je de golven als je richtingaanwijzer genomen. Ik hoef je niet uit te leggen wat daarvan het gevolg is.'

'Zo heb ik er nog niet naar gekeken. Ineens twijfel ik aan alles wat ik de laatste tijd heb ondernomen.'

'Zoals?'

'Mijn intentie om weer als verpleegkundige aan het werk te gaan en voor Artsen zonder Grenzen te gaan werken.'

'Toen je ooit het beroep van verpleegkundige koos, was dat niet zomaar. Het was de enige manier om aan de wens van je ziel tegemoet te komen, al had jij destijds het idee dat het de enige manier was om aan je ouders te kunnen ontsnappen. Het lichtwezen, de healer die je bent, vond met die keus de perfecte manier om zich uit te drukken. Er is niets mis mee om opnieuw als verpleegkundige aan het werk te gaan, en helemaal niet om voor Artsen zonder Grenzen te gaan werken. Je zou het prima doen, en geloof me, je hebt er energie genoeg voor.'

'Waarom dan al die slapeloze nachten en alweer die onrust?'

'Omdat er in jou een geliefde ligt te wachten tot je voor haar kiest.'

'Een geliefde?'

'Ja. Voordat je de voor jou bedoelde metgezel zult ontmoeten, hem in je armen kunt sluiten en jullie samen op stap kunnen gaan, zul je eerst de geliefde die in jezelf zit moeten omarmen. Haar naam is Creativiteit. Wanneer je haar dient en de healer in je met haar kunt verenigen, breng je werkelijk je bezieling tot uitdrukking.'

'Kun je alsjeblieft iets duidelijker zijn?'

'Je kunt geen twee meesters dienen. Vraag je af waarom je nu hebt gekozen voor de terugkeer naar je oude vak. Is hier misschien sprake van een restje afhankelijkheid, en daarmee het zoeken naar zekerheid? Is het gevoel als een stuurloos schip op een onmetelijke oceaan te drijven niet ook afkomstig van je afhankelijkheid van de goedkeuring van anderen, omdat je niet durft te vertrouwen op je eigen kompas? Is dit toch weer yin zonder leiding van yang? Stel je yang eens voor als je creativiteit en je healerschap, en stel je eens voor dat je jezelf daardoor zou laten leiden. Wat zou je dan doen? Als je het lichtwezen in je laat stralen door je te laten leiden door je innerlijke geliefde, dan zou je zo veel meer brengen dan wanneer je gehoor zou geven aan je wens om er zo snel mogelijk weer bij te horen. Heb geduld, luister naar je geliefde.

Je boek is je baby, ze wacht nog steeds op voltooiing. Ze zal nog veel aandacht vragen. Ik zie ook dat ze iets van jou in zich heeft; verlegenheid en onzekerheid of ze wel goed genoeg is. Ze heeft je hulp dringend nodig om haar weg in de wereld te kunnen vinden.

Ik heb ook het idee dat er nog een ander probleem onder dit alles zit. Is het niet zo dat jij schrijven en alles wat erbij komt kijken identificeert met een laag inkomen? Dat je toch het idee hebt dat wanneer je de Goddelijke inspiratie volgt, de prijs ervoor armoede is? Zoals ik je eerder al vertelde is dat grote nonsens. Wanneer je dit innerlijke conflict weet op te lossen, kun je zowel aan je inspiratie gestalte geven en tegelijkertijd baden in de miljoenen.

Wat jij werkelijk wenst is een situatie die je de gelegenheid geeft gehoor te geven aan je inspiratie. Creëer die situatie, door een diep doorvoelde, heel bewuste keus te maken.

Wat je ook kiest, dien nooit twee meesters en haal niet de gedachte aan armoede aan boord als je voor je creativiteit kiest. Het thema van je boek is het dienen van de spirit en je geestelijke leiding volgen, het gaat over het helen van jezelf. Het zou kunnen dat dit thema iemand zo raakt dat hij of zij wil helpen om het in de wereld te zetten.

Misschien kan het geen kwaad om voor een korte periode je oude vak op te pakken, alleen om de geldstroom op gang te brengen. Weet: elk mens heeft een aantal archetypen tot zijn beschikking. Het archetype van de healer kan zich ook uitdrukken als verpleegkundige. Wanneer je aan het werk gaat als verpleegkundige, trek dan aan het begin van je werkdag het uniform van het archetype aan, en trek het weer uit als je klaar bent. Op die manier is het niet nodig je verlangen op te geven. Weet ook dat het van het grootste belang is je gevoelens te respecteren. Duw gevoelens niet weg, ze zijn er niet voor niets. Daarnaast is het belangrijk je huidige situatie te accepteren. Die is wat hij is, en is ook nog eens je eigen creatie. Als laatste is het van het grootste belang je verlangens te kennen. Je verlangen is je intentie en dus je kompas. Je gevoelens dienen als radar, en je situatie is het schip waarmee je vaart. Zet koers naar je verlangen, vaar op je gevoelens en weet dat je een schip nodig hebt om je verlangen te realiseren.'

Vervuld met nieuwe moed fiets ik terug naar huis en bel Anton.

42

Een jonge monnik in de wolken; een verheven karakter, een gans brengt
een brief; goed nieuws. Een hert; een goede carrière. Een man en een
vrouw feliciteren elkaar; bij goed gedrag is er reden tot vreugde. Een
persoon in de hemel, er is een connectie naar de voorouders of de geesten.

'Mea culpa,' zeg ik als ik Antons vertrouwde stemgeluid weer
hoor. 'Ik ben een dom wezen en vraag je om mij mijn vreselijke gedrag te vergeven. Laten we onze sjamaan op onze blote
knietjes smeken om deze domme leerlingen weer in genade te
aanvaarden en verder te onderrichten.'

'Lieve help Eva, leef je nog?'

'Wat je leven noemt,' zeg ik. 'Ik lijk meer op een slaaf van
mijn angst en regelzucht.'

'Ach kind, wees gerust, ik ben geen haar beter dan jij. Je
raadt nooit wat ik tegenwoordig doe.'

'Iets vreselijks?'

'Erger, ik werk.'

'Nee toch, Anton, dat je jezelf zo hebt verlaagd! Ben je
niet aan de healingopleiding begonnen?'

'Nee, ik kwam er niet toe.'

'Om je diep te schamen,' zeg ik.

'Geen last van,' zegt Anton.

'Even serieus,' zeg ik. 'Mag ik langskomen om je ervan
te overtuigen dat we hopeloos verdwaald zijn, en we ons
nu het nog net niet te laat is terug moeten spoeden naar het
rechte pad?'

'Ik trek vast een fles wijn open.'

'Ik vraag om toestemming deze heilige cirkel te openen. Ik vraag voor iedereen hier aanwezig om bescherming, zodat het heilige werk in volkomen veiligheid kan plaatsvinden.'

Het is doodstil. We zitten met twintig mensen op de grond en vormen een gesloten cirkel door onze handen met elkaar te verbinden. Het is de eerste dag van onze opleiding tot healer. Onze sjamaan zit met gesloten ogen om de spirits uit te nodigen ons te steunen en de ruimte te beschermen tegen krachten die niet gediend zijn van lichtwerk en healing.

Een paar uur later zit ik vastgenageld tegen de muur; ik kan nog geen vinger bewegen. Om me heen raast een groep healers van gene zijde. Mijn hoofd en mijn lichaam lijken veranderd te zijn in een bouwplaats, en ik hoor de ene na de andere healer binnenkomen. In mijn hoofd wordt een luik opengezet en de eerste healer begint met een bezem te stoffen. Een volgende zet een drilboor ergens in mijn hoofd, en een derde blaast alles door het open luik net naast mijn rechteroor naar buiten. De kracht waarmee dat gebeurt groeit langzaam tot orkaansterkte. Hoelang de bouwploeg in mijn hoofd bezig is geweest, weet ik niet.

Onverwacht is het stil, doodstil zelfs. Ik probeer me te bewegen, wat nog steeds onmogelijk blijkt te zijn. Ineens voel ik dat de hele club in mijn zenuwbanen heeft plaatsgenomen. Dan start de nieuwe klus. Telkens voel ik een klein rukje, hoor ik 'sjoezzz' en weg is de zenuwbaan, om direct te worden vervangen door een nieuwe. Zit die op zijn plaats dan volgt een schok, waarmee kennelijk de baan opnieuw is aangesloten op het circuit. Zo wordt in korte tijd mijn hele lichaam verbouwd.

Als de verbouwing er opzit, ga ik langzaam open. Eerst is het of mijn billen wel tien keer zo breed worden, vervolgens openen ze zich en ontvang ik Chloés gaven en die van de heks terug. Het gevoel dat daarbij ontstaat is zo ongeloof-lijk fantastisch dat ik erin verdwijn. Tijd bestaat niet meer, ik ben alleen maar gevoel geworden. Woorden kunnen on-mogelijk recht doen aan deze ervaring.

Nadat ik Chloés gaven heb ontvangen begint iets in mijn cellen zich te roeren, en herinneringen duiken op als bub-beltjes in een glas cola. Chloé was gedurende haar korte leven niet alleen het speeltje van de farao geweest maar ook healer in een tempel, en bezat veel kennis. Niet alleen over het gebruik van kruiden, oliën, handopleggingen, dans en muziek, maar ook over het gebruik van de kundalini-energie, de krachtigste energie die op aarde in een mens bestaat. Dansen had op een of andere manier te maken met het gebruik van deze energie; een dans was niet bedoeld om te behagen, maar werd gebruikt om de energie in een ruimte te beïnvloeden en te veranderen. Ik begrijp nu dat mijn passie voor dansen in dit leven niet toevallig is, maar dat er al iets van een herinnering aan Chloé in mij geleefd moet hebben.

Ook de kennis en kunde van de heks zijn niet gering. Haar energie is minder verfijnd dan die van Chloé, maar zij heeft een kracht en zelfverzekerdheid die me nog zeer van pas kunnen komen.

Hoe ik precies verondersteld word gebruik te maken van al deze gaven – en eerlijk gezegd lijkt het verder weg dan ooit, na al mijn gestoei met werk – zal me vast nog wel duidelijk worden gemaakt.

Ik, mijn cellen of wat het ook is dat zich iets herin-nert ziet ook een deel van haar leven met Jadred. Chloé en Jadred werkten vaak samen in het Huis van Genezing, zoals een ziekenhuis toen heette. Een Huis van Genezing bevond zich altijd in een tempel. Ze bereikten grote resultaten, en daarmee kwamen ze in het middelpunt van de belangstelling te staan.

Zieken vroegen speciaal naar hen, en mensen kwamen uit alle hoeken van het land naar ze toe voor hulp. Tot aan het hof reikte hun faam. Jaloezie was het gevolg. Maar dat niet alleen; Jadred en Chloé werden hoogmoedig en verwaarloosden hun contact met de wereld van de goden, waardoor ze kwetsbaar werden. Ze vergaten dat hun gaven een geschenk van God waren en dankten niet langer voor wat ze mochten ontvangen. Daardoor keerde het lot zich tegen hen en zagen enkele zeer invloedrijke priesters hun kans schoon. De tactiek van verdeel en heers werd toegepast, en met succes.

Als de eerste opleidingsweek bijna ten einde is en we er de laatste nacht een feestelijke ceremonie van maken, val ik bijna om van verbazing als me een blik in de toekomst wordt gegund. Max is bezig om mij in te halen. Hij bevindt zich ergens in een hut en neemt deel aan een ayahuascaceremonie. Hij kijkt me aan met een blik die niets aan duidelijkheid overlaat: nog nooit in zijn leven heeft hij zoiets krankzinnigs gedaan. En dat niet alleen; zijn blik zegt ook: dat had je niet gedacht, hè? Nee, wat ik zie overtreft mijn stoutste verwachtingen. Hij lijkt bovendien van plan te zijn om alles waar ik een dikke vier jaar over deed in een week te doen. Ik schrik en wil hem waarschuwen, maar dat blijkt niet mogelijk te zijn; ik kan slechts toekijken en berichten die hij uitzendt ontvangen. Ik blijf een poosje kijken en zie hoe Max straalt, alsof ook hij op dat moment is waar hij hoort te zijn. Mijn hart gaat helemaal open, ik voel ontzettend veel vreugde bij het zien van dit schouwspel.

Als het beeld van Max vervaagt verschijnt zijn vriendin.

Haar indringende blik nagelt zich aan mij vast. Ze laat me weten dat ze Max los gaat laten.

'Ik moet een andere weg volgen,' zegt ze. 'Met hem kom ik niet aan mijn opdracht in dit leven toe.'

Ze lijkt in niets meer op die kille vrouw in de lange jurk, ik vind haar op dat moment meer dan sympathiek. Als ik mijn blik af wil wenden voel ik dat dit niet zomaar kan; ik moet haar bedanken dat ze de moeite heeft genomen om het mij te komen vertellen en de moed om te doen wat goed is.

Zou dit de tijd inluiden waarin Max eenzaam in de bergen loopt? Zou dit de periode zijn waarin hij de roep van het licht begint te verstaan? En dan? Komt hij me achterna rennen, inhalen zelfs, zoals ik zag tijdens mijn ontmoeting met mijn archetypische ouders?

De rest van de nacht verschijnt Max regelmatig.

'Ik krijg pijn in mijn ogen als ik naar jou kijk,' zegt Anton als we de volgende dag naar huis rijden.

Eenmaal weer thuis pak ik mijn laptop en schrijf Max wat ik heb beleefd en gezien. Het gevolg laat zich raden.

Hij reageert per omgaande met een kort bericht: hij stelt het niet op prijs om dergelijke verhalen toegestuurd te krijgen en verzoekt me, op een weliswaar vriendelijke manier, hiermee te stoppen.

'Uilskuiken, leer het toch eens een keer. Tel tot tien, slaap er een nachtje over, luister naar je wijze oude zelf, verdorie!'

Ik bel Anton.

'Goh Eva, je weet toch wel dat je buiten tijd en plaats bent tijdens de ceremonies? Die arme man weet van niets en dan kom jij met zulke bizarre verhalen, in zijn ogen tenminste. Logisch dat hij dat niet wil.'

'Stom, hè? Ongelooflijk stom.'

'Ja en nee. Je bent nogal impulsief en dat heeft ook zijn charmes. Misschien dat Max het ooit zal waarderen.'

'Of misschien wel nooit, ik ben wat dat betreft aan zijn vrije wil overgeleverd. Wat moet ik hier toch mee?'

'Ik heb geen idee. Aan de ene kant ben ik stikjaloers als eenzame nicht, maar aan de andere kant ook weer niet. Ik kan rustig daten, maar jij hebt waarschijnlijk het gevoel alsof dat geen enkele zin heeft.'

'Je slaat de spijker op zijn kop.'

Wekenlang weet ik me geen raad. Vreugde om wat ik gezien en beleefd heb wisselt af met wanhoop. Nieuwe chaos is het gevolg.

Op een dag word ik wakker met een herinnering. Ik sta op, loop naar mijn kast en pluk er het verslag van een tweede bezoek aan de astrologe uit.

Al is Saturnus uit zijn voor jou veeleisende stand aan het verschuiven, hij gaat nog enige tijd heen en weer. Pas volgend jaar begin september schuift hij definitief uit die stand. Daar kun je flink last van krijgen, zelfs zo veel dat je jezelf gaat afvragen wat je nog te doen hebt op aarde, want de buitenwereld heeft in die tijd nog steeds de functie om niet aan je te trekken. Het allerlaatste wat niet bij je hoort zal in deze periode wegvallen; dat zijn mensen, dat is werk, dat zijn ambities die je niet dienen, noem het maar op. Je staat werkelijk eenzaam en alleen op de wereld. Blijf je realiseren dat het je dient, en dat het niet is om je te pesten.

Als je in deze lastige jaren een zielsverwant bent tegengekomen, iemand waar je leven na leven mee te maken had, denk dan niet dat je met deze man meer moet dan in geestelijke verbinding te staan. Er kan wel een fysieke relatie ontstaan, maar dat is allerminst noodzakelijk. Wat dat betreft heb je keuzevrijheid, maar nu ook weer niet zo veel dat je met de eerste de beste wel leuke man iets kunt beginnen; geen sprake van. Het moet iemand zijn waarmee je een diepe zielsverbintenis aan kunt gaan.

Wat die man betreft waar je naar vroeg: wees dankbaar voor zijn bestaan. Hij steunt jou misschien wel meer dan jij hem. Het lijkt me ook dat niet jij hem zozeer moet helpen — want hij moet zelf aan het werk — maar hij jou. Vraag zijn hulp.

Het lijkt alsof de tekst nu pas tot me door kan dringen. Ik slik. Na wat ik net heb gepresteerd kan ik toch werkelijk niet nog een keer contact zoeken, laat staan zijn hulp vragen. Bovendien zou ik niet weten waarvoor ik zijn hulp zou moeten vragen.

'Mijn hemel, hoe moet het verder?'

'Nou,' zegt Hoofd, 'we zouden eindelijk eens aan het werk kunnen gaan. Toch maar als verpleegkundige, dat lijkt me het best.'

'Nee, geen denken aan,' zeg ik. 'We moeten yang volgen.'

'Wat moeten we volgen?'

'Yang, mijn geestelijke leiding.'

'Maar...'

'Nee, geen gemaar. Ik ben weer helemaal de weg kwijt. Ik doe domme dingen en dat komt door jou. Je hebt me er mooi in laten lopen. Werkelijk, je hebt een prachtige val opgezet. Laten we vooral spontaan zijn en anderen laten delen in onze vreugde. Ja hoor, dank je wel. En dat idee van werken voor Artsen zonder Grenzen kwam zeker ook bij jou vandaan? Het was een prachtvondst, moet ik zeggen. "Eva gaat voor Artsen zonder Grenzen werken. Applaus!" Wat een bijval ineens. "Eva gaat weer aan het werk, gelukkig. En wat past Artsen zonder Grenzen goed bij je. Echt iets voor jou, daar kun je jezelf goed in kwijt." Zeg dat wel. Ik was werkelijk bereid om mijn leven opnieuw in de waagschaal te leggen, zonder me af te vragen of ik dat eigenlijk wel wil en of het op dit moment bij mij past. Ik groeide van al die bijval en het gevoel er weer bij te horen. Maar waarom kreeg ik slapeloze nachten en nachtmerries, waarom werd ik een ver- pleegkundige die in een luciferdoosje probeerde te kruipen? Waarom werd ik opnieuw onrustig? Waarom weert Max contact af? Vertel me dat eens?'

'We hebben geen geld meer en we zijn eenzaam.'

'Dat is zo, maar als we bewust kiezen en daarvoor de verantwoordelijkheid willen dragen, gaat het universum aan de slag en wordt er voor ons gezorgd, in plaats van dat we ellende over ons afroepen. Ik was de lessen van Inanya verge- ten en ook alle andere lessen van de afgelopen jaren.'

Hoofd is even stil, maar geeft het nog niet op.

'Zullen we gaan verhuizen? We houden zo van de natuur en hier zijn alleen maar rijtjeshuizen. In de natuur kun je je beter concentreren.'

'Niet nu. Eerst moet mijn boek af en moet ik beslissen hoe ik zelf weer mijn geld ga verdienen. Dan zien we wel wat zich aandient.'

'Zullen we dan een cursus gaan volgen? Daar hebben we mooi de tijd voor.'

'Nee, yang heeft het niet over cursussen volgen, en het boek afschrijven kost tijd.'

'Wat gaan we dan doen?' vraagt Hoofd, die schrijven kennelijk niet serieus wenst te nemen.

'Schrijven en vertrouwen hebben, dat is wat we gaan

doen. En heel goed letten op de signalen van de ziel, waar die ook vandaan komen.'

Hoofd trekt een bedenkelijk gezicht. Het lijkt haar kennelijk een uitermate riskante zaak om yang te volgen.

4

November 2011

Donder en bliksem; het doorbijten, overeenkomstig: de oude koningen stelden hun straffen vast en vaardigden hun wetten uit.

'En toen?'

Sofia, net terug van haar wel erg lang uitgevallen sabbatical in India, kijkt me gespannen aan.

'Mens, ik moet eerst even bijkomen van al jouw verhalen. Ongelooflijk. Maar wel erg dat je weer teruggaat. Ik heb je heel erg gemist.'

'Ik jou ook, maar wat daar op mijn pad is gekomen is zo mooi, ik moet terug. Als je zover bent, kom dan ook naar India. Het kinderhuis loopt goed, maar er ontbreekt een medische hulppost in de streek. Al kun je de tropenopleiding niet voor Artsen zonder Grenzen gebruiken, dan zijn er nog legio andere mogelijkheden, lieve schat. Kom mij maar helpen om een polikliniek van de grond te krijgen.'

'We zullen zien,' zeg ik.

'Afgesproken. Laat me nu niet langer in spanning zitten. Begin met Max, alsjeblieft,' zegt Sofia, die er eens goed voor gaat zitten. 'Ik ben in India werkelijk een hopeloze romantische ziel geworden.'

'Oh, je hebt niet verteld dat je een man hebt ontmoet,' zeg ik.

'Eva, hou op, jij moet nu eerst vertellen.'

'Sofia, Sofia, je onthoudt me het belangrijkste. Maar goed.' Ik begin te vertellen tot ik bij de meest recente ontdekking kom. Sofia kijkt me afwachtend aan.

'Wat is er?' vraagt ze als ik stop met vertellen.

'Ik dacht dat ik had verwerkt wat er twee weken geleden gebeurde, maar ineens word ik er alsnog verdrietig van. Raar.'

Ik zucht eens diep, slik een traan weg en ga verder met vertellen.

'Op een ochtend, vlak voor een nieuwe healingtrainingsweek, werd ik wakker met een heel vreemd gevoel. Ik had iets gedroomd wat heel belangrijk was, maar ik kon net niet bij het verhaal komen. Je kent het vast wel.'

'Oh, ja.'

'Ik wist alleen dat het iets met Max te maken had. Het werd zo'n typische wazige dag en ik bleef maar in de sfeer van de droom hangen. Out of the blue zag ik ineens dat Max zich precies aan onze ooit in hemelse sferen gemaakte afspraak heeft gehouden. Telkens als ik iets van hem wilde of hem schreef over de zielenreizen, waar hij ook bij aanwezig bleek te zijn – zaken die niets met zijn werk te maken hadden – was hij nergens meer te bekennen, alsof hij weigerde te reageren op mijn appèl. Uiteindelijk raakte hij geïrriteerd en vroeg me mijn verhalen voor me te houden.'

'Ho even, ik herinner me ook dat hij je wel persoonlijke berichten stuurde.'

'Ja, dat is wel zo, behalve als ik echt iets wilde. Denk maar aan mijn eerste poging om hem uit eten te vragen, en aan al die andere kleine pogingen om contact met hem te krijgen. Wat hij wel deed was me adviseren als hij dacht dat ik het kon gebruiken. Meer heeft hij nooit gedaan, echt niet. Telkens als ik naar hem uitreikte – en dus weer uit balans raakte – was hij net gelatine; ik prikte in iets wat meegaf en mij niet begrensde. Kun je het nog volgen?'

'Het wordt al complexer,' zegt Sofia.

'Herinner je je mijn eerste zielenreis, waarin de indiaan me kwam vertellen dat ik niet in evenwicht was omdat mijn mannelijke en vrouwelijke kant uit balans waren?'

'Ja, en later dat verhaal met die op hol geslagen yin.'

'Precies. Ik ging mezelf niet begrenzen, maar zocht het weer buiten mijzelf. Ik luisterde dus niet naar yang, mijn geestelijke leiding. Max, trouw aan zijn afspraak, weigerde die grens te zijn. Toen ik me dat plotseling realiseerde herinnerde ik me ook wat die stem bulderde na de dood van Chloé: "U, Jadred, geef ik het zwaard en u, Chloé, geef ik het weten," et cetera. Het was als een leerschool bedoeld; mij ontbrak het zwaard. Ik heb moeite om mezelf te begrenzen en veiligheid te bieden, omdat het me moeite kost om onderscheid te maken tussen wat wel en niet goed voor me is. In dit leven komt het ooit gecreëerde karma echter tot een oplossing. Max is niet zomaar iemand waarmee ik een afspraak maakte, hij was ooit Jadred, en daarom moeten we elkaar helpen in dit leven. Daarom mocht hij niet ingaan op mijn verlangens, want dan zou ik nooit mijn eigen zwaard zijn gaan hanteren.'

'Dat je zoiets ineens doorziet!'

'Mooi, hè? Ik vermoed dat ik in ruime mate werd geholpen door mijn spiritvrienden. En herinner je je nog mijn gemopper vanwege het feit dat ik als een jonkvrouw te paard naar mijn ridder moest rijden om een lied te zingen onder zijn raam? Ik heb dat hele verhaal absoluut niet begrepen. Ik moest als jonkvrouw een lied zingen om het hart van mijn ridder te wekken, maar die ridder zat in mijzelf en niet in Max. Ik moest mijn eigen ridder worden, een lied voor mezelf zingen. Dat lied is mijn boek geworden. Nu ik het eindelijk heb begrepen kan ik zelf het zwaard gaan hanteren, mijzelf veiligheid gaan bieden en hoef ik het niet meer in de buitenwereld te zoeken. Daarom is het ook zo belangrijk dat ik weer voor mijn eigen inkomsten ga zorgen, hoe dan ook.'

Sofia en ik kijken elkaar aan.

'Eva, Eva, het lijkt wel een sprookje en het klopt als een bus. Maar als Max precies gedaan heeft wat hij moest doen, wat heb jij dan gedaan om hem te helpen, behalve hem irriteren?'

'Daar heb ik ook al over na lopen denken, maar ik weet het niet. Misschien dat ik onbewust iets doe wat zijn weten wakker maakt?'

'Dat klinkt wel logisch. Ben je niet ook kwaad op Max of op jezelf?'

'Nadat ik dit allemaal had ontdekt was ik in de eerste plaats ontzettend opgelucht en had ik het gevoel dat ik nu echt vrij was. Vlak nadat alles op zijn plek viel had ik hetzelfde gevoel als na die ongelooflijk mooie ceremonie waarin ik samen was met mijn tweelingziel; zo totaal vrij en zo gelukkig. Maar na een week kwam er heel langzaam iets anders boven drijven. Ik sliep weer nauwelijks en voelde me met de dag beroerder worden, tot ik me ineens realiseerde hoe kwaad ik was. Toen leek het hek van de dam; ik heb uren lopen vloeken en tieren. Kwaad is eigenlijk nog zachtjes uitgedrukt; ik was woedend. Wat Max deed was onbewust. Op het bewuste niveau moet hij gemerkt hebben hoe de vlag erbij hing. Op dat niveau neem ik het hem zeer kwalijk dat hij net gelatine was. Vier jaar heb ik erover gedaan om dit te ontdekken. Was zo veel tijd nu echt nodig?'

'Kennelijk wel,' zegt Sofia. 'Weet je, als Max had gereageerd had je jezelf omgedraaid en was je verder gegaan met je leven. Maar je had nooit ontdekt wat je nu wel hebt ontdekt. Wees dus maar blij dat Max niet reageerde; hij is je zeer van dienst geweest. Bovendien heeft hij misschien ook wel dingen gedaan die hem werden ingefluisterd en tegen zijn beter weten in gingen. Ik vraag me nu ook af hoe het zit met al die voorspellingen van Maria. Heb je daar nog over nagedacht?'

'Natuurlijk, alleen begrijp ik er niets van. Tot nu toe klopte alles wat ze vertelde altijd. Dus hoe dat zit, geen idee. Daarom heb ik een afspraak met haar gemaakt.'

'Ben je nog erg in de war van alles? Hoe weet je nu bijvoorbeeld of iets is wat het is of weer een zelf gebouwde fata morgana?' vraagt Sofia.

'Toen ik kwaad werd op Max en me inderdaad ging afvragen hoe ik ooit nog het een van het ander kon onderscheiden, kwam Inanya me weer te hulp. Ze zei: "Voel, voel, voel, en neem nooit een voorschot op de toekomst. Door te voelen weet je wat wel en niet klopt, en door te voelen kun je keuzes maken die passend zijn. Zo creëer je het juiste voor jezelf. Je hart is de enige wegwijzer. Daarmee volg je de sterren aan de hemel, daarmee vind je de weg naar permanente vrijheid. Dan ben je werkelijk je eigen ridder en ontstaat er een veilige basis.

Als die er is, zullen je tegenstanders smelten als sneeuw voor de zon, omdat ze je niet meer dienen. Want zolang je nog een begrenzing in de buitenwereld nodig hebt, heb je tegenstanders nodig. Zorg goed voor jezelf en het universum zorgt goed voor jou."

Ik oefen dus dagelijks in alleen maar voelen en probeer geen plaatje te maken van de toekomst. Een hele klus, kan ik je vertellen. Gelukkig verschijnt Inanya regelmatig om me te helpen herinneren.'

Sofia staat op.

'Kom, we gaan de stad in. Ik ga je trakteren op een heerlijk etentje.'

Midden in de nacht word ik wakker. In mijn droom zag ik een bepaald boek uit mijn eigen boekenkast en een nummer van een pagina: 115.

Als een dronkenman loop ik naar mijn werkkamer en zoek *Betoverende Liefde* van Marianne Williamson op. Ik had het gekocht na mijn ontmoeting met de hoofdcommissaris van de bouwcommissie voor herstelwerkzaamheden. Ik lees en lees en schrijf op wat me raakt, in eigen of geleende woorden. Als een boemerang komt een zin op mij af: *als een man die jij wilt niet komt is het tijd om te rouwen, maar geen tijd om hem aan zijn revers te trekken. Er is maar één reden waarom hij niet komt: hij wil niet.* 'Zie je wel,' zeg ik. 'Dat dacht ik ook, dus houd hem alsjeblieft bij mij weg als ik meedoe aan een ceremonie, alsjeblieft, alsjeblieft!'

Een uur later kruip ik terug in mijn bed en heb moeite om weer warm te worden.

De volgende dag lees ik enkele passages nog een keer:

Ik wil je niet verschalken, niet te slim af zijn, en niet manipuleren. Nee! Wat ik wil is dat jij mij verovert met volle overtuiging. Ik ben je moeder niet, je lerares niet, en ook niet je therapeut. Dus voor nu vertrek ik uit je leven. Maak je eigen keuzes, wees vrij, zo vrij als je maar kunt zijn, want liefde is een vrij stromende energie, en een relatie is het wereldlijk vat daarvan.

Je kunt de aardse atmosfeer niet breken zonder een ander mens aan je zijde. Voor een ruimteschip zijn er twee nodig. Je kunt de energie die het schip moet aandrijven niet opwekken als je je niet hebt ontdaan van de krachten die alleen de liefde kan wegschroeien. Je moet onbe-

vreesd zijn, zo onbevreesd als alleen de liefde je kan maken. Je moet
teder zijn, zo teder als alleen de liefde je kan maken. Je moet vurig
zijn zoals alleen de liefde je kan maken.

Ik knik. Ja, zo is het. Ik wil echte liefde, een man die voor mij kiest. Dan maar weer even in de rouw. Ik schreeuw tegen mijn onzichtbare vrienden: 'Houd alsjeblieft alle berichten en beelden over Max bij me weg zolang hij geen enkele belangstelling voor mij heeft, alsjeblieft!'

44

Maart 2012

Trek het kweekgras met wortel en al uit. Houd voet bij stuk. Geluk.

Het is akelig vroeg; de straten zijn verlaten en het is nog heel stil in de stad. Ik parkeer mijn auto voor de deur van Sofia's huisje. Voor ik kan aanbellen doet ze de deur al open.

'Eerst koffie?' vraagt ze.

'Ja, graag,' zeg ik en snuif de geur van verse koffie alvast op.

'Geen spijt?' vraag ik.

'In de verste verte niet, ik kan niet wachten om terug te zijn.'

'Komt hij je afhalen?' vraag ik verder.

'Ja, natuurlijk.'

'Dat is fijn voor je,' zeg ik.

'Jouw tijd komt ook, Eva, dat kan niet anders.'

'Weet ik,' zeg ik, 'het duurt alleen een beetje lang.'

We drinken in stilte onze koffie. Ik voel me bedrukt. Niet alleen vanwege het vertrek van Sofia, maar vanwege alles wat zich op dit moment in mijn leven afspeelt.

Morgen begint mijn volgende 24 uursdienst. Alsof Sofia mijn gedachten raadt vraagt ze: 'Heb je het naar je zin in je werk?'

'Nee, niet echt. Het is zwaar en het heeft mijn hart niet meer. Dat op zich maakt al dat ik me bezwaard voel ten opzichte van mijn patiënten. Sterven is zo definitief dat alles en iedereen om hen heen daar respect voor moet hebben en zo veel mogelijk moet bijdragen aan het welbevinden van zo iemand. Ik kan het nauwelijks opbrengen. Vooral fysiek is het te zwaar voor me, en dat maakt dat ik minder oog heb voor de behoeften van de patiënten. Na 24 uur, zelfs als ik een flink aantal uren kan slapen, ben ik zo afgedraaid dat ik dagen nodig heb om weer bij te tanken. Zodra ik me weer fit voel is het tijd voor de volgende dienst. Alleen de verdiensten zijn prettig. Ik ben niet meer afhankelijk van mijn familie. Dat maakt dat ik er nog mee doorga zolang het nodig is en ik het fysiek red. Nog een positieve bijkomstigheid is dat ik nu zeker weet dat mijn ziel andere wensen heeft dan werkzaam zijn als verpleegkundige.'

'Dat is dan alvast wat,' zegt Sofia.

'Nog drie dagen, dan begint de vierde week van de healingopleiding,' zeg ik. 'Daar verheug ik me zeer op. Elke keer kom ik er opgeladen vandaan en kan ik de normale wereld weer een poosje aan.'

'Fijn dat je daar zo veel aan hebt. Wie weet leidt het je naar je werkelijke bestemming.'

'Laten we het hopen,' zeg ik. 'Kom, meid, tijd om te gaan. Heb je alles? Paspoort, geld, schoon ondergoed, je sexy lingerie om manlief te behagen?'

Sofia lacht en wappert met haar paspoort.

Opnieuw zitten we in een kring op de grond, om aan de vierde opleidingsweek te beginnen. Net als in de eerdere weken vraagt de sjamaan om toestemming om de cirkel te mogen openen en om bescherming voor ons werk. Vervolgens krijgen we een introductie op het thema van deze week.

'Healing moet altijd met liefde worden gegeven. De energie van onvoorwaardelijke liefde heeft een hoge resonantie, die ervoor zorgt dat de lagere energieën het lichaam verlaten wanneer ze zijn losgemaakt of losgelaten. Leven zonder voorbehoud, vol liefde en enthousiasme geeft de beste bescherming en maakt dat de levenskracht geheel werkzaam kan zijn.

Deze week houden we ons bezig met het hartchakra, met de liefde, en dan vooral de onvoorwaardelijke liefde. Maar ook met heling van ons eigen hartchakra en de relaties die het belangrijkst voor ons zijn.'

Na een uur theorie en vragen stellen gaan we van start en maken we ons klaar voor de avondceremonie.

Als enorme monsters komen er allemaal psychedelisch gekleurde stralen met enorme weerhaken op mij af. Ze proberen binnen te dringen, om me nooit meer los te laten. Ik kijk naar die griezelige, octopusachtige, enorme armen en deins achteruit. Aan elke arm lijkt een oude relatie van mij vast te zitten. Eén arm is van Bas, een andere van Mahmood, nog een andere van Freek. Tussen deze drie grote armen zijn er een paar die minder indrukwekkend zijn, maar net zo stevig aan mij vasthaken als de drie grote.

'Maak los, sluit je lek en zorg goed voor jezelf, zelf, zelf, zelf, zelf,' echoot een stem ineens.

'Hoe moet dat?' roep ik zo hard als ik kan om boven de echo uit te kunnen komen.

'Houd op met behagen, verleiden, naar de mond praten, je eigen belangen opgeven. Leef van binnenuit naar buiten. Kies vrienden die je gelukkig maken, zoek werk waar je blij van wordt, doe niets wat je niet dient, knip je haar zoals jíj het mooi vindt, draag kleding die jíj mooi vindt, onderschat geen moment het effect van welke relatie dan ook op de ontwikkeling van je leven. Doe wat jou gelukkig maakt, dan lek je geen energie meer.'

'Dat is simpel,' zeg ik.

'Doe je best, en we zullen zien hoe simpel het is.'

Vervolgens breek ik in een hartverscheurend huilen uit. Ik huil mijn hart uit mijn lijf om alle verloren liefdes, tot ik de uitputting nabij ben en door Anton zo ongeveer naar mijn bed moet worden gedragen.

'Ik ben in de rouw,' snik ik maar door.

'Dat zie ik,' zegt een broodnuchtere Anton. 'Huil maar stevig door, des te eerder ben je er vanaf.'

De tweede dag stik ik bijna. Een strakke band zit om me heen en ik word gedwongen een bepaalde kant op te gaan. Mijn armen knellen tegen mijn lijf aan en mijn hoofd ligt ver achterover gebogen. Langzaam duwt een grote kracht mij verder, terwijl iets aan het eind van de tunnel waar ik doorheen moet me terugduwt. Ik krijg het steeds benauwder en word heel verdrietig. Ze wil me niet, mijn eigen moeder wil me niet!

Plotseling komt een dikke, vieze brei op me af. Mijn gezicht zit al snel onder die stinkende massa. De kracht achter me duwt me ondertussen gewoon verder, de kracht voor me duwt me terug. Toch ga ik vooruit en heel langzaam nader ik het eind van de tunnel.

Ineens floept mijn hoofd uit de nauwe opening. Iets pakt me beet en ik krijs het uit van schrik.

De volgende dag mag ik als eerste liggen, om een healing van mijn hartchakra te ontvangen van de partner waarmee ik vandaag samenwerk.

'Heb je een speciale wens? Een relatie met iemand die geheeld moet worden?'

'Jazeker,' zeg ik. 'Hij heet Max en het moet een ware warboel zijn, vol misverstanden, valse verwachtingen, teleurstellingen en irritaties uit dit leven en vorige levens. Maak het alsjeblieft schoon, dan ga ik in mijn eentje gereinigd verder.'

'Daar gaan we dan,' zegt mijn partner opgewekt. 'Doe je ogen maar dicht en laat het maar gebeuren, ik zal mijn best doen.'

De eerste tijd is het rustig. Ik lig heerlijk en voel dat er voorbereidend werk wordt gedaan door eerst mijn onderste chakra schoon te maken. Ik doezel weg.

Lang kan ik niet blijven doezelen. Op het moment dat mijn partner in de buurt van mijn hartchakra komt pakt iets me plotseling beet en sleurt me een ambulance in. Even weet ik niet waar ik ben. Verward kijk ik om me heen, voel een enorme spanning en drukte en zie ineens dat een brancard naar binnen schuift. Ik blijk onzichtbaar op een bankje aan de zijkant van de ambulance te zitten. Dan valt mijn blik op de persoon die op de brancard ligt; het is Max. Ik krijg geen tijd om hier ook maar iets van te vinden.

'Het is vijf voor twaalf,' roept een stem in mijn oor. 'Zowel voor Max als voor jou.'

Het is een enorm tumult in de ambulance. Max wordt aan allerlei apparaten gelegd, iemand spuit iets in zijn infuus, een ander beademt hem door ritmisch in een ballon te knijpen terwijl hij een masker op zijn gezicht houdt. Ondertussen zet de ambulance zich in beweging en begint aan zijn tocht door het centrum van Amsterdam. Ik herken de route. We rijden richting De Munt.

Al snel gaat het helemaal fout. Om me heen is het zo'n chaos dat ik grote moeite heb om te volgen wat er gebeurt.

'Centreer je,' roept een stem ineens in mijn oor. 'Jij bent zijn anker. Centreer je, centreer je!'

Ik doe wat de stem mij opdraagt.

Ik kijk naar Max, die buiten bewustzijn is. Ineens pakt iemand twee grote schijven, plaatst ze op de borst van Max en roept: 'Los.'

Op dat moment vlieg ik samen met Max het universum in.

'Centreer je, centreer je, jij bent zijn anker, centreer je!' Meteen zit ik weer in de ambulance.

'Los,' roept opnieuw een stem, en weer volgt er een klap op de borst van Max. Weer vlieg ik samen met hem het universum in. Nu heb ik de grootste moeite om me te oriënteren. Ik buitel in een donkere ruimte met om me heen allemaal bizarre figuren. Onderwijl speur ik naar Max, die nergens te bekennen is. Paniek welt in me op als ik om me heen kijk en Max nergens kan vinden. Ineens zie ik hem een eindje bij mij vandaan rondtollen. Hij lijkt geen enkel besef te hebben van wat hem is overkomen en zweeft als een levenloos ding rond.

'Neem zijn plaats in,' roept de stem. 'Jij bent zijn anker. Alleen door jou kan hij terugkomen.'

Met de grootst mogelijke inspanning breng ik mezelf terug naar de ambulance.

'Neem zijn plaats in, nu, voor het te laat is!'

Die uitspraak alarmeert me. Al mijn aandacht kruipt in het lichaam van Max, terwijl ik me blijf centreren. De ambulance stopt, de deuren gaan open en de brancard met het lichaam van Max erop en mijn aandacht erin wordt uit de brancard getild en naar binnen gereden.

Ineens ben ik terug in de ceremonieruimte, en ik ben volkomen de kluts kwijt. Ik doe mijn ogen open en zie dat mijn partner nog bezig is. Onmiddellijk word ik teruggetrokken naar het ziekenhuis. Ik sluit mijn ogen weer. Max ligt stil en bleek in een bed op de intensive care. Ik zie dat hij pijn heeft die niet wordt opgemerkt door de mensen die er werken. Op hetzelfde moment krijg ik een enorme pijn in mijn hart. Het is zo hevig dat ik er bang van word. Zou mijn hart het ook begeven? Is het daarom voor ons allebei vijf voor twaalf? Nee, vast niet. Ik ben natuurlijk zo op Max afgestemd dat ik zijn pijn voel. Vreemd, de pijn zit niet helemaal midden op mijn borst maar iets naar links.

'Doe wat je kan om het hem makkelijker te maken,' zegt de bekende stem.

Ik scan het lichaam van Max en zie dat niet alleen zijn hart zo'n pijn doet, maar ook zijn nek, en dat hij een hevige hoofdpijn heeft. Hij ligt niet helemaal recht, wat maakt dat hij zich niet kan ontspannen. Ik geef hem een uitgebreide healing vanaf de plek waar ik sta en leg hem recht door hem recht te denken. Na een tijdje zie ik dat de spanning een beetje zakt. Ik vind het te donker om hem heen en plaats daarom een enorme bol licht om zijn bed.

'Zo is het genoeg, Max moet rusten,' zegt de stem.

Ik vertrek.

Als we in de loop van de avond allemaal onze healingsessies hebben beëindigd en we individueel verder gaan, hoor ik de stem opnieuw.

'Ga terug naar Max.'

Ik doe wat de stem mij opdraagt en reis in gedachten naar Max. Deze keer blijf ik voor de glazen wand staan die de intensive care van de gang scheidt.

'Het is tijd de pijn los te zingen,' zegt de stem. 'Gebruik de a-klank in f, voel waar je op moet richten en hoelang het nodig is.'

Opnieuw doe ik wat de stem mij opdraagt. Ik zing en zing, onderwijl scannend waar ik de klank zijn werk moet laten doen. Terwijl ik zing voel ik dat mijn eigen hartchakra mee begint te trillen. Na een poosje stromen de tranen over mijn wangen. Max ligt er ondertussen rustig bij, al is hij intens wit. Ineens weet ik dat het goed is en ik kan stoppen. Nog even kijk ik naar de stille figuur in het bed, draai me dan om en vertrek.

'Ik begrijp er helemaal niets meer van, Anton. Ik had hem werkelijk losgelaten en me zo veel mogelijk op mijn werk en het schrijven gericht, en kijk nou, ik word zo ongeveer aan mijn haren een ambulance in gesleept om Max te helpen.'

'Ik heb ook werkelijk geen idee,' zegt Anton als we na de oefensessies even bij elkaar zitten. 'Er lijkt toch echt iets tussen jullie te zijn wat de normale begrippen te boven gaat. Ik kan geen ander advies geven dan het maar te accepteren. Concludeer maar even niets, je kunt het toch niet begrijpen.'

Ik voel me verslagen en maak me zorgen om Max.

'Kom op, Eva, hij leefde toch nog toen je bij hem wegging? Bovendien wordt hij bewaakt. Herinner je eens wat je gids eerder tegen je zei. Noa en Mehemet zorgen voor hem, weet je nog?'

'Ja,' zeg ik, 'dat is waar ook. Denk je dat ik een kijkje in de toekomst, in het verleden of in het heden heb gekregen? Of is wat ik zag een zelf gecreëerde illusie?'

'Ik heb geen idee, maar een illusie als deze lijkt me wat vergezocht. Waarom zou je zoiets creëren? Ayahuasca geeft het ego trouwens geen kans om zoiets te doen; het brengt je bij je wezenlijke zelf en daar is geen ruimte voor je ego. Een illusie creëren tijdens een zielenreis lijkt me daarom niet waarschijnlijk.'

'Misschien heb ik wel zo'n sterk ego dat het een slimme

truc heeft weten te bedenken om weer in zijn buurt te komen.'

'Nou, dat mag ik toch werkelijk niet voor je hopen.'

Hier en daar klinkt zacht gesnurk. Uren lig ik al in het donker voor me uit te staren. Van slapen komt niets terecht; ik pieker me suf. Ik voel me diep bezorgd om Max. Als ik hem in gedachten weer zie liggen op de intensive care, intens bleek, met zo veel pijn, dan wil ik alleen maar daar zijn en alles doen om hem te helpen.

'Eva, slaap je al?' fluistert Anton.

'Nee, het lukt niet.'

'Het is volle maan, ga je mee naar buiten?'

Ik sta al naast mijn bed en zit even later met Anton buiten op een grote schommel. Samen kijken we naar de volle maan en de duizenden sterren. Op zulke momenten word ik me bewust van mijn nietigheid, maar ook van de oneindigheid van het bestaan hier en overal.

'Ik heb er nog eens over nagedacht,' zegt Anton even later. 'Zou het kunnen zijn dat je die hartstilstand van Max niet letterlijk moet nemen maar moet zien als symbool? Jij hebt hem als Chloé ooit in de steek gelaten en misschien wel zijn hart gebroken. We weten zo langzamerhand hoe het buiten tijd en ruimte werkt, en dus maakt het niet uit dat het eeuwen en eeuwen geleden is gebeurd. Zijn hart, en dat van jou denk ik ook, moet nog steeds geheeld worden.'

'Tja, dat is een mogelijkheid, al voelt dat ook vergezocht. Wat moet ik nu doen?'

'Je kunt niets meer doen dan je hebt gedaan. Je kunt alleen maar afwachten. De tijd zal het je leren.'

We schommelen nog een poosje door, omringd door miljarden sterren.

'Ik krijg het koud,' zeg ik na een poosje. 'Ik ga nog een poging wagen om te slapen.'

'Ik ook,' zegt Anton en staat op.

Als ik weer in mijn bed lig weet ik een ding zeker: dat ik er niets, helemaal niets van begrijp.

45

Maart 2012

Misschien vermeerdert iemand hem met tien schildpadden. Het is niet mogelijk dat te weigeren. Vernieuwend geluk!

Het is de laatste avond. Hoewel de gebeurtenissen in de ambulance mij nog bezighouden is de heftigheid wat afgezwakt. De hele groep heeft zich op zijn mooist aangekleed voor de ceremonie. De muzikanten zitten klaar en de sjamaan roert de ayahuasca. We openen de cirkel en maken met salie de ruimte en onszelf schoon. Er heerst een opgewonden stemming omdat het niet alleen een feestelijke ceremonie zal worden, maar we ook aan de spirit gevraagd hebben om aan ieder die zover is zijn wereldse taak te tonen. Ik bid nog eens extra dat het ook aan mij getoond zal worden.

De muzikanten beginnen te spelen en wij gaan een voor een naar de sjamaan. Als ik voor hem zit kijkt hij me met een grote twinkel in zijn ogen aan.

'Let op, Eva,' zegt hij. 'Jouw tijd is gekomen.'

Verbaasd kijk ik hem aan. Normaal is hij allesbehalve mededeelzaam. Dit wordt spannend.

Ik loop blij terug naar mijn plek. Mijn tijd is gekomen. Dat klinkt veelbelovend!

Dansend en zingend brengen we de daaropvolgende uren door. Ik ben bijna vergeten wat de sjamaan tegen me zei als er onverwacht iemand op mijn schouder tikt. Verbaasd kijk ik achterom, waar niets te zien is. Dan hoor ik een stem.

'Mijn naam is Tithua en ik volg je al enige tijd. Eindelijk

sta je eens stil, zodat je mijn stem kunt horen. Luister goed! Ik ben afkomstig uit een eeuwenoud geslacht van storytellers – vertaal dit woord niet. Op een gegeven moment in de tijd raakte de wereld vervuld van duisternis, die maakte dat de mensen onze verhalen niet meer konden verstaan. Maar de tijd is aan het veranderen en de verhalen zoeken opnieuw hun weg naar de harten van de mensen. Jij, mijn kind, zult deze verhalen gaan vertellen. Ook zul je naar alle plaatsen op de wereld gaan die ik je zal wijzen om verhalen te vinden. Je zult ze opschrijven en over de wereld verspreiden. Gebruik alle mogelijkheden die jouw tijd je ter beschikking stelt. Volg mij en ik zal voor je zorgen. Je zult alles ontvangen wat je nodig hebt; overvloed zal in je leven komen en je partner zal naast je staan. Luister te allen tijde naar mijn stem. Maar voordat ik tot je zal spreken zul je moeten rusten. Niet eerder dan dat je werkelijk uitgerust bent zal ik je roepen. Volg vanaf dat moment de tekenen. Luister alleen naar de zachte stem van je hart, dat is de plaats waar ik mijn boodschappen achter zal laten. Blijf jezelf meester, weersta de verleidingen. Als er een moment van twijfel is, sta dan stil en luister. Luister naar de zachte en vriendelijke stem die niet boven de herrie van het ego uit kan komen. Zodra je een luide stem hoort, weet dan dat dit niet de stem van je hart kan zijn maar dat iets probeert je op een dwaalspoor te brengen. Het moet werkelijk stil zijn vanbinnen, onthoud dat goed.

Mijn lieve kind, dit is de taak die je ons toestond om op jouw schouders te leggen en waar je met je hele wezen mee in hebt gestemd. Als je mij volgt zal je hart zich openen voor de overvloed aan liefde en voor hulp die jouw kant uit zal komen. Ga, kind.'

Verbijsterd maar ook intens gelukkig luister ik naar de

stem van deze vrouw. Ondertussen zie ik waar ze ooit werd geboren. Een grote, bijna zwarte bedoeïenentent doemt op in een woestijnachtige omgeving, die me ogenblikkelijk aan een tentoonstelling doet denken waar ik min of meer toevallig terecht was gekomen om te schuilen voor een enorme regenbui; een tentoonstelling over de Toeareg. Ik was er de eerste keer niet meer vandaan te slaan en zolang de tentoonstelling duurde ging ik er telkens opnieuw naartoe, omdat een intens heimweegevoel zich in me had genesteld en het me tegelijkertijd een ongelooflijk blij gevoel had gegeven.

De volgende dag zitten we in een kring om de week samen af te sluiten.

'Hebben jullie je al eens afgevraagd wat de zin is van het volgen van een healingopleiding?' vraagt de sjamaan. 'Of zijn jullie allemaal van plan om een praktijk te openen?'

Even is het stil.

'Er wordt veel gespeculeerd over de betekenis van het jaar 2012, dat in de Mayakalender als het eind der tijden wordt aangegeven. Allerlei rampscenario's doen de ronde en de wilde ideeën hierover zijn niet van de lucht. Tot voor kort hielden de Maya's zelf hun mond, maar onlangs heeft een Maya-oudste gesproken en een boodschap voor de wereld achtergelaten.

Zo langzamerhand is iedereen ervan doordrongen dat er wel degelijk grote veranderingen gaande zijn op aarde. Niet alleen vinden er veel natuurverschijnselen plaats zoals aardbevingen, vulkaanuitbarstingen en extreme weersomstandigheden, maar er is ook buitengewoon veel zonneactiviteit. Op de zon vinden in deze tijd veel explosies plaats en dat zal de komende tijd alleen maar meer worden. Deze explosies beïnvloeden de satellieten, en die op hun beurt verstoren een veilige navigatie van onder andere vliegtuigen. Daarom heb ik besloten om een pauze in te lassen in jullie opleidingstraject; ik wil niet gescheiden raken van mijn gezin in Australië. Natuurlijk wil ik jullie niet zomaar achterlaten. Daarom geef ik jullie de boodschap van de Maya's door, zodat jullie begrijpen hoe belangrijk het is dat je doorgaat met wat je tijdens deze opleiding bent begonnen. Jullie zijn niet afhankelijk van mij. Vijf van mijn meest ervaren helpers zullen met grote regelmaat ceremonies organiseren, zowel hier als elders in Europa. Doe hier zo vaak als je kunt aan mee en herinner je vooral dat jullie tot de groeiende Sacred Circle behoren, die over de hele wereld actief is. Maar nu de boodschap. Je kunt het hele bericht op internet vinden, zoek het vooral op.

Dit is de essentie van wat de Maya-oudste vertelde, ik heb het samengevat.' De sjamaan pakt een papier en begint voor te lezen:

Er komt een fysieke poolverschuiving van de aardas, ergens tussen 2007 en 2015.

Even kijkt de sjamaan op van zijn papier en zegt: 'Edward Cayce voorspelde dit ook al en wees zelfs aan waar de nieuwe polen zullen komen.

De wetenschap geeft aan dat een fysieke poolverschuiving altijd vooraf wordt gegaan door een magnetische poolverschuiving. Het magnetische veld van de aarde is al lang geleden begonnen zwakker te worden, en sinds enige tientallen jaren is het opeens nog meer verzwakt, waardoor bijvoorbeeld de walvissen opeens op stranden eindigen en vogels in de war raken en op andere plaatsen uitkomen. Ook vliegtuigen hebben hier last van.

Wetenschappers verwachten nu dat de magnetische verschuiving van de polen elk moment kan plaatsvinden, omdat het magneetveld van de aarde nu erg instabiel is geworden.

Wat de wetenschap als feit weet, is dat er 13.000 jaar geleden een fysieke poolverschuiving heeft plaatsgevonden. Een verschuiving van een fysieke pool naar een nieuwe locatie duurt volgens de moderne wetenschappers minder dan twintig uur.' De sjamaan richt zijn blik weer op zijn papier.

De Maya zeggen dat zij zich beide poolverschuivingen die de wetenschap kan aantonen herinneren en ze beide hebben overleefd. Volgens de Maya zijn er tijdens de laatste poolverschuiving onnodig miljoenen mensen gestorven uit pure angst. Tijdens de poolverschuiving zal er dertig uur duisternis heersen, waarin je niets kunt zien, zelfs geen sterren.

De Maya benadrukken dat het dertig uur betreft en geen drie dagen, zoals ook hier en daar genoemd wordt als periode van duisternis. Als je rustig blijft gaan die dertig uur gewoon voorbij en ben je daarna in een nieuwe wereld. De wereld om je heen zal volkomen anders zijn dan je gewend bent. Wees erop voorbereid. Je kunt bijvoorbeeld ineens dicht bij een nieuwe pool wonen, of aan de nieuwe evenaar.

De Maya benadrukken dat er werkelijk geen noodzaak is om je hier fysiek op voor te bereiden. De voorbereiding die je moet doen is innerlijk. Hoe je dat moet doen is voor iedereen anders. Volg je hart. Er is geen reden voor angst. De pijn van duizenden jaren is voorbij en maakt plaats voor een nieuwe wereld.[8]

'Wat heeft dit alles met jullie opleiding te maken? Dat is heel eenvoudig: het is de taak van alle leden van de Sacred

---

8   Boodschap van de Maya's door Drunvalo Melchizedek. De boodschap is op YouTube te vinden.

Circle, van alle healers die teruggekeerd zijn op aarde, om de mensen om je heen tijdens deze periode te helpen, zodat zij niet uit angst zullen sterven. Dat is de voornaamste reden waarom jullie hier zitten, en dat is een van jullie belangrijkste taken.'

Er heerst een doodse stilte. Ik hoor bijna dat de nog niet geopende praktijkruimtes ter plekke weer worden gesloten, plannen veranderen en er een ware verschuiving in bewustzijn plaatsvindt. De woorden van de sjamaan vinden duidelijk weerklank in ons.

Later rijd ik naast een ongewoon stille Anton naar huis. Af en toe werp ik een blik opzij. Hij is ver weg, maar mij begint iets te dagen. 'Jullie tweeën moesten elkaar ontmoeten,' hoor ik Anton de boodschap van de sjamaan weer overbrengen. Het is alsof Tithua me weer op mijn schouder tikt en naar Anton wijst.

'Ik kom afscheid nemen, Maria,' zeg ik zodra ik op mijn vertrouwde plek zit. 'Ik wil je bedanken voor alle hoop en steun die je me al die tijd hebt gegeven.'

'Dat dacht ik al. Het werd tijd,' zegt Maria. 'Toen je binnenstapte zag ik je voor een zaal staan, in een prachtige lange rode jurk. Ach, volgens mij heb ik dat ook al eens eerder verteld. De rest van je leven zul je genoeg te doen hebben. Heb vertrouwen dat alles goed is zoals het is. Weet: je hartenwens wordt vervuld. Twijfel er geen moment aan.'

We praten nog een poosje door. Bij de deur krijg ik even later een stevige omhelzing en zegt Maria: 'Jouw tijd is gekomen, Eva. Neem zo veel mogelijk rust nu het nog kan. Over een poosje zul je er niet vaak meer de gelegenheid voor krijgen. Ik weet dat je ook geld moet verdienen, maar werk niet meer dan strikt noodzakelijk is, dat is niet nodig. Maak de overstap praktisch, bewust en creatief. Vertrouw, vertrouw, vertrouw.'

Geroerd neem ik afscheid.

Het is tijd om het verhaal weer van Eva over te nemen. Ik kan u als Getuige zeggen dat ik weinig hoefde te corrigeren van wat Eva zelf vertelde. Heel af en toe moest ik ingrijpen, op momenten dat haar fantasie haar van de werkelijkheid dreigde weg te voeren. Het was verbazingwekkend om te zien hoe snel ze terugkeerde naar het juiste spoor als ik maar het kleinste teken gaf.

Waarschijnlijk wilt u heel graag weten hoe het zal aflopen tussen Eva en Max, hoe de letselschadezaak zal uitpakken of de kwestie met het familielid ooit tot een afronding is gekomen en waar Tithua Eva heen zal voeren. Weet dat niet alles opgelost kan worden op het aardse niveau, en dat in sommige gevallen bewustwording volstaat. Vertrouw erop dat alles wat leeft, streeft naar harmonie. Hoe het ook uitpakt, het zal kloppen.

Eva heeft haar les geleerd, is meester over zichzelf geworden en zal zeker haar uiterste best doen om Tithua te volgen. Haar hart is aangeraakt en heeft zich geopend voor de schoonheid van het leven zelf. Eenmaal op één lijn met de oorspronkelijke blauwdruk, de bedoeling van het leven, gaat alles stromen. Daarmee zal ze alles aantrekken wat haar wezen zal voeden en haar wereldse taak zal ondersteunen.

Toch is het niet zo dat Eva achterover kan leunen en de hele dag in bed kan blijven liggen om te rusten. Ze zal moeten leren doseren, leren om mee te doen aan het leven zonder zich te laten uitputten, leren om gelijkwaardige relaties aan te gaan. Het ego is bovendien zo gewend geraakt aan tegenspoed dat dit de veiligste plek lijkt om te vertoeven. Het zal met zekere regelmaat hard aan Eva trekken en haar proberen te verleiden het spoor van liefde en succes te verlaten. Ze zal dus moeten leren om hiermee om te gaan, om niet in deze valkuil te stappen, maar juist volop van haar geluk te genieten en dit te delen met iedereen die ze op haar pad ontmoet.

Zo zal ze het levende bewijs zijn van de boodschap van de spirit en uiteindelijk van de oneindige Bron van het bestaan: de Liefde.

Ik groet u!

Nawoord

Dit verhaal is gebaseerd op waargebeurde feiten. De meeste personages zijn echter zo veranderd dat ze niet overeenkomen met werkelijk bestaande personen. Een aantal personen is om toestemming gevraagd hun personage op te voeren in dit verhaal. Zij zijn daarmee akkoord gegaan, sommigen met een voorwaarde waaraan is voldaan.

Ik wil iedereen die op welke wijze dan ook heeft bijgedragen aan het ontstaan van dit verhaal vanuit het diepst van mijn hart bedanken. Dank je wel lieve en fantastische kinderen, Robin, Karen en Sofian voor jullie geduld en vertrouwen, dank je wel Ted, dank je wel lieve ouders, Ernst, Maria-José, Job, Ankie, Alex en Puck, dank je wel Marc, Sari, Ineke, Andreas, dank je wel Ian en White Bull, James Joyce en Inanya, dank je wel Han en Harry, dank je wel Bert, Michel, Rinske, Inge, Jaap, Johan, Lars, Don Alberto, Richard, Peter, Maria V., Olga, Joyce, Pamela, Anita, André, Marina, Pieter, Roel, dank je wel Jitske, en thank you my friends from the Sacred Circle, en dank je wel Tithua!
Mocht ik iemand vergeten zijn, neem het me niet kwalijk, je zal me vast weer te binnen schieten.

Wil je meer weten over Tithua, dan kun je terecht op de website: www.tithua.nl.